"十三五"国家重点图书出版规划项目
天津市重点出版扶持项目

中国文化外译:典范化传播实践与研究
总主编　谢天振

国家译介行为论

——英文版《中国文学》的翻译、出版与接受

郑　晔　著

南开大学出版社
天　津

图书在版编目(CIP)数据

国家译介行为论：英文版《中国文学》的翻译、出版与接受 / 郑晔著. —天津：南开大学出版社，2021.12
（中国文化外译：典范化传播实践与研究 / 谢天振总主编）
ISBN 978-7-310-06246-1

Ⅰ.①国… Ⅱ.①郑… Ⅲ.①中国文学－当代文学－英语－文学翻译－研究 Ⅳ.①I206.7②H315.9

中国版本图书馆 CIP 数据核字(2021)第 258902 号

版权所有　侵权必究

国家译介行为论——英文版《中国文学》的翻译、出版与接受
GUOJIA YIJIE XINGWEI LUN—YINGWEN BAN
《ZHONGGUO WENXUE》DE FANYI,CHUBAN YU JIESHOU

南开大学出版社出版发行
出版人：陈　敬
地址：天津市南开区卫津路 94 号　邮政编码：300071
营销部电话：(022)23508339　营销部传真：(022)23508542
https://nkup.nankai.edu.cn

天津泰宇印务有限公司印刷　全国各地新华书店经销
2021 年 12 月第 1 版　2021 年 12 月第 1 次印刷
230×170 毫米　16 开本　13.75 印张　2 插页　213 千字
定价：69.00 元

如遇图书印装质量问题，请与本社营销部联系调换，电话：(022)23508339

本书获得教育部人文社科青年基金项目(项目号 13YJC740150)和上海市浦江人才计划(项目号 17PJC093)资助

谨以此书献给吾师 谢天振 教授

总序

谢天振

一

中国文学、文化如何才能切实有效地走出去？随着中国经济实力的增强和国际地位的提升，这个问题被越来越多的人所关注，从国家领导人到普通百姓大众。追溯起来，中国人通过自己亲力亲为的翻译活动让中国文学、文化走出去的努力早已有之。不追溯得太远的话，可以举出被称为"东学西渐第一人"的陈季同，他在 1884 年出版的《中国人自画像》一书中即把我国唐代诗人李白、杜甫、孟浩然、白居易等人的诗翻译成了法文，他同年出版的另一本书《中国故事》则把《聊斋志异》中的一些故事译介给了法语读者。至于辜鸿铭在其所著的《春秋大义》中把儒家经典的一些片段翻译成英文，敬隐渔把《阿Q正传》翻译成法文，林语堂把中国文化译介给英语世界，等等，都为中国文学、文化走出去做出了各自的贡献。

当然，有意识、有组织、有规模地向世界译介中国文学和文化，那还是 1949 年以后的事。1949 年中华人民共和国成立以后，我们需要向世界宣传中华人民共和国的情况，而文学作品的外译是一个很合适的宣传渠道。1951 年，国家有关领导部门组织了一个专门的编辑、翻译、出版队伍，还陆续聘请了不少外国专家，创办了英文版的期刊《中国文学》（Chinese Literature）。该期刊自 1958 年起改为定期出版发行，最后发展成月刊，并同时推出了法文版（季刊）。《中国文学》前后共出版了 590 期，介绍中国古今作家和艺术家两千多人次，在相当长的时期里，它是我们向外译介中国文学的最主要的渠道。"文化大革命"期间勉力维持，1976 年 10 月以后进入繁荣期；20 世纪 90 年代再度式微，国外读者越来越少，于 2000 年最终停刊。

创办了半个世纪之久的英文、法文版《中国文学》最终不得不黯然停刊，令人不胜唏嘘,同时也引发我们的深省。研究者郑晔博士在她的博士论文《国家机构赞助下中国文学的对外译介——以英文版〈中国文学〉(1951—2000)为个案》中总结了其中的经验教训,将其归纳为四条:一是译介主体的问题。郑博士认为像《中国文学》这样国家机构赞助下的译介行为必然受国家主流意识形态和诗学的制约,这是由赞助机制自身决定的。译本和编译人员只能在其允许的范围内做出有限的选择。这种机制既有优点,也有缺点。优点是政府有能力为刊物和专业人员提供资金保障,并保证刊物顺利出版发行。缺点是由于过多行政干预和指令性要求,出版社和译者缺乏自主性和能动性,刊物的内容和翻译容易带有保守色彩,逐渐对读者失去吸引力。二是用对外宣传的政策来指导文学译介并不合理,也达不到外宣的目的,最终反而导致译介行为的终止。三是只在源语(输出方)环境下考察译者和译作(指在《中国文学》上发表的译文)并不能说明其真正的翻译水平,也不能说明这个团队整体的翻译水平,必须通过接受方(译入语环境)的反馈才能发现在译入语环境下哪些译者的哪些译作能够被接受。四是政府垄断翻译文学的译介并不可取,应该允许更多译者生产更多不同风格、不同形式、不同题材的译本,通过各种渠道对外译介,由市场规律去淘汰不合格的译者和译本。①

"文化大革命"以后,在20世纪的八九十年代,我们国家在向外译介中国文学方面还有过一个引人注目的行为,那就是由著名翻译家杨宪益主持编辑、组织翻译和出版的"熊猫丛书"。这套"熊猫丛书"共翻译出版了195部文学作品,包括小说145部、诗歌24部、民间传说14部、散文8部、寓言3部、戏剧1部。但正如研究者所指出的,这套丛书同样"并未获得预期的效果。除个别译本获得英美读者的欢迎外,大部分译本并未在他们中间产生任何反响"。因此,"熊猫丛书"最后也难以为继,于2007年黯然收场。

"熊猫丛书"未能取得预期效果的原因,研究者耿强博士在他的博士论文《文学译介与中国文学"走向世界"——熊猫丛书英译中国文学研究》中总结为五点:一是缺乏清醒的文学译介意识。他质疑:"完成了'合格的译本'

----

① 有关《中国文学》译介中国文学的详细分析,可参阅上海外国语大学郑晔的博士论文《国家机构赞助下中国文学的对外译介——以英文版〈中国文学〉(1951—2000)为个案》。该论文经作者补充修改后也收录在本丛书中。

之后,是否就意味着它一定能获得海外读者的阅读和欢迎?"二是"审查制度"对译介选材方面的限制和干扰。三是通过国家机构对外译介的这种模式,虽然可以投入巨大的人力、物力和财力,也能生产出高质量的译本,但却无法保证其传播的顺畅。四是翻译策略。他认为"要尽量采取归化策略及'跨文化阐释'的翻译方法,使译作阅读起来流畅自然,增加译本的可接受性,避免过于生硬和陌生化的文本"。五是对跨文化译介的阶段性性质认识不足,看不到目前中国当代文学的对外译介尚处于起步阶段这种性质。①

另一个更发人深省甚至让人不无震撼的个案,是杨宪益、戴乃迭夫妇合作翻译的《红楼梦》在英语世界的遭遇。我们都知道,杨译《红楼梦》在国内翻译界备受推崇,享有极高声誉,可以说代表了我们国家外译文学作品的最高水平。然而研究者江帆博士远赴美国,在美国高校图书馆里潜心研读了大量第一手英语文献,最后惊讶地发现,杨译《红楼梦》与英国汉学家霍克斯的《红楼梦》英译本相比,在英语世界竟然备受冷落。江帆在其博士论文《他乡的石头记:〈红楼梦〉百年英译史研究》(后拓展为同名著作)中指出:"首先,英美学术圈对霍译本的实际认同程度远远超过了杨译本:英语世界的中国或亚洲文学史、文学选集和文学概论一般都直接收录或援引霍译本片段,《朗曼世界文学选集》选择的也是霍译本片段,杨译本在类似的选集中很少露面;在相关学术论著中,作者一般都将两种译本并列为参考书目,也对杨译本表示相当的尊重,但在实际需要引用原文片段时,选用的都是霍译本,极少将杨译本作为引文来源。其次,以馆藏量为依据,以美国的伊利诺伊州(Illinois)为样本,全州65所大学的联合馆藏目录(I-Share)表明,13所大学存有霍译本,只有两所大学存有杨译本。最后,以英语世界最大的购书网站亚马逊的读者对两种译本的留言和评分为依据,我们发现,在有限的普通读者群中,霍译本获得了一致的推崇,而杨译本在同样的读者群中的评价却相当低,二者之间的分数相差悬殊,部分读者对杨译本的评论极为严苛。"②

杨译本之所以会在英语世界遭受"冷遇",其原因与上述两个个案同出一辙:首先是译介者对"译入语国家的诸多操控因素"认识不足,一厢情愿地

---

① 详见上海外国语大学耿强的博士论文《文学译介与中国文学"走向世界"——熊猫丛书英译中国文学研究》。该论文经作者补充修改后也收录在本丛书中。
② 详见复旦大学江帆的博士论文《他乡的石头记:〈红楼梦〉百年英译史研究》。该论文经作者补充修改后也收录在本丛书中。

进行外译"输出";其次是"在编审行为中强行输出本国意识形态",造成了译介效果的干扰;最后是译介的方式需要调整,"对外译介机构应该增强与译入语国家的译者和赞助人的合作,以求从最大限度上吸纳不同层次的读者,尽可能使我们的对外译介达到较好的效果"。①进入21世纪以后,我们国家有关部门又推出了一个规模宏大的、目前正进行得热火朝天的中国文化走出去"工程",那就是汉英对照的《大中华文库》的翻译与出版。这套标举"全面系统地翻译介绍中国传统文化典籍"、旨在促进"中学西传"的丛书,规模宏大,拟译选题达200种,几乎囊括了全部中国古典文学名著和传统文化典籍。迄今为止,这套丛书已经翻译出版了一百余种选题,一百七八十册,然而除个别几个选题被国外相关出版机构看中并购买版权外,其余绝大多数已经出版的选题都局限在国内的发行圈内,似尚未真正"传出去"。

不难发现,中华人民共和国成立60余年来,我们国家的领导人和相关翻译出版部门在推动中国文学、文化走出去一事上倾注了极大的热情和关怀,组织了一大批国内(还有部分国外的)中译外的翻译专家,投入了大量的人力、物力、财力,但如上所述,总体而言收效甚微,实际效果并不理想。

二

2012年底,莫言获得诺贝尔文学奖之后,又引发了国内学术界特别是翻译界围绕中国文学、文化走出去问题的讨论热情。学界和译界都想通过对莫言获得诺贝尔文学奖一事背后翻译问题的讨论,获得对中国文学、文化典籍外译的启示。我当时就撰文指出,严格来讲,莫言获奖背后的翻译问题,其实质已经超越了传统翻译和翻译研究中那种狭隘的语言文字转换层面上的认识,而是进入了跨文化交际的层面,具体而言,也就是进入了译介学的层面,这就意味着我们今天在讨论中国文学、文化外译问题时,不仅要关注如何翻译的问题,还要关注译作的传播与接受等问题。在我看来,"经过了中外翻译界一两千年的讨论,前一个问题已经基本解决,'翻译应该忠实原作'已是译界的基本常识,无须赘言;至于应该'逐字译''逐意译',还是两相结合,等等,具有独特追求的翻译家自有其主张,也不必强求一律。倒

---

① 详见复旦大学江帆的博士论文《他乡的石头记:〈红楼梦〉百年英译史研究》。

是对后一个问题,即译作的传播与接受等问题,长期以来遭到我们的忽视甚至无视,需要我们认真对待。由于长期以来我们国家对外来的先进文化和优秀文学作品一直有一种强烈的需求,所以我们的翻译家只须关心如何把原作翻译好,而甚少甚至根本无须关心译作在我国的传播与接受问题。然而今天我们面对的却是一个新的问题:中国文学与文化的外译问题。更有甚者,在国外,尤其在西方尚未形成像我们国家这样一个对外来文化、文学有强烈需求的接受环境,这就要求我们必须考虑如何在国外,尤其是在西方国家培育中国文学和文化的受众和接受环境的问题"[①]。

莫言作品外译的成功让我们注意到了以往我们忽视的一些问题。一是"谁来译"的问题。莫言作品的外译者都是国外著名的汉学家、翻译家,虽然单就外语水平而言,国内并不缺乏与这些国外翻译家水平相当的译者,但在对译入语国家读者细微的用语习惯、独特的文字偏好、微妙的审美趣味等方面的把握上,我们得承认,国外翻译家显示出了国内翻译家较难企及的优势。有些人对这个问题不理解,觉得这些国外翻译家在对原文的理解甚至表达方面有时候其实还比不上我们自己的翻译家,我们为何不能用自己的翻译家呢?这个问题其实只要换位思考一下就很容易解释清楚。试想一想,我国读者是通过自己翻译家的翻译作品接受外来文学、文化的呢,还是通过外国翻译家把他们的文学作品、文化典籍译介给我们的?再想一想,假设在你面前摆着两本巴尔扎克小说的译作,一本是一位精通中文的法国汉学家翻译的,一本是著名翻译家傅雷翻译的,你会选择哪一本呢?答案不言而喻。实际上可以说世界上绝大多数的国家和民族,主要都是通过自己国家和民族的翻译家来接受外国文学文化的,这是文学文化跨语言、跨国界译介的一条基本规律。

二是"作者对译者的态度"问题。莫言在对待他的作品的外译者方面表现得特别宽容和大度,给予了充分的理解和尊重。他不仅没有把译者当作自己的"奴隶",而且还对他们明确放手:"外文我不懂,我把书交给你翻译,这就是你的书了,你做主吧,想怎么弄就怎么弄。"正是由于莫言对待译者的这种宽容大度,所以他的译者才得以放开手脚,大胆地"连译带改"以适应译入语环境读者的阅读习惯和审美趣味,从而让莫言作品的外译本顺利跨越

[①] 谢天振:《莫言作品"外译"成功的启示》,《文汇读书周报》,2012年12月14日。

了"中西方文化心理与叙述模式差异"的"隐形门槛",并成功地进入了西方的主流阅读语境。我们国内有的作家不懂这个道理,自以为很认真,要求国外翻译家先试译一两个章节给他看。其实这个作家本人并不懂外文,而是请他懂外文的两个朋友帮忙审阅的。然而这两个朋友能审阅出什么问题来呢?无非是看看译文有无错译、漏译,文字是否顺畅而已。然而一个没有错译、漏译,文字顺畅的译文,也即我们所说的一个"合格的译本"能否保证译文在译入语环境中受到欢迎、得到广泛的传播并产生影响呢?本文前面提到的杨译《红楼梦》在英语世界的遭遇就是一个很好的例子:英国翻译家霍克斯的《红楼梦》译本因其中的某些误译、错译曾颇受我们国内翻译界的诟病,而杨宪益夫妇的《红楼梦》译本国内翻译界评价极高,被推崇备至。然而如前所述,研究者在美国高校进行实地调研后得到的大量数据表明,在英语世界是霍译本更受欢迎,而杨译本却备受冷遇。[①] 这个事实应该引起我们有些作家,更应该引起我们国内翻译界的反思。

三是"谁来出版"的问题。莫言作品的译作都是由国外一流的重要出版社出版,譬如他的作品法译本的出版社瑟伊(Seuil)出版社就是法国最重要的出版社之一,他的作品英译本则是由美国的拱廊出版社、纽约海鸥出版社、俄克拉荷马大学出版社以及闻名世界的企鹅出版社出版,这使得莫言作品的外译本能很快地进入西方的主流发行渠道,也使得莫言的作品在西方得到了有效的传播。反之,如果莫言的译作全是由国内出版社出版的,恐怕就很难取得目前的成功。近年来国内出版社已经注意到这一问题,并开始积极开展与国外出版社的合作,很值得肯定。

四是"作品本身的可译性"。这里的可译性不是指一般意义上作品翻译时的难易程度,而是指作品在翻译过程中其原有的风格、创作特征、原作特有的"滋味"的可传递性,在翻译成外文后这些风格、这些特征、这些"滋味"能否基本保留下来并被译入语读者所理解和接受。譬如有的作品以独特的语言风格见长,其"土得掉渣"的语言让中国读者印象深刻并颇为欣赏,但是经过翻译后它的"土味"荡然无存,也就不易获得在中文语境中同样的接受效果。莫言作品翻译成外文后,"既接近西方社会的文学标准,又符合西方世界对中国文学的期待",这就让西方读者较易接受。其实类似情况在中国

---

① 详见复旦大学江帆的博士论文《他乡的石头记:〈红楼梦〉百年英译史研究》。

文学史上也早有先例,譬如白居易、寒山的诗外译的就很多,传播也广;相比较而言,李商隐的诗的外译和传播就要少,原因就在于前两者的诗浅显、直白,易于译介。寒山诗更由于其内容中的"禅意"而在正好盛行学禅之风的20世纪五六十年代的日本和美国得到广泛传播,其地位甚至超过了孟浩然。作品本身的可译性问题提醒我们,在对外译介中国文学作品、文化典籍时,应当挑选具有可译性的,也就是在译入语环境里更容易接受的作品首先进行译介。

三

以上关于莫言作品外译成功原因的几点分析,其触及的几个问题其实也还是表面上的,如果我们对上述《中国文学》期刊等几个个案进行深入分析,当能发现,真正影响中国文学、文化切实有效地走出去的因素还与以下几个实质性问题有关。

首先,与我们对翻译的认识存在误区有关。

大家都知道,中国文学、文化要走出去,里面有个翻译的问题,然而却远非所有人都清楚翻译是个什么样的问题。绝大多数人都以为,翻译无非就是两种语言文字之间的转换。我们要让中国文学、文化走出去,只要把那些用中国语言文字写成的文学作品(包括典籍作品)翻译成外文就可以了。应该说,这样的翻译认识不仅仅是我们翻译界、学术界,甚至还是我们全社会的一个共识。譬如我们的权威工具书《辞海》(1980年版)对"翻译"的释义就是:"把一种语言文字的意义用另一种语言文字表达出来"。另一部权威工具书《中国大百科全书·语言文字》(1988年版)对"翻译"的定义也与此相仿:"把已说出或写出的话的意思用另一种语言表达出来的活动"。正是在这样的翻译认识或翻译思想的指导下,长期以来,我们在进行中国文学作品、文化典籍外译时,考虑的问题也就只是如何尽可能忠实、准确地进行两种语言文字的转换,或者说得更具体一些,考虑的问题就是如何交出一份"合格的译作"。然而问题是交出一份"合格的译作"后是否就意味着能够让中国文学、文化自然而然地"走出去"了呢?上述几个个案表明,事情显然并没有那么简单,因为在上述几个个案里,无论是长达半个世纪的英文、法文版《中国文学》杂志,还是杨宪益主持的"熊猫丛书",以及目前仍然在热闹地进行着的《大中华文库》的编辑、翻译、出版,其中的大多数甚至绝大多数译文都称得上"合格"。然而一个无可回避却不免让人感到沮丧的事实是,这些"合格的译作"除了极小部分外,却并没有促成我们的中国文学、文化整体切实有效地"走出去"。

问题出在哪里?我以为就出在我们对翻译的认识失之偏颇。我们一直简单地认为翻译就只是两种语言文字之间的转换行为,却忽视了翻译的任务和目标。我们相当忠实、准确地实现了两种语言文字之间的转换,或者说我们交出了一份份"合格的译作",然而如果这些行为和译文并不能促成两种文化之间的有效交际的话,并不能让翻译成外文的中国文学作品、中国文化典籍在译入语环境中被接受、被传播并产生影响的话,那么这样的转换(翻译行为)及其成果(译文)能够说是成功的吗?这样的译文,尽管从传统的翻译标准来看都不失为一篇篇"合格的译作",但恐怕与一堆废纸并无实质性的差异。这个话也许说得重了些,但事实就是如此。当你看到那一本本堆放在我们各地高校图书馆里的翻译成外文的中国文学、文化典籍乏人借阅、无人问津时,你会作何感想呢?事实上,国外已经有学者从职业翻译的角度指出,"翻译质量在于交际效果,而不是表达方式和方法"①。

为此,我以为我们今天在定义翻译的概念时,倒是有必要重温我国唐代贾公彦在其所撰《周礼义疏》里对翻译所下的定义:"译即易,谓换易言语使相解也。"我很欣赏一千多年前贾公彦所下的这个翻译定义,寥寥十几个字,言简意赅。这个定义首先指出"翻译就是两种语言之间的转换"(译即易),然后强调"换易言语"的目的是"使相解也",也即要促成交际双方相互理解,达成有效的交流。我们把它与上述两个权威工具书对翻译所下的定义进行一下对照的话,可以发现,贾公彦的翻译定义并没有仅仅局限在对两种语言文字转换的描述上,而是把翻译的目的、任务也一并包含进去了。而在我看来,这才是一个比较完整的翻译定义,一个在今天仍然不失其现实意义的翻译定义。我们应该看到,两种语言文字之间的转换(包括口头的和书面的)只是翻译的表象,而翻译的目的和任务,也即是促成操不同语言的双方实现切实有效的交流、达成交际双方相互之间切实有效的理解和沟通,这才是翻

---

① 达尼尔·葛岱克:《职业翻译与翻译职业》,刘和平、文韫译,北京:外语教学与研究出版社,2011年,第6页。

译的本质。然而,一千多年来我们在谈论翻译的认识或是在进行翻译活动(尤其是笔译活动)时,恰恰是在这个翻译的本质问题上偏离了甚至迷失了方向:我们经常只顾盯着完成两种语言文字之间的转换,却忘了完成这种语言文字转换的目的是什么、任务是什么。我们的翻译研究者也把他们的研究对象局限在探讨"怎么译""怎样才能译得更好、译得更准确"等问题上,于是在相当长的历史时期内我们的翻译研究就一直停留在研究翻译技巧的层面上。这也许就是这60多年来尽管我们花了大量的人力、物力、财力进行中国文学、文化典籍的外译,希望以此能够推动中国文学、文化走出去,然而却未能取得预期效果的一个重要原因吧。

其次,与我们看不到译入(in-coming translation)与译出(out-going translation)这两种翻译行为之间的区别有关。

其实,上面提到的对翻译的认识存在偏颇、偏离甚至迷失了翻译的本质目标,其中一个表现也反映在对译入与译出两种翻译行为之间的区别缺乏正确的认识上。我们往往只看到译入与译出都是两种语言文字之间的转换,却看不到两者的实质性差别,以为只是翻译的方向有所不同而已。其实这里的差别涉及一个本质性问题:前者(译入)是建立在一个国家、一个民族内在的对异族他国文学、文化的强烈需求基础上的翻译行为,而后者(译出)在多数情况下则是一个国家、一个民族一厢情愿地向异族他国译介自己的文学和文化,对方对你的文学、文化不一定有强烈的主动需求。这样,由于译入行为所处的语境对外来文学、文化已经具有一种强烈的内在需求,因此译入活动的发起者和具体从事译入活动的译介者考虑的问题就只是如何把外来的文学作品、文化典籍译得忠实、准确和流畅,也就是传统译学理念中的交出一份"合格的译作",而基本不需考虑译入语环境中制约或影响翻译行为的诸多因素。对他们而言,他们只要交出了"合格的译作",他们的翻译行为及其翻译成果也就自然而然地能够赢得读者,赢得市场,甚至在译入语环境里产生一定影响。过去两千多年来,我们国家的翻译活动基本上就是这样一种性质的活动,即建立在以外译中为主的基础上的译入行为。无论是历史上长达千年之久的佛经翻译,还是清末民初以来这一百多年间的文学名著和社科经典翻译,莫不如此。

但是译出行为则不然。由于译出行为的译入语(或称目的语)方对你的文学、文化尚未产生强烈的内在需求,更遑论形成一个比较成熟的接受群体和接受环境,在这样的情况下,译出行为的发起者和译介者如果也像译入行为的发起者和译介者一样,只考虑译得忠实、准确、流畅,而不考虑其他许多制约和影响翻译活动成败得失的因素,包括目的语国家读者的阅读习惯、审美趣味,目的语国家的意识形态、诗学观念,以及译介者自己的译介方式、方法、策略等因素,那么这样的译介行为能否取得预期成功显然值得怀疑。

　　令人遗憾的是,这样一个显而易见的道理却并没有被我国发起和从事中国文学、中国文化典籍外译工作的有关领导和具体翻译工作者所理解和接受。其原因同样显而易见,这是因为在两千年来的译入翻译实践(从古代的佛经翻译到清末民初以来的文学名著、社科经典翻译)中形成的译学理念——奉"忠实原文"为翻译的唯一标准、拜"原文至上"为圭臬等——已经深深扎根在这些领导和翻译工作者的脑海之中,他们以建立在译入翻译实践基础上的这些翻译理念、标准、方法论来看待和指导今天的中国文学、文化典籍的译出行为,继续只关心语言文字转换层面的"怎么译"的问题,而甚少甚至完全不考虑翻译行为以外的诸种因素,譬如传播手段、接受环境、译出行为的目的语国家的意识形态、诗学观念,等等。由此我们也就不难明白:上述几个中国文学走出去个案之所以未能取得理想的译出效果,完全是情理之中的事了。所以我在拙著《隐身与现身——从传统译论到现代译论》中明确指出:"简单地用建立在'译入'翻译实践基础上的翻译理论(更遑论经验)来指导当今的中国文学、文化'走出去'的'译出'翻译实践,那就不可能取得预期的成功。"①

　　再次,是对文学、文化的跨语言传播与交流的基本译介规律缺乏应有的认识。一般情况下,文化总是由强势文化向弱势文化译介,而且总是由弱势文化语境里的译者主动地把强势文化译入自己的文化语境。所以法国学者葛岱克教授说:"当一个国家在技术、经济和文化上属于强国时,其语言和文化的译出量一定很大;而当一个国家在技术、经济和文化上属于弱国时,语言和文化的译入量一定很大。在第一种情况下,这个国家属于语言和文化的出口国,而在第二种情况下,它则变为语言和文化的进口国。"②历史上,当中华文化处于强势文化地位时,我们周边的国家就曾纷纷主动地把中华文化译入他们各自的国家即是一例,当时我国的语言和文化的译出量确实

---

① 谢天振:《隐身与现身——从传统译论到现代译论》,北京:北京大学出版社,2014年,第13页。
② 谢天振:《莫言作品"外译"成功的启示》,《文汇读书周报》,2012年12月14日。

很大。然而当西方文化处于强势地位、中华文化处于弱势地位时,譬如在我国的晚清时期,我国的知识分子也是积极主动地把西方文化译介给我国读者的,于是我国的语言和文化的译入量同样变得很大。今天在整个世界文化格局中,西方文化仍然处于强势地位,与之相比,中华文化也仍然处于弱势地位,这从各自国家的翻译出版物的数量中也可见出:数年前联合国教科文组织的一份统计资料表明,翻译出版物仅占美国的全部出版物总数的百分之三,占英国的全部出版物总数的百分之五。而在我们国家,我虽然没有看到具体的数据,但粗略估计一下,说翻译出版物占我国出版物总数百分之十恐怕不会算太过吧。

与此同时,翻译出版物占一个国家总出版物数量比例的高低还从一个方面折射出这个国家对待外来文学、文化的态度和立场。翻译出版物在英美两国以及相关英语国家的总出版物中所占比例相当低,反映出英语世界发达国家对待发展中国家(包括中国)的文学、文化的那种强势文化国家的心态和立场。由此可见,要让中国文学、文化走出去(其实质首先是希望走进英语世界)实际上是一种由弱势文化向强势文化的"逆势"译介行为,这样的译介行为要取得成功,那就不能仅仅停留在把中国文学、文化典籍翻译成外文,交出一份所谓的"合格的译作"就算完事,而必须从译介学规律的高度全面审时度势并对之进行合理的调整。

最后,迄今为止我们在中国文学、文化走出去一事上未能取得预期的理想效果,还与我们未能认识到并正视在中西文化交流中存在着的两个特殊现象或称事实有关,那就是"时间差"(time gap)和"语言差"(language gap)①。

所谓时间差,指的是中国人全面、深入地认识西方、了解西方已经有一百多年的历史了,而当代西方人对中国开始有比较全面深入的了解,也就是最近二三十年的事。具体而言,从鸦片战争时期起,西方列强已经开始进入中国并带来了西方文化,从清末民初时期起,中国人更是兴起了积极主动学习西方文化的热潮。与之形成对照的是,西方国家对我们开始有比较多的认识并积极主动地来了解中国文学、文化只是最近这二三十年的事。这种

---

① 这两个术语的英译由史志康教授提供,我以为史译较好地传递出了我提出并使用的这两个术语"时间差"和"语言差"的语义内涵。

时间上的差别,使得我们拥有丰厚的西方文化的积累,我们的广大读者也都能较轻松地阅读和理解译自西方的文学作品和学术著作,而西方则不具备我们这样的条件和优势,他们更缺乏相当数量的能够轻松阅读和理解译自中国的文学作品和学术著作的读者。从某种程度上而言,当今西方各国的中国文学作品和文化典籍的普通读者,其接受水平相当于我们国家严复、林纾那个年代的阅读西方作品的中国读者。我们不妨回想一下,在严复、林纾那个年代,我们国家的西方文学、西方文化典籍的读者是怎样的接受水平:译自西方的学术著作肯定都有大幅度的删节,如严复翻译的《天演论》;译自西方的小说,其中的风景描写、心理描写等通常都会被删去,如林纾、伍光建的译作。不仅如此,有时整部小说的形式都要被改造成章回体小说的样子,还要给每一章取一个对联式的标题,在每一章的结尾处还要写上"欲知后事如何,且听下回分解",等等。更有甚者,一些译者明确标榜:"译者宜参以己见,当笔则笔,当削则削耳。"[1]明乎此,我们也就能够理解,为什么当今西方国家的翻译家们在翻译中国作品时,多会采取归化的手法,且对原作都会有不同程度甚至大幅度的删节。

时间差这个事实提醒我们,在积极推进中国文学、文化走出去一事时,现阶段不宜贪大求全,编译一本诸如《先秦诸子百家寓言故事选》《聊斋志异故事选》《唐宋传奇故事选》,也许比你花了大力气翻译出版一大套诸子百家的全集更受当代西方读者的欢迎。有人担心如此迁就西方读者的接受水平和阅读趣味,他们会接触不到中国文化的精华,读不到中国文学的名著。这些人是把文学交流和文化交际与开设文学史课和文化教程混为一谈了,想一想我们当初接受西方文学和文化难道都非得从荷马史诗、柏拉图、亚里士多德开始吗?

所谓语言差,指的是操汉语的中国人在学习、掌握英语等现代西方语言并理解与之相关的文化方面,比操英、法、德、西、俄等西方现代语言的西方国家的人民学习、掌握汉语要来得容易。这种语言差使得我们国家能够拥有一批精通英、法、德、西、俄等西方语言并理解相关文化的专家学者,甚至还有一大批粗通这些语言并比较了解与之相关的民族文化的普通读者,而在西方我们就不可能指望他们也拥有如此众多精通汉语并深刻理解博大精

---

[1] 谢天振:《译介学》(增订本),南京:译林出版社,2013年,第63页。

深的中国文化的专家学者,更不可能指望有一大批能够直接阅读中文作品、能够轻松理解中国文化的普通读者。

语言差这个事实告诉我们,在现阶段乃至今后相当长的一个时期里,在西方国家,中国文学和文化典籍的读者注定还是相当有限的,能够胜任和从事中国文学和文化译介工作的当地汉学家、翻译家也将是有限的,这就要求我们在推动中国文学、文化走出去的同时,还必须关注如何在西方国家培育中国文学、文化的接受群体——近年来我们与有关国家互相举办对方国家的"文化年"即是一个相当有效的举措;还必须关注如何扩大国外汉学家、翻译家的队伍,关注如何为他们提供切实有效的帮助,包括项目资金、专家咨询、配备翻译合作者等。

文学与文化的跨语言、跨国界传播是一项牵涉面广、制约因素复杂的活动,决定文学译介的效果更是有多方面的因素,但只要我们树立正确、全面的翻译理念,理解把握译介学的规律,正视中西文化交流中存在的"语言差""时间差"等实际情况,确立正确的中国文学、文化外译的指导思想,那么中国文学和文化就一定能够切实有效地"走出去"。

2014 年 7 月

目录

绪论 …………………………………………………………………… 1
  第一节　国家译介行为的研究缘起与研究现状 ………………… 1
    一、"中国文学走出去"的提出及现状 ………………………… 2
    二、《中国文学》研究综述 ……………………………………… 8
  第二节　国家译介行为理论与内容 ……………………………… 13
    一、国家译介行为理论框架 …………………………………… 15
    二、《中国文学》译介传播的研究问题 ………………………… 26
  第三节　研究方法与研究意义 …………………………………… 26
    一、描述性个案研究 …………………………………………… 26
    二、理论意义与现实意义 ……………………………………… 27

第一章　译介主体：国家赞助人和编译人士 ……………………… 30
  第一节　国家赞助人和中英文编辑的构成 ……………………… 30
    一、两级赞助人管理体制 ……………………………………… 31
    二、作为专业人士的中文编辑和英文译者 …………………… 39
  第二节　赞助人制定的翻译政策 ………………………………… 48
    一、编辑方针受主流意识形态和诗学制约 …………………… 49
    二、翻译方针以翻译策略为主 ………………………………… 55
  第三节　集中型赞助人对译者的制约 …………………………… 61
    一、意识形态活动由赞助人主导 ……………………………… 61
    二、经济由中央统一分级管理 ………………………………… 62
    三、地位受主流意识形态影响 ………………………………… 64
  第四节　小结 ……………………………………………………… 66

第二章　译介内容：赞助人确立的经典作品和经典作家 ………… 69
  第一节　译介作品：以政治审美为主 …………………………… 70

一、1951—1965：为工农兵服务 …………………………… 71
　　二、1966—1976：以阶级斗争为纲 ………………………… 84
　　三、1977—1989：否定"文化大革命"、反思"当代" ……… 94
　　四、1990—2000："主旋律"被分化 ………………………… 102
　第二节　刊物装帧设计符合源语国家审美规范 ……………… 107
　　一、1951—1965：工农兵生活和斗争 ……………………… 107
　　二、1966—1976：全国上下一片红 ………………………… 109
　　三、1977—1989：现代化建设和生活 ……………………… 110
　　四、1990—2000：民族特色创作和生活 …………………… 111
　第三节　刊物发行周期：随主流意识形态而变 ……………… 111
　第四节　小结 …………………………………………………… 114
第三章　译介效果：《中国文学》的传播和接受 ………………… 117
　第一节　1951—1965：传播范围广,受到意识形态相同国家的
　　　　　欢迎 …………………………………………………… 118
　　一、以中间读者为主 ………………………………………… 119
　　二、亚非拉称赞,欧美批评 ………………………………… 120
　　三、内容重于语言,肯定外国专家的翻译 ………………… 128
　　四、以左派进步书店为主,派遣驻外机构 ………………… 129
　第二节　1966—1976：发行量下降,资本主义国家的知识分子
　　　　　读者增多 ……………………………………………… 132
　　一、否定中间读者,以左派读者为主 ……………………… 132
　　二、读者反应：肯定鲁迅作品,漠视"文革文学" ………… 133
　　三、内容重于语言 …………………………………………… 138
　　四、只靠少数左派书店,撤销驻外机构 …………………… 139
　第三节　1977—1989：发行不稳定,欧美国家的专业读者增多 … 139
　　一、不分左中右,以国外知识分子和汉学家为主 ………… 140
　　二、对"新时期"文学的译介褒贬不一 …………………… 140
　　三、内容语言并重,专业读者对"非学者型翻译"不满 … 151
　　四、不分左中右,与所有一般友好书店合作 ……………… 152
　第四节　1990—2000：发行量下降,国外读者群流失 ……… 157
　　一、以双语读者和中文读者为主 …………………………… 157

  二、读者对内容和翻译都不满意 ………………………………… 158
  三、内容语言并重,专业读者对"非文学性翻译"不满 ………… 161
  四、国内国外两个市场 ……………………………………………… 162
 第五节 小结 …………………………………………………………… 164
结语 国家译介行为:经验教训与启示 ………………………………… 168
 第一节 《中国文学》英译部分实现了国家译介目的 ……………… 168
 第二节 国家译介行为:反思与前瞻 …………………………………… 170
  一、《中国文学》对外译介的经验教训 …………………………… 170
  二、研究不足和前景展望 …………………………………………… 175
参考文献 ……………………………………………………………………… 176

绪 论

第一节 国家译介行为的研究缘起与研究现状

近十几年来,我国政、学、商界对中国文化如何成功"走出去"给予了热切关注。尤其是,2008年北京奥运会的举办、2009年"两会"期间对如何继续向外推广中国文化的热点探讨、2010年上海世博会的举办、2012年莫言获得诺贝尔文学奖、2019年习近平主席致中国外文出版发行事业局成立70周年的贺信,都促使各行各业重新思考"走出去"战略。2011年"两会"期间,"十二五"规划纲要明确提出:"创新文化'走出去'模式,增强中华文化国际竞争力和影响力,提升国家软实力。"中国民主促进会中央委员会(简称"民进中央")也把文化"走出去"作为重点调研专题,副主席朱永新于同年1月26日就"推进文化'走出去'战略"做客人民网强国论坛跟广大网友现场互动,内容涉及解读"走出去"战略、目前取得的成绩、存在的问题及解决办法、国内的文化建设等方面(人民网,2011)。2011年3月5日,全国政协十一届四次会议举行记者会,邀请7位政协委员就公共外交问题回答中外记者提问。委员们认为,为了争取良好的国际环境,有必要向世界说明中国的真实情况。向海外介绍中国文化的目的不是强迫外国人去接受,更不是用中国文化去取代外国文化,而是让不同文化互相了解、互相欣赏。但是中国对外文化介绍的速度远远没有跟上经济发展的速度,原因之一是从事中译外的队伍还不够强大(熊争艳、任沁沁,2011)。这次记者会的官方表述明确提出"中国文化走出去"的初衷是"说明中国",而没有使用之前一直强调的"对外宣传"的说法,其目的不是让外国单方面去"接受"中国,而是希望中外双方能够"互相了解",并认识到"翻译"环节在文化"走出去"战略中起到非常重要的作用,认为其会直接影响"国家形象"的塑造。

"向世界说明中国"在这几年里已经被公认为"中国文化走出去"的指导方针,中国外文出版发行事业局(后文简称"外文局"或"中国外文局")2019年庆祝建局70周年之际,也把其作为宣传口号。从"外宣"到"走出去",又从"对外传播"再到"向世界说明中国"的"公共外交",这种在今天看似简单的思维转变,实则经历了半个多世纪的实践探索。

一、"中国文学走出去"的提出及现状

20世纪30年代到40年代,中国共产党为了给抗日战争和解放战争的胜利争取有利的国际环境,开始通过创办刊物、报纸、广播开展对外宣传工作。新中国成立后,为了打破西方对我国的经济文化封锁,树立和捍卫新中国形象,我国进一步通过电影、电视、图书、期刊等形式加强对社会主义建设成果和人民生活现状的外宣。外宣工作在"文化大革命"期间遭到了极大的破坏,但是并未完全中断。虽然改革开放带来了新转机,然而20世纪80年代末国内外发生的政治风波又一次使外宣事业遭遇困境。1990年,中央提出改进外宣工作的意见,认为外宣是关乎社会主义中国国际形象的重要工作。可见,我国的外宣工作从新中国成立起就是一项维护党和国家利益的政治任务,外宣对象以支持和同情新中国的港澳台同胞、海外侨胞及亚非拉国家人民为主。尽管有少量的外宣产品在市场上出售,但并不以营利为目的,一直靠国家出资支持。

20世纪90年代初,我国为发展经济提出了"走出去"的思路和概念,鼓励企业对外投资。2000年,党中央把"走出去"战略写入了"十五"计划纲要。2003年,党的第十六届三中全会指出继续实施"走出去"战略;时任国家主席胡锦涛也下达了一系列指示,鼓励和支持企业"走出去"。这段时期,我国以经济建设为中心,对外宣传的重心也转向了对经济成果的报道,但却发现我国的传统制造业一直保持顺差,而文化产业长期处于严重逆差的局面。同年,国家领导人及文化部领导多次指出,要大力发展涉外文化产业,鼓励支持文化产品出口,逐步改变出口严重逆差的局面。文化部还于2004年6月就文化企业如何走出去举行研讨会,这意味着"走出去"战略开始从经济领域蔓延到文化领域。2005年,国家正式提出"加快实施文化产品'走出去'战略"。2006年,《国家"十一五"时期文化发展规划纲要》提出要抓好文化"走出去"重大工程、项目的实施,加强对外文化交流,扩大对外文化贸

易,初步改变我国文化产品贸易逆差较大的被动局面,拓展对外文化传播渠道。基于此,文化部同年制定了《文化建设"十一五"规划》,明确了中华文化"走出去"战略。"走出去"战略无论是在经济层面,还是在文化层面,无疑都是中国实现自身国家利益的现实要求。

随着改革开放的深入,我国调整了国家政策,在实施"经济走出去"战略的同时提出了"文化走出去"战略,这是由多种原因导致的。首先,文化贸易成为许多发达国家的重要经济来源,文化软实力成为衡量一个国家或地区综合竞争力的重要标志,世界各国都在努力寻求文化输出,我国的文化贸易则为严重逆差;其次,外来文化的强势入侵使中国文化在国际文化竞争中面临着巨大的压力,受到很大影响;再次,由于意识形态不同,一些国家对中国一直存在不同程度的误解,不利于中国的对外合作和交往,中国希望重新树立形象,得到平等对话的机会;最后,随着中国社会的发展和经济的日益强大,其他国家开始产生重新认识和了解中国的兴趣。

改革开放以来,我国的对外文化交流和文化贸易逐渐取得了一定的成果,但是文化的世界传播力和影响力却远远落后于西方国家文化在我国的传播力和影响力。由于我国一直注重对外宣传政治经济成果,西方国家更是提出了"中国威胁论",这种片面的解读论调严重损害了我国的国际形象,造成不利于我国发展的国际舆论环境。1998年,美国曾组织"美国媒体报道中国研讨会",与会代表大致同意,美媒对中国的报道产生偏差的原因可能是美国记者不熟悉中国的语言、历史和文化(罗以澄、夏倩芳,2002:15)。于是,对外传播中国文化成为消解外媒报道偏差的一种平衡手段。但是对中国文化感兴趣的大部分外国人主要是出于经济利益的考虑。任何一本有关中国经济的畅销书,介绍的都是"在中国如何做生意",而不是"中国的价值观和文化给商务和日常生活带来的影响"(艾那·唐根,2008:38)。除经济领域外,无论是"古典文化",还是"现代流行文化",美国人都了解甚少(刘康,2011:44)。

在中国出版集团有限公司原总裁聂震宁看来,通过翻译把中国文学作品传播出去,可以去除传统外宣的说教态度,生动的故事才是让国外了解中国风土人情的较好途径(曹晓娟,2008:18)。德国著名作家马丁·瓦尔泽(Martin Walser)认为通过阅读莫言的小说,"可以更加了解中国,比看任何一种符合我们国家正统的有关中国的报道了解得多得多"(魏格林,2010:80)。可见,真正能够体现文化的灵魂和精神的是典籍和文学,思想文化的影响既无声又深远,其所蕴藏的人类对"真善美"的追求和对现实世界的反思追问,容易得到全世界人民的共鸣和认同,从而消除国家与国家之间的偏见和误会。因此,中国典籍和文学作品的对外译介应该成为中国文化走出去的重中之重。虽然我国在文化产业上投入得并不少,但思想文化的输入与输出却存在着巨大的逆差。除了历史原因之外,还由于文学的影响力远不如政治经济成果那样立竿见影,相比之下,中国思想和文学的对外译介没有得到应有的重视。

从历史上来看,我国文化的对外传播能力并非如此。中华文化的海外传播在汉代、唐代、宋元时期、明清时期经历了四次高潮(武斌,2008),无论在器物方面,还是在思想文化方面,中国文化在近代以前对世界的影响都非常大。比如:丝绸、茶叶、瓷器、四大发明、儒道学说、禅宗、唐诗。但是清末的闭关锁国政策和20世纪上半叶的内忧外患阻断了国外对中国了解的渠道,中国的知识分子由于秉持"全盘西化"的思想也急于输入西方文化。

近代以后,中国文化在世界上的传播力和影响力急剧下降。据中国台湾学者王尔敏在《中国文献西译书目》(*A Bibliography of Western Translations of Chinese Works*,1975)中收集的资料显示,西方在1662—1973年间主动翻译中国书籍仅3000多种(包括复译本),其中鲜有20世纪中国学者的著作。北京大学中文系王岳川教授(2002:9-11)通过调查发现,整个20世纪中国翻译的西方书籍近10万册,而西方完整翻译的中国书籍却不到500册。西方对中国文化的翻译基本停留在器物层面,思想文化即哲学、文学、历史方面的书较少被翻译出去。他认为后者恰恰才是应该传播出去的精品,并"清醒地体认到思想文化的翻译和输出困难重重"(王岳川,2004:11)。据中国作家协会创作研究部理论处李朝全2010年的统计:"中国当代文学有1000余部作品被翻译成外文,介绍到外国。对外译介的作品当中有一部分是由中国政府及民间组织的,譬如,中国外文局下属外文出版社、中国文学杂志社等组织实施多年的'熊猫丛书',陆续翻译出版了一大批当代文学作品。"(转引自高方、许钧,2010:6)可见,近代之前,我国的文化主要由国外主动译介;近代之后,由于社会历史原因,国外的主动译介越来越少,我国开始大量向国内译介西学。

自古以来,文化的传播方向一般都是由强势文化流向弱势文化,翻译活动也都是由译语国家根据需要主动译入,较少有源语国家主动译出的情况,但在一些后殖民地国家或高度移民化的国家,或某些第二语言在经济、政治上占主导地位的国家,都需要将源语译成第二语言,如在澳大利亚、芬兰、日本等国,将母语翻译成外语或第二语言是不可避免的(Stuart Campbell, 1998:24-28)。我国主动把典籍译介出去,始自南北朝,多是应朝廷之命,回赠国外来使或回应其请求。清末民初,有辜鸿铭、张庆桐、苏曼殊、陈季同等少数知名学者,偶或从事汉籍外译活动。民国时期,并未见官方设置专门机构译介汉籍,外译多是出于译者个人一时兴趣。从20世纪20年代到40年代,汉译外人员仍然远远少于外译汉人员(马祖毅、任荣珍,1997:698-705;马祖毅等,2006:115-128)。国家出版机构有计划地、系统地进行翻译出版,还是从事对外宣传的综合性出版社——外文出版社①成立之后的事(廖旭和,1999:430)。在国家的支持和组织下,外文局的翻译人员从此一直肩负着对外译介中国优秀文学作品的任务。

新中国成立之后,无论官方或者民间,出于政治宣传抑或文化交流的目的,陆续开展了一些文学的对外译介工作,可是中国文学的国际影响力与我国的国力并不相配,译介的大部分作品至今收效甚微。学界自20世纪80年代起认识到这一问题的重要性,开始讨论和反思中国文学的外译。2009年翻译家杨宪益先生的离世、2012年莫言获得诺贝尔文学奖,更是引发了人们对"中国文学走出去"的热烈探讨。通过梳理中国文学对外译介方面的研究,笔者发现,该领域的研究者涵盖中国文学、翻译学、语言学、比较文学等领域的作家、翻译家、汉学家、理论家,以及出版商,新闻界、外宣部门等领域的专家学者,他们各抒己见,其中不乏真知灼见,但是他们互相之间沟通不够密切、合作成果较少,导致中国文学对外译介领域的研究视野和范围受到限制,研究成果不利于反哺后续的翻译实践。大部分讨论散见于各类报纸杂志,只有很少一部分发表在专业学术期刊上,学术专著更是少之又少。这些研究多为感想式杂谈、中译外翻译经验总结、主观定性解释,研究方法单一,仅有部分个案研究或译介断代史的文献梳理,且国内对译本在国外的接受和影响尚未有大量调查和详细分析。大多数研究者受研究条件限制,

---

① 1949年11月,中央人民政府新闻总署国际新闻局成立后即开始以外文出版社的名称出版外文版图书。1952年7月1日国际新闻局撤销后,正式成立了专门从事对外书刊宣传、编译出版外文版书刊的外文出版社。

参考文献多为二手资料,缺乏直接观察或实地调查取证、抽样分析、定量统计、深度访谈等手段的运用,研究结论比较片面且多有重复。2012年之后,上述情况发生了一定程度的变化,实证性研究增多,案例分析更加详尽,但是得出的研究结论,即中国文学对外译介的策略,却大同小异。

  国外对中国文学的研究很多,但是对中国文学英译的研究并不算多。研究者都是汉学学者或中国文学学者,或通过描述译本评价某个时间段的中国文学概貌,或研究某个译本在该国的传播和接受,着重对译文内容和语言的评价,大多把中国文学放在西方国家的语境下加以评判或者过度阐释。虽然这些研究都暴露出一定的问题,但是仍然有一些研究颇值得关注。比如:"The Panda Books Translation Series"(Robert E. Hegel,1984)、"Contemporary Chinese Literature in Translation—A Review Article"(Leo Ou-fan Lee,1985)、"Insuperable Barriers? Some Thoughts on the Reception of Chinese Writing in English Translation"(W. J. F. Jenner,1990)、"The Problematic Nature of Modern and Contemporary Chinese Fiction in English Translation"(Michael S. Duke,1990)、"What is World Poetry?"(Stephen Owen,1990)、"Problems and Possibilities in Translating Contemporary Chinese Literature"(Bonnie McDougall,1991)、"Blunder or Service? —The Translation of Contemporary Chinese Fiction into English"(Eva Hung,1991)、*The Transparent Eye: Reflections on Translation, Chinese Literature, and Comparative Poetics*(Eugene Chen,1993)、"Chinese Literature in the 'World' Literary Economy"(Andrew F. Jones,1994)、*Translating Chinese literature*(Eugene Chen Eoyang and Lin Yao-fu,1995)、《世界舞台上的中国新时期文学——试析国际文学交流"逆差"说》(张泉,1995)、《中国当代文学在国外》(赵晋华,1998)、《元明清小说戏剧的翻译传播》(李玉莲,2000)、《文化研究语境下的中译英》(胡德香,2005)、《论中国"文革"时期的文学翻译》(马士奎,2005)、《在异质文化中探寻"自我"——国外汉学家中国解放区文学译介、研究管窥》(宋绍香,2006)、《弗朗茨·库恩及其〈红楼梦〉德文译本——文学文本变译的个案研究》(王金波,2006)、"Translating Modern Chinese Literature"(John Balcom,2006)、《他乡的石头记:〈红楼梦〉百年英译史研究》(江帆,2007)、《中国现代文学在法国的翻译和接受》(高方,2008)、《中国当代文学在法国的翻译与接受》(杭零,2008)、《澳大利亚出版的中国文学英译作品》

(欧阳昱,2008)、《中国现当代小说的英译和传播中存在的问题》(郑贞,2008)、《〈水浒传〉英译的语言与文化》(孙建成,2008)、《"世界文学"与翻译》(王宁,2009)、《诺贝尔文学奖与文学语言翻译——兼谈中国文学"走向世界"的文化应对策略》(吴秀明、董雪,2009)、《"中学西传"与中国古典小说的早期翻译(1735-1911)——以英语世界为中心》(宋丽娟、孙逊,2009)、《中国文学走出去的步伐——苏联解体后中国新时期小说散文在俄罗斯的传播状况》(A.A.罗季奥诺夫,2009)、《老舍作品在美国的译介与研究》(张曼、李永宁,2010)、《文学译介与中国文学"走向世界"——"熊猫丛书"英译中国文学研究》(耿强,2010)、《英语世界中杜甫及其诗歌的接受与传播——兼论杜诗学的世界性》(郝稷,2011)、《中国文学在澳大利亚的起源、生发、传播和影响》(欧阳昱,2011)、《金庸小说英译研究——兼论中国文学走出去》(罗永洲,2011)、《本土性、民族性的世界写作——莫言的海外传播与接受》(刘江凯,2011)、《中国现当代小说在英语世界传播的背景、现状及译介模式》(吕敏宏,2011)、《寒山诗:文本旅行与经典建构》(胡安江,2011)、《中国文学走出去:问题与实质》(谢天振,2014)、《关于中国现当代文学在美国的几点看法》(葛浩文,2014)、《我的三十年——怎样从事中国当代小说的德译》(高立希,2015)、《全球视野下的中国文学与翻译》(顾彬,2015)、《中国现当代文学与诺贝尔文学奖——马悦然4月25日在澳门科学馆的演讲词》(马悦然,2015)、《译入与译出:困惑、问题与思考》(许钧,2015)、《20世纪中国文学在越南的译介》(阮秋贤,2016)、《当代印度的中国文学译介——问题与挑战》(狄伯杰,2018)。

针对"中国文学走出去"这一课题,文学界(黄国柱,1987;刘大泯,1988;冯亦代等,1991;陈方竞,1994/2006;王岳川,2002/2004/2010;吴秀明、董雪,2009;莫言,2010;张清华,2010;王长国,2010)提出文学创作水平直接影响文学的对外译介,翻译也是一个重要的障碍;国内译者和语言学界(裘克安,1991;胡志挥,2003;潘文国,2004/2007;陈岚,2008;丛滋杭,2008;黄友义,2009/2010;陈洁,2010;陈谊,2010)大多认为中国文学走不出去的关键是翻译质量太差及中译外队伍短缺;翻译研究者和比较文学研究者(Eva Hung,1991/1993;谢天振,2005/2008/2010a/2010b/2014;胡德香,2005/2006;岛石等,2007;郑贞,2008;谢天振、龚丹韵,2009;江帆,2009;魏耀川、陈岚,2009;李萍,2009;赵芸等,2010;高方、许钧,2010;胡安江,2010;王柏华,2010;耿强,2010/2011)指出翻译质量好的文学或许也走不出去,因为译语国家的接受环境对中国文学的传播影响更大;出版传媒界(叶稚珊,1990;默迪,2003;郑莹莹,2005;马琳,2007;路艳霞,2007;孙海悦,2007;李景端,2008;张宪,2008;刘元旭、周润健,2008;吴奇志、王眉,2009;任姗姗,2009;王玉、吴婷,2010;蔡莉莉,2010;李雪昆,2010;苑爱玲,2011;田小满,2011;王玉梅,2011;甄云霞,2011)开始关注翻译之前作品的选择,翻译之后译本的版权、装帧、发行、宣传等环节;汉学研究者和国外译者(Robert E Hegel,1984;Leo Ou-fan Lee,1985;W. J. F. Jenner,1990;Michael S. Duke,1990;Bonnie McDougall,1991;Julia Lovell,2005;舒晋瑜,2005;Nicky Harman,2006;马悦然、欧阳江河,2006;罗屿,2008;季进,2008/2009;顾彬,2009;韩少功、罗莎,2009;葛浩文,2010;葛浩文,2010;魏格林,2010;Yang Guang,2010;黄友义等,2010;余华等,2010;陈众议等,2010a;陈众议等,2010b;简彪、屈菡,2010;顾彬,2011;何碧玉、毕飞宇,2011;李舫,2011)认为作品的文学水平、译者的翻译能力、国外市场的推介手段和接受程度对推动中国文学走出去都很重要。

上述各个领域的讨论由于研究者各自的专业背景限制,而有所偏重、有所争论,但是大家一开始几乎都认为中国文学走不出去的主要原因是中国译者的翻译水平不高,后来才开始慢慢理解中国文学的对外译介是一个非常复杂的问题,意识到翻译质量固然重要,但还需考虑作品的挑选和译本的装帧、出版、发行、宣传及译语国家的接受环境等一系列因素,这些因素环环相扣,每一步都决定着译本的传播效果。学者们的这种转变在北京师范大学于 2010 年 1 月 14 日举行的"中国文学海外传播"国际学术研讨会上表现得尤为突出,他们深刻剖析了中国文学在本土和海外的生存状态及遭遇的问题,指出只有把创作、翻译、翻译批评、海外汉学研究、传播等几个方面的资源和力量整合起来,才能改变中国文学目前在世界文学中影响力微乎其微的窘境,使中国文学的传播更加有效(西川等,2010)。

二、《中国文学》研究综述

中国外文出版发行事业局(简称"外文局",又称中国国际出版集团)是中国历史最悠久、规模最大的专业对外传播机构,它是承担着党和国家书、刊、网络对外宣传任务的新闻出版机构,是中央所属的事业单位。由于其宣传报道的力度、国家的支持以及在国内的影响,外文局所代表的国家译介活动尤为引人注目。新中国成立至今,国家大规模的文学对外译介可以分为三个阶段:第一个阶段以《中国文学》杂志(1951—2000)为代表;第二个阶段以"熊猫丛书"(1981—2000)为代表;第三个阶段以"大中华文库"(1995—)、"金水桥计划"(2003—)、"中国图书对外推广计划"(2004—)、"缅怀过去,展望未来"中国现当代文学经典丛书(2005—)、"21世纪中国当代文学书库"(2008—)、"中国文化著作翻译出版工程"(2009—)、"经典中国国际出版工程"(2009—)等系列图书为代表。可见,国家一直在持续资助中国文学的对外译介,那么,是不是只要投入大量的人力、物力、财力,就一定能够让中国文学成功地"走出去"呢?

既然我国从新中国成立之初就开始通过《中国文学》对外译介文学艺术作品,其50年的译介经验应该值得我们借鉴和反思。《中国文学》(Chinese Literature)①是新中国第一份、也是唯一一份向海内外及时系统地译介中国文学艺术作品的官方刊物,先后由中国文学杂志社、中国文学出版社、外文出版社出版,分为英文版和法文版,共出版590期,译介文学作品3000多篇,介绍古今作家和艺术家2000多人次,发行到世界159个国家和地区。直到2000年,中国文学出版社被撤销,《中国文学》随之于2001年全面停刊。为了探索"中国文学走出去"的理论与实践,本书选取《中国文学》为研究对象,理由如下:

首先,《中国文学》具有代表性。第一,它是一本官方刊物,其出版和发行由国家操控,译介的作品和译者由国家挑选,在很大程度上代表了国家对待文学译介的态度。第二,刊物的译者包括中国译者和外国专家译者,形成了一种中外合作的特殊翻译方式。第三,它发行时间长、发行范围广,是国外读者自1949年新中国成立后了解中国文学艺术的唯一官方刊物,是我国在"文化大革命"时期唯一一本能够进入西方国家的官方刊物。第四,国家主导中国文学对外译介至今仍然是中国文学艺术走出去的主要方式,中外译者合作翻译也仍然是翻译界推崇的译介模式,因此,对《中国文学》的研究

---

① 除了《中国文学》杂志,国外了解中国文学的主要渠道还有中国香港的《译丛》(Renditions, 1973—)和中国台湾的《台北中文笔会英文季刊》(The Chinese PEN, 1972—;2005年更名为 The Taipei Chinese PEN)。本书所讨论的中国文学主要指以《中国文学》为载体发表的文学作品。

可以为今后的国家译介提供建议和指导。

其次,《中国文学》具有复杂性。第一,刊物译介的内容复杂,包括当代文学、"五四"以来的现代文学、古典文学、有关文学艺术的文章和美术作品等。开设栏目多样化,包括小说、诗歌、散文、戏曲、杂剧、剧本、寓言、回忆录、相声、小品文、文艺述评、作家札记、歌曲、通讯报道、书评等各种文学作品和文学评论;文学门类多,有左翼文学、解放区文学、工农兵文学、伤痕文学、反思文学、寻根文学、先锋文学、儿童文学、纪实文学、民间文学、寓言故事、朦胧诗等不同门类的文学作品。第二,发行周期长短不一。由于《中国文学》发行半个世纪,经历多次社会变动和人事变动,导致其发行周期不规律。1951年和1952年各发行1期;1953年发行2期;1954—1957年每年发行4期;1958年发行6期;1959—1967年每年发行12期;1968年发行4期;1969—1983年每年发行12期;1984—1999年每年发行4期;2000年发行6期。第三,行政管理复杂。《中国文学》政策上曾经在不同时期听从对外文化联络委员会①、中共中央宣传部②、文化部、中共中央对外联络部③、中央对外宣传小组等部门的领导,行政上听从外文出版社(外文局)领导,业务上听从中华全国文学工作者协会④和中国文学出版社领导。其工作人员分为中文编辑和英文、法文编辑,主要业务骨干在历次政治运动和"文化大革命"时期曾受到严重打击。这种复杂性为本研究增添了很多困难,但是也使本研究更具有独特价值。

再次,《中国文学》具有完整性。第一,虽然刊物经历多次变动,但是没有中断,持续出版了50年,出版社一直收到国外读者的来信和订购单。第二,译介内容包括当代作品、"五四"以来的作品(现代作品)和古典作品,编辑方针侧重译介当代作品,即1949年新中国成立后出现的作品。刊物在出版时间上的连续性和内容上的完整性是本研究把"中国文学"的译介作为研究对象的必要条件。

最后,《中国文学》具有研究可行性。第一,刊物的所有文本在国内外都可以查阅,笔者能够与当时在刊物工作的一些编译人员取得联系并进行访谈。通过图书馆和网络,可以查找到国内外与此刊物相关的大部分资料。

---

① 后文简称"对外文委"。
② 后文简称"中宣部"。
③ 后文简称"中联部"。
④ 后文简称"中华全国文协"。1953年10月,正式更名为"中国作家协会"(简称"作协")。

第二,英语是国际通用语言,刊物英文版发行的地区比法文版更加广泛,影响更大。国外对《中国文学》的讨论和研究大多都是用英文表述的,英语国家对翻译文学的接受也直接影响着其他国家对此类文学的转译和接受。

尽管《中国文学》发行了半个世纪,但是这一官方译介行为只引起了国内外极少数学者的注意。从具体个案研究数量上来看,2012年以后国内学者开始关注《中国文学》上对文学作品的英译。与《中国文学》直接相关的主要文章和论文大致可以分为五类:

第一类,报道、梳理或回忆《中国文学》的创刊、发行、选材、改革及历史贡献。阿卞(1995)报道了1994年下半年中国文学出版社收到的读者来信,并选登了一些信件内容。郭林祥(1996;1997)举例说明了《中国文学》通过掌握文学艺术的特性,可以做好对外宣传工作,以及在市场经济的冲击下《中国文学》和"熊猫丛书"所面临的市场问题和所做的改进。唐家龙(1998)介绍了《中国文学》和"熊猫丛书"在国外得到的好评,认为中国文学出版社已经把目光转向国内市场。吴旸(1999)在中国外文局成立50周年之际,回忆了《中国文学》的创刊过程。野莽(2004)用极具调侃的口吻描述了该杂志从创刊到停刊的戏剧历程。徐慎贵、耿强(2010)以访谈问答的形式探讨了《中国文学》和"熊猫丛书"在对外翻译中国文学的事业中所取得的成绩及面临的困难。吴自选(2010)访问了原《中国文学》副总编王明杰,听其讲述了中国文学杂志社以《中国文学》和"熊猫丛书"为载体,在对外推广中国文学方面所做的努力。在这些人中,阿卞、郭林祥、唐家龙、吴旸、野莽、徐慎贵、王明杰等人都是当年为《中国文学》工作过的编译人员,他们通过报道或者回忆的方式记述了《中国文学》的发展历史。此类研究颇具文献价值,史料意义重大。

何琳、赵新宇(2010c;2011a)从赞助人意识形态的影响出发,对比该刊物在20世纪60年代和80年代的翻译选材差异,认为基于目的语环境的文化翻译理论也适用于原语环境的翻译研究。林文艺(2011a;2011b)分析了刊物从20世纪50年代至60年代早期作品的选材情况,认为其受到国内政治需求、文艺政策、文学思潮、外交需要等因素的制约。她还分析了该杂志50年来作品选译的情况,发现其服从主流意识形态,配合国家外交需要,体现了我国文艺发展变化的轨迹。该作者后来在自己的博士论文(2014)里探讨了《中国文学》体现出的主流意识形态语境下中国对外文化交流的变化。

何琳和林文艺作为研究者,注意到了《中国文学》的研究价值并多次发表相关研究成果。

第二类,侧重介绍《中国文学》及其译者的翻译活动。徐巧灵(2010)通过探讨杨宪益在为《中国文学》工作期间的翻译活动,认为译者和刊物在很大程度上受到多重源语文化因素的制约。何琳和赵新宇(2010a;2010b)介绍了《中国文学》主要译者杨宪益的翻译活动,以及20世纪80年代他作为《中国文学》杂志总编的改革和贡献。他们还介绍了《中国文学》的主要译者之一沙博理的译介活动。何琳(2011b)梳理了《中国文学》的外国译者之一葛浩文的翻译活动和翻译思想。由于资料限制,这类文献梳理的内容显得有些牵强,在分析力度上也大打折扣。

第三类,整体介绍和探讨《中国文学》的发展历史。何琳和赵新宇(2003)介绍了该刊物50年来的发展概况。徐慎贵(2007)简要描述了刊物的创刊、发展、停刊过程,并肯定了其在对外传播方面的历史贡献。何琳和赵新宇(2011)讨论了刊物的历史、贡献及文化价值。他们的研究使《中国文学》的历史意义更加突出,但是研究仅限于对刊物部分内容的简单概述,降低了研究本身的价值。

第四类,把《中国文学》放在社会历史语境下考察。中国香港学者孔慧怡认为《中国文学》虽为西方世界了解中国文学起到一定的文献作用,但是其内容的选择及对读者的界定明显受到官方意识形态的制约,这损害了刊物的文学性(Eva Hung,1995:239-250)。稍嫌遗憾的是,孔慧怡只从意识形态这一个方面考察《中国文学》的内容和读者,并且其参考的资料并不完整,有些观点还有待进一步论证。

第五类,研究《中国文学》在某个时期的内容、形式、翻译和影响。研究主要集中于《中国文学》自1951年创刊至1966年"文化大革命"前对中国文学作品的译介情况。田文文(2009)的硕士论文试图通过这一刊物在"十七年文学"①时期与当时的政治环境、文学生态及中外文学交流的关系,探讨当时中国文学的时代特色和《中国文学》的翻译特色,考察中国文学走向世界的艰难历程。该文研究思路明确,并发掘了一些新史料,但是浅尝辄止,

---

① "十七年文学"是指从中华人民共和国成立(1949年)到"文化大革命"开始(1966年)这一阶段的中国文学历程,属于中国当代文学的一个时期。

出现了个别史实性错误。倪秀华(2013)考察了《中国文学》(1951—1966)的翻译选材和策略;方长安和陈澜(2015)探讨了1951—1965年英文版《中国文学》的诗歌选材情况;王欣(2016)分析了《中国文学》英译版(1951—1966)译介的女性形象;韩江洪和郝俊芬(2016)基于语料库研究了《中国文学》(1951—1966)上刊登的唐笙英译小说中的笔译风格;韩江洪和邢文静(2018)基于语料库研究了《中国文学》(1951—1966)明喻的省译策略;童悦和韩江洪(2019)利用语料库研究了1951—1966年在《中国文学》上刊登的短篇小说中进步青年形象的重塑。研究者们都认为翻译选材和翻译策略都明显受到了当时的社会历史因素的制约。

国外尚未见对《中国文学》的专门研究和深入探讨。《中国文学》的内容大多是作为研究参考资料被纳入正文,作为参引文献出现在脚注、文末,或者成为工具书汇编的内容。尽管如此,《中国文学》毕竟走入了国外研究者的视野,为国外的中国文学研究起到了一定的参考作用。这类参考资料主要包括:*Subject and Author Index to Chinese Literature Monthly*(1951—1976)(Donald A. Gibbs, 1978); *An Index to Chinese Literature*, 1951—1976 (Hans J. Hinrup, 1978); *Contemporary Chinese Novels and Short Stories*, 1949—1974: *An Annotated Bibliography*(Tsai Meishi, 1979); "The Panda Books Translation Series"(Robert E Hegel, 1984)。当然,这些资料中大部分不能算是外国学者对《中国文学》的专门研究,只能算是他们对该刊物的使用和了解,属于国外学者对《中国文学》的接受情况。

第二节 国家译介行为理论与内容

国内对《中国文学》的讨论并不全面深入,大多只是材料梳理和描述,重复性结论较多,但也有一些值得关注的研究,比如孔慧怡博士的批评值得进一步思考,田文文的硕士论文有一定的学术价值。国外学术界对《中国文学》也尚未有完整全面的认识。本书将在一手资料的基础上全方位深入考察《中国文学》50年来的译介过程及其在国外的接受情况,以期在译介学和翻译研究文化学派的理论视角框架下给"中国文学走出去"国家战略提供学理支持并总结经验教训。

翻译是传播文学的一种重要手段,考察一部译作的传播必须关注其传播链上的各个要素。美国政治学家哈罗德·拉斯韦尔(H. Lasswell)1948年提出了经典的"5W"传播模式(Lasswell,1948:37),包括传播主体、传播内容、传播形式、传播媒介、传播对象、传播效果(见图1):

图1 拉斯韦尔传播模式

这五个传播要素对应的研究内容为控制分析、内容分析、符号分析、媒介分析、受众分析和效果分析。那么,如果我们对照这条传播模式去观察一个译本的译介和传播,那么需要研究的要素除了相应的译介主体、译介内容、译介渠道、译介对象、译介效果之外,还应包括译语符号,即译语语言形式,因为译本主要通过译语这种不同于源语的语言符号进行传播。因此,译本的传播模式应该包括六个要素,如图2所示:

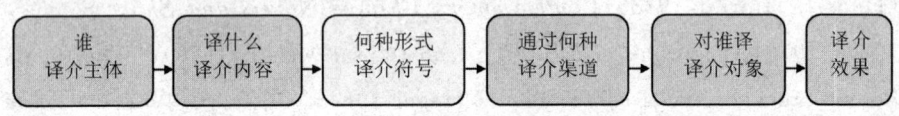

图2 译本传播模式

当然,由于传播过程中的每个要素之间相互关联,并会受到外界环境的干扰和制约,因此,后人在拉斯韦尔传播模式基础上,又增添了其他一些考虑因素。比如:布雷多克(Braddock)指出应该考虑传播者传递信息的具体环境和传播目的(Braddock,1958:88-93);申农和韦弗(Shannon & Weaver)提出要注意外界因素对传播效果的影响;奥斯古德和施拉姆(Osgood & Schramm)强调接受者的反馈对传播者的作用,把传播看成一个循环过程,而不是一个直线过程(Severin W. J. & Tankard J. W.,1988:32-35)。综合这些因素,由源语国家主动译出的译本的有效传播模式(见图3)应该也是一个循环过程,并要关注外界环境对译介主体和译介效果的影响及译介对象的反馈对译介主体的作用。

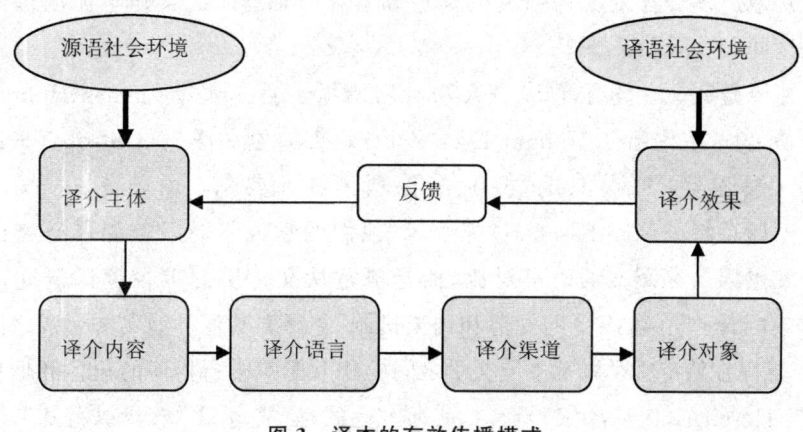

图3 译本的有效传播模式

翻译是传播文学的一个重要环节,但翻译本身并不单独决定文学的传播效果,因为文学的译介和接受都不是在真空中进行的。以《中国文学》为例,源语国家的社会环境必然影响译介作品的选择、译者的挑选、译者翻译策略的选择,而译语国家的社会环境也必然影响译本的发行、销售、流通和读者的接受。因此,讨论中国文学对外译介的本质问题,需要从译介学理论出发。

一、国家译介行为理论框架

译介学关注的恰恰就是文学翻译在传播文化的过程中具有的独特价值和意义,提出研究翻译不能简单地停留在语言分析层面,而要探讨翻译过程中删改、增添、有意误译等现象背后的文化原因,揭示译语文化系统中的政治、意识形态、文学观念、经济因素等对文学翻译的操纵和影响,从而讨论翻译文学的文学、文化功能及其意义(谢天振,1999:1;查明建,2005:49)。"创造性叛逆"(Creative Treason)是译介学研究的基础和出发点,包括译者的创造性叛逆和接受者与接受环境的创造性叛逆。译者的创造性叛逆有两个方面:译者在自身的世界观和教育背景的影响下,对作品的理解会产生创造性叛逆;在译者的翻译理念及译语环境的翻译规范制约下,译作的语言和风格会出现创造性叛逆。接受者与接受环境的创造性叛逆,即读者在自己的世界观、文学观念、个人阅历等因素的影响下,对译作的理解产生的创造性叛逆,其根源还在于接受环境(谢天振,1999:130-173)。在研究《中国文学》50年来的译介过程中,就必须考虑译者、接受者和接受环境对译本的创造性叛逆。译介学对翻译研究的关注和解释与翻译研究文化学派的理论视角殊途同归、不谋而合。

翻译研究文化学派的代表人物有詹姆斯·霍尔姆斯(James Holmes)、伊塔马·埃文-佐哈尔(Itamar Even-Zohar)、吉迪恩·图里(Gideon Toury)、西奥·赫曼斯(Theo Hermans)、安德烈·勒菲弗尔(André Lefevere)、苏珊·巴斯奈特(Susan Bassnett)等学者,他们的学说不局限于翻译研究语言学派聚焦源文—译文的语言对比,而是侧重从文化层面审视翻译研究,"都对影响翻译产生和接受的规范和约束机制、翻译和其他类型文本生成之间的关系、翻译在特定文学以及不同文学之间的相互影响中所扮演的角色和地位感兴趣"(Hermans,1985:10-11),其核心研究范式是"描写/系统/操纵范式"(谢天振,2008:198),这种研究视角为翻译研究打开了另外一扇窗户。

以色列学者埃文-佐哈尔于1970年在俄国形式主义和捷克结构主义的基础上提出了多元系统论(Polysystem theory),认为"把各种符号现象即由符号支配的各种人类交际形式(如文化、语言、文学、社会)视为一个个系统,而不是由各种迥异元素组成的混合体,才能更加充分地理解和研究它们"(Even-Zohar,1990:9)。多数情况下,一个符号系统是由多个系统组成的一个多元系统,这些系统之间交叉重叠,虽在同一时间各有不同的选项,但是互相依存,构成一个整体而运作(Even-Zohar,1990:11)。在一种文化中,那些被统治阶级当作正统去认可的文学规范和作品(包括模式和文本)才被称为"经典化"的文本,其中最突出的作品会被社会保存下来,成为历史遗产的一部分;那些"非经典化"的文本则慢慢被遗忘(Even-Zohar,1990:15)。"一般而言,整个多元系统的中心就是地位最高的经典化形式库"(Even-Zohar,1990:17),"形式库(repertoire)就是制约文本生产的规律和要素(单个的、多个的或者整体的模式)的集合。自世界上最早的文学出现以来,这些规律和要素中的一部分似乎就具有普遍性,但是还有一大部分显然会随着时代和文化的不同而改变"(Even-Zohar,1990:17-18)。"经典化"和"非经典化"的划分并不意味着文学存在"好"与"坏"之分,只是看它是否符合统治阶层的规范。某一时期构成"经典化"文本的那些要素只是那一时期的文学规范,这些规范的集合就是经典化形式库,而"制约当权人士行为的文化模式必然也制约着经典化形式库"(Even-Zohar,1990:18)。随着社会的变革,"经典化"和"非经典化"文本的位置可能会发生游离,甚至完全互换。按照多元系统理论,统治阶级总是按照自己的意识形态和文学审美态度把一部分文学作品塑造成"经典"文本。在国家译介行为中,译介主体代表的是统治阶级的旨趣,因此,他们很大程度上会译介那些被树立为"经典"的作品,那些作品便有机会成为翻译文学的一部分。

"翻译文学不仅是文学多元系统中不可分割的一个系统,还是其中最为活跃的系统""翻译文学在文学多元系统中是处于中心还是边缘,其位置是否与创新的(主要)或者保守的(次要)形式库有关,这都取决于所研究的多元系统的具体组成部分"(Even-Zohar,1990:46)。"如果翻译文学在文学多元系统中占据中心位置,则说明它积极参与形成多元系统的中心"(Even-Zohar,1990:46),这表现为三种情况:"当某种文学多元系统尚处于形成之中;当某种文学处于'边缘'或(且)'弱势'地位;当某种文学出现转折、危机或真空状态"(Even-Zohar,1990:47)。"不论翻译文学处于文学多元系统的中心或是边缘,都不意味着其整体情况都是如此。翻译文学自身可以分为很多层级,有可能其中一部分取得了中心位置时,其余部分却仍然处于边缘",研究表明"翻译文学的'正常'位置一般都处于边缘"(Even-Zohar,1990:49-50)。翻译文学地位的变化会带来翻译规范、翻译行为和翻译政策的变化(Even-Zohar,1990:50)。当翻译文学处于中心位置时,译者关注的不仅是用本国文学形式库中已有的文学模式来翻译源语文本,还要勇于打破已有的传统规范,创造新的文学模式,这时充分翻译(adequacy,即复制原文的主要文本关系)的可能性就比较大,所采用的翻译规范(translational norms)在译语文学看来可能暂时显得过于标新立异;当翻译文学处于边缘位置时,译者主要用已有的次要文学模式来翻译源语文本,这时的翻译是不充分的(Even-Zohar,1990:50-51)。如果翻译文学能够打破译语文学既有的文学规范,建立新的文学模式,译语文学也接受了这种新的文学规范,那么,翻译文学就在译语文学中占据了中心位置,对译语文学便造成一定的影响。因此,从翻译文学在译语文学中的地位可以看出译介作品在译语国家的效果和影响,翻译文学是考察文学译介传播与接受的一个重要指标,其文学地位的变化同时又反映出翻译规范和翻译政策的变化。要想考察由源语国家主动译介的《中国文学》在译语国家的传播和接受,就必须考察《中国文学》译介的作品是否打破了译语文学的规范而得到译语文化的接受和吸收,在译语文化中能否占据中心位置。

埃文-佐哈尔在《多元系统理论》("Polysystem Theory")、《文学系统》("The 'Literary System'")、《翻译文学在文学多元系统中的地位》("The Position of Translated Literature within the Literary Polysystem")三篇文章中提出的上述观点为分析《中国文学》译介主体在生产译本的过程中对"经典化"文本的挑选及译语文化对译本的接受情况提供了理论支持。但是多元系统论并没有分析哪些主要因素会影响译介主体对"经典化"文本的挑选，只是给出"当权人士行为的文化模式"这一模糊解释。另外，在分析翻译文学在译语文学中占据不同地位所反映出的翻译规范时，也只是用了"充分翻译"和"不充分翻译"的说法，对翻译规范的界定和解释过于简化。图里、切斯特曼（Andrew Chesterman）、赫曼斯、勒菲弗尔等人从佐哈尔这些不太完善的概念、解释、假设出发，建构出"翻译规范""改写/操控理论"等具体分析工具，进一步补充、发展、完善了多元系统理论，也为本书分析《中国文学》的译介策略提供了有用的理论阐释工具。

佐哈尔在论述翻译规范时所提的"充分翻译"是从源语出发，而他的同事图里则在此基础上从译语出发提出了译文的"可接受性"（acceptability），对影响翻译过程的翻译规范进行了一系列有益的探索。图里认为译者在"充分性"（遵从源语语言和文化规范）或是"可接受"（遵从译语语言和文化规范）两端之间的选择倾向建构了译者的初始规范（initial norm），这一规范是译者在翻译之初受源语文化和译语文化的制约所做的选择，支配着翻译行为中的其他规范和译者在翻译过程中的其他决策。另外，他还提出预先规范（preliminary norms）和操作规范（operational norms）这两个适用于翻译的规范。预先规范在两个相关的方面发生作用：特定时间的特定文化或语言中的翻译政策（translation policy）制约着对需要译入的文本类型甚至单个文本的选择；特定文化对待转译译本的态度制约着对直接翻译（direct translation）抑或间接翻译（indirect translation）的选择。操作规范直接指导翻译过程中所做的实际抉择，包括矩阵规范（matricial norms）和文本语言规范（textual-linguistic norms），前者影响源语文本的语言材料、内容、文体、形式在译本中的分布和呈现，即是否需要增加、减少或者做其他改动；后者影响译者在译语语言和文体上的选择（Toury，1995：56-59）。通过图里的定义和解释，可以看出初始规范支配着译者的翻译策略，预先规范制约着译语文化对文本的选择，操作规范影响着译者的翻译方法和技巧。按照图里的说法，预先规范在逻辑上和时间上都先于操作规范，两者又有可能互相影响、互为条件;它们和初始规范关系紧密,也可能与其相交(Toury,1995:59-60)。这三种翻译规范恰好表现出译介学所说的译者的"创造性叛逆",但是由于它们仅仅围绕译语对文本的选择(译前)、翻译策略和方法(译中),不涉及译本的接受(译后),因此未能解释接受者和接受环境的"创造性叛逆"以及多元系统所观察到的翻译文学在译语文化中的地位变化。

当然,翻译规范不能直接被观察到,图里认为翻译规范一般是通过文本(textual)和文本外(extratextual)资源重构出来的。通过译本可以考察所有规范,通过大量译本或语料库可以考察各种预先规范,译本构成了文本资源;文本外资源包括半理论性或评论性的观点,比如:规定性翻译"理论",译者、编辑、出版商及其他相关人员的翻译思想和言论,对个人译作、译者或某派译者的翻译行为的评价等(Toury,1995:65)。图里不仅对翻译规范进行分类,并且提出了考察翻译规范的方法。对于《中国文学》个案来说,通过考察这一期刊上所有的译文及其他相关资料,便可梳理出译者选择了哪些译本、其翻译策略和方法如何,从而归纳并总结出其受到哪些翻译规范的制约。

赫曼斯没有对翻译规范进行分类,但是他在图里的基础上扩充了研究翻译规范的方法。他认为首先应该研究译本本身,其次是副文本(paratexts)和元文本(metatexts)之类的资料。副文本包括译序、译跋、脚注之类;元文本是独立发表并探讨其他文本的文本;其他可以看作副文本和元文本的资源包括译者、编辑、出版商、读者以及译界的言论和评论,对翻译的讨论与评介以及理论性和纲领性的评述。另外,还可以利用翻译教科书、由翻译引发的法律纠纷及与版权法相关的文本、翻译发行的数据(包括重印和改编)、翻译获奖情况(包括获奖者、颁奖者、获奖原因)等进行研究。这些文本、副文本、元文本、超文本材料并没有一定的起始顺序,需要根据不同的研究个案去选择(Hermans,1999:85-86)。这为本书收集、整理并分析与《中国文学》相关的副文本提供了一定的理论依据。

另一个详细划分翻译规范的学者是芬兰的切斯特曼,他把社会生理学的"文化基因"(meme)引入翻译研究,认为在特定的历史时期占据主导地位的文化基因就是规范,而这些规范会深深扎根于翻译理论和实践,其中占主导地位的规范就是翻译规范(Chsterman,1997:51)。他首先分析了社会学和语言学的规范,在此基础上才提出了对翻译规范的划分,他讨论的翻译规范涵盖了图里的操作规范和初始规范。他把翻译规范分为期待规范(expectancy norms)和专业规范(professional norms),也可称为产品规范(product norms)和生产规范(process norms)。期待规范是译语读者对译本的期待,受译语文化流行的翻译传统和同类文本形式的制约,也受经济、意识形态、权力关系的影响。读者的期待表现在文本类型、语言、文体、语域、语法、文本特征、词汇搭配等方面。期待规范基本上是由于其自身在译语社会的存在而生效的,但在有些情况下,它由某种规范权威(教师、考官、文学评论家、翻译评论家、审稿人等)的作用而生效。这些专家被人们认为有确认此类规范的能力,他们可以对社会中已广泛认可的规范予以确认,在此意义上,他们代表的是整个社会,他们受到其他成员的信赖(Chsterman,1997:64-66)。专业规范制约翻译过程,从属于并受制于期待规范,它来自规范权威,即优秀的专业译者,他们的翻译自然成为译语社会评估其他译本的标准。换句话说,专业人士的翻译行为表现就是专业规范。专业规范又分为责任规范(the accountability norm)、交际规范(the communication norm)和关系规范(the relation norm)。责任规范和交际规范并不为翻译活动所特有,但关系规范只存在于翻译活动之中。责任规范是一种道德规范,要求译者忠诚于源语文本作者、翻译委托人、译者自己、预期读者及其他相关各方;交际规范是一种社会规范,要求译者根据情况优化翻译所涉及的各方之间的交流;关系规范是一种语言规范,要求译者在源语文本和译语文本之间建立并保持一种合适的相关类似性,译者可根据文本类型、委托人的意愿、源语文本作者的意图以及预期读者的需求判断如何平衡这种关系。这三种专业规范一部分是由规范权威的批准而生效的,但也有一部分专业规范像期待规范一样,由于自身的存在而生效。专业规范制约着译者在翻译之前对原文的阅读,译者的期待规范会影响其对原文的理解(Chsterman,1997:67-70)。

切斯特曼对翻译规范的划分说明他把翻译看成一种受规范约束的行为过程。他认为翻译规范会影响译者的翻译策略,这里的翻译策略主要指语言层面,分为句法/语法策略、语义策略和语用策略三类(Chsterman,1997:88-93)。切斯特曼用翻译伦理(translation ethics)来描述制约翻译规范的四种价值观:明晰(clarity)、真实(truth)、信任(trust)和理解(understanding),它们一一对应期待规范、关系规范、责任规范、交际规范。前两种价值观围绕文本语言展开,后两种价值观调节翻译相关各方之间的关系(Chsterman,

1997:172-186)。切斯特曼对翻译规范的论述比图里更加多样化,但他对翻译规范的研究倾向于规定性研究,认为译者应该遵守这些规范,而图里和赫曼斯是用描述性研究说明译者在翻译规范下可能有的种种选择。在真实的翻译活动中,译者不可能完全遵守每种规范,尤其这些规范之间会互相产生矛盾,这时译者应该如何选择,切斯特曼却没有给出解释。

就《中国文学》个案来说,翻译规范决定了译介主体在翻译之前如何选择源语文本(预先规范和期待规范)、译者在翻译过程中如何挑选翻译策略和方法以及如何协调翻译活动各方的关系(初始规范、操作规范、期待规范和专业规范),这些需要借助译本及与译本相关的那些文本资源来考察。翻译规范的提出为研究《中国文学》的译前和译中两个环节准备了具体的理论工具,只有期待规范涉及译本在译语环境的接受和影响,尽管前文中也提出期待规范受经济、意识形态、权力关系的影响,但是侧重从语言和文本的角度去解释。而赫曼斯在多元系统论的基础上认为,从译语角度来看,所有翻译都意味着对源语文本一定程度上的操控。因此,翻译研究有两种情况:侧重考察制约翻译方法和译文的各种翻译规范、限制和假设;解释翻译对译语环境产生的影响,即译语系统对特定翻译(或某些翻译)的接受或排斥(Hermans,1985:11-13)。赫曼斯认识到翻译都是有目的的,翻译离不开文本和语境,更脱离不了社会政治、权力关系、意识形态,他认为勒菲弗尔提出的意识形态、诗学和赞助人三要素能够直接解释植根于社会和意识形态之中的翻译的影响,并且为翻译的实证研究建立一个全面的理论上和方法论上的框架做出了努力(Hermans,1996:40-41)。

比利时学者勒菲弗尔认为"翻译就是对原作的一种改写(rewriting)",反映了某种意识形态(ideology)和诗学(poetics)。改写是一种操控(manipulation),为权力服务(Lefevere,2004:vii)。他跟佐哈尔一样,把"系统"引入文学研究,认为文学系统在双重因素的制约下得以与社会其他系统步调一致。第一个因素是来自文学系统内部的"专业人士"(professional),比如译者,为了让文学作品得到主流意识形态和诗学的接受,他们会改写原作。第二个因素是来自文学系统外部的"赞助人"(patronage),类似权力实体(人、机构),可以加速或阻碍文学的阅读、书写和改写(Lefevere,2004:14-15)。可见,赞助人制约着译者的翻译。赞助人包括三个要素:第一个是意识形态,不仅仅指政治领域,还指由制约人们行为的模式、惯例和信仰所形成的网络体系,操控着对文学形式和内容的挑选;第二个是经济,给改写者报酬或者提供职位以维持其生计;第三个是社会地位,改写者接受赞助就意味着要融入赞助人的组织及其生活方式。它们通常以不同的形式组合并互相作用。赞助又分为分散型赞助(differentiated patronage)和集中型赞助(undifferentiated patronage)。如果意识形态、经济、社会地位这三个赞助因素由同一个赞助人分配给译者,那么赞助是集中型的;如果译者在经济赞助上的成功相对独立于意识形态,并且不一定获得社会地位,那么赞助是分散型的(Lefevere,2004:16-17)。制约译者翻译的另外两个要素是译者的意识形态和主导译语文学的诗学,它们决定着译者的翻译策略和方法。译者的意识形态可能是译者自愿接受的,也可能是赞助人强加的(Lefevere,2004:41)。诗学包括两种组成部分:一种是一系列的文学策略、文学类型、文学动机、文学原型人物和场景以及文学象征等基本因素;另一种是文学在社会系统中所扮演的角色或是应该扮演的角色(Lefevere,2004:26)。前者是诗学的基本组成因素,后者是诗学的功能因素。诗学的功能因素显然跟其外部的意识形态关系紧密,并由文化系统中的意识形态力量催生(Lefevere,2004:27)。

由此可见,意识形态、诗学和赞助人制约着"翻译规范",尤其是当各种翻译规范之间发生矛盾或冲突的时候,"改写理论"三要素决定了译者对翻译规范的选择,也制约着译本在译语环境的接受和影响。《中国文学》的生产和传播分别在源语国家和译语国家两个不同的社会环境中进行,表面上看起来《中国文学》的生产只受源语国家社会环境的影响,但是国家主动对外译介时不得不考虑译语读者和接受环境,因此,该刊物的生产过程不仅受到源语国家意识形态、诗学和赞助人的影响,同时还受到译语国家意识形态和诗学的影响。由于其传播和接受只在译语国家发生,因此只受到译语国家意识形态和诗学的制约。"多元系统理论""翻译规范"和"改写理论"共同解释了制约《中国文学》翻译过程的各种要素,这个过程包括对源语文本的挑选及译本的生产、传播和接受,对《中国文学》对外译介的各个环节具有理论指导作用,但是仍然不能解释《中国文学》作为一种国家译介行为的社会功能。翻译是一种跨文化的社会现象,《中国文学》50年来的译介活动就是国家机构主动对外译介传播中国文学文化的一种社会行为。刊物呈现给译语读者的译作是译者通过不同于源语的另外一种语言和形式所表达出的大量各式各样的文化信息的集合体。勒菲弗尔(Lefevere,2001:

41)把文本所附载的文化信息看作布迪厄所说的"文化资本"(cultural capital),并指出翻译是传播、分配、调节这种文化资本的一种形式。

在翻译研究者看来,法国社会学家皮埃尔·布迪厄(Pierre Bourdieu)提出的"场域"(field)、"资本"(capital)、"惯习"(habitus)概念及其之间的关系能够很好地解释翻译的社会功能。"场域"跟佐哈尔的"系统"类似,指"由位置与位置之间的客观关系组成的网络或结构"(Bourdieu,1992:97),"位置之间的层级关系由其权力斗争或资本种类的不同来决定"(Bourdieu,1992:113-114)。"资本"是用来界定场域及其边界的东西(Bourdieu,1992:98),以物化或具体形式累积而成,能够产生利润或复制自身(Bourdieu,1997:46)。"文化资本"(cultural capital)可在一定条件下转化为经济资本,是一种制度化的教育资质(Bourdieu,1997:47),是"有关文化知识、文化能力和文化禀性的形式"(Randal Johnson,1993:7)。文化场域中的另一种重要资本是"象征资本"(symbolic capital),就是那些被场域中其他参与者认可的资本形式(Randal Johnson,1993:7)。文学场域处于权力场域(field of power)之中并受其支配(Bourdieu,1993:37-40),它"是一个充满斗争的力场,旨在改变或者维持已经建立的力量关系,每一个参与者用从之前的斗争中获取的力量(资本)制定策略,这些策略的总方向由该参与者在权力斗争中的地位(即他所拥有的具体的资本)来决定"(Bourdieu,1990a:143)。"惯习"是"可持续的、可换位的倾向性系统,是被结构的结构并具有先倾向于结构功能的结构,即生成、组织实践和表述的规则,这些实践与表述在客观上能够与其结果相适应,但并不以有意识的目标谋划或掌握达到这些目标所必需的操作手段为前提"(Bourdieu,1990b:53)。惯习是历史的产物,确保过去的经验积极呈现于现在,汇集在每一种理解、思想和行为机制之中,保证经过时间洗涤的实践的正确性和持续性,比所有正式的规则和明晰的规范都更加可靠(Bourdieu,1990b:54)。"惯习"和"规范"有颇多相似之处,法国学者丹尼尔·西梅奥尼(Daniel Simeoni)认为惯习涵盖规范,惯习在一定程度上由规范塑造,而规范又在一定程度上通过惯习表现出来,因此规范是以惯习为媒介与译者相互作用的(Simeoni,1998:33-34)。惯习与场域密不可分,场域塑造了惯习,惯习让场域有了意义(Bourdieu,1992:127)。布迪厄认为场域中的实践由不同的逻辑支配,从而以不同的形式实现,可表示为公式:[(惯习)(资本)]+场域=实践(Bourdieu,1984:101)。我们可以理解为,场域是参与者的行动空间和关系存在,塑造了参与者的惯习,资本是构成场域的资源,惯习与资本充实并构建着场域,实践使场域不断发生变化。

国家译介行为便是一种发生在各种场域交织之中的社会实践,《中国文学》是一种被国家掌握的象征资本,经过50年来连续不断的出版发行得到一定的累积增殖。国家为获得更多的资本在场域中斗争,获得的象征资本越多,在场域中的权力就越大。从整体来看,国家对外译介文学的目的是沟通、劝说或影响另一文化的受众,塑造并提升自我文化形象,以期获得更多的经济和政治利益。由此可见,布迪厄的场域理论揭示了国家译介行为的社会功能,即国家利用翻译文学这一象征资本,通过其在文化场域的积累增殖来扩充加强自己的权力场域,目的是在更大的场域内赢取更多的利益。

"翻译规范"和"改写理论"为《中国文学》在生产和接受环节受到的各种制约因素提供了分析工具,"场域理论"又从整体上解释了国家译介行为的社会功能。因此,本研究的理论视角如图4所示。

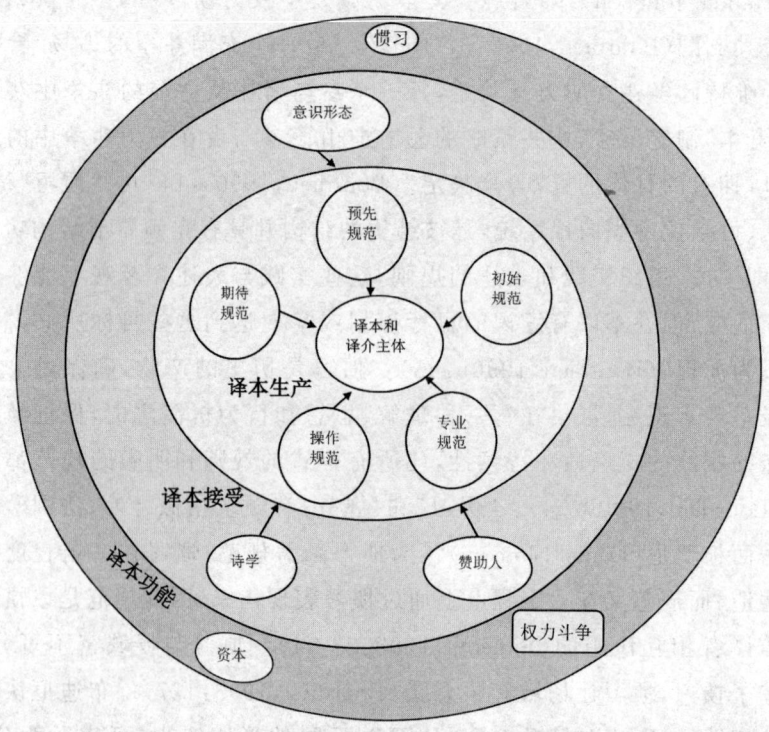

图4 理论视角

综上所述,文学译介是传播文学的一种手段,译本要想达到有效传播,需要遵循译介学和传播学的规律。译介学和翻译研究文化学派的相关理论为本研究提供了有力的理论依据,清晰地指明了本研究需要关注的研究要素和内容。本书主要按照传播模式的六个要素,用翻译研究的相关理论从译介主体、译介内容、译语语言、译介渠道、译介对象、译介效果这六个要素分析《中国文学》的50年译介实践,这六个方面并非一个一个孤立地存在,而是互相依存、不可分割的关系。从《中国文学》的译介过程来看,本研究的理论分析工具主要是"创造性叛逆""多元系统论""翻译规范"和"改写理论";从《中国文学》的译介功能来看,本研究的理论分析工具是布迪厄的场域理论。

事实上,译介行为的主体自古至今大多是由译语国家担当的,即通常所说的由外语译入母语的翻译活动,因此,翻译理论大多建立在由译语国家主动译入的翻译行为之上,译介学和翻译研究文化学派也不例外。但是这并不意味着建立在大量译入实践基础上的翻译理论不能解释《中国文学》这种由源语国家担当译介主体的主动译出的翻译行为。从以上分析的理论视角可以看出,通常情况下,主动译入时需要考虑影响译本在译语环境中的生产与传播的因素,那么对比之下,《中国文学》主动对外译出的翻译行为在源语国家发生,所以译者选材和翻译时既需要考虑源语生产环境的影响,又要考虑国外译语环境的接受程度。简言之,常见的翻译活动为译本的生产和传播是在同一个译语环境或者同一个译语流行的环境中进行的,而英文版《中国文学》的生产环境和传播环境是两个完全不同的语言文化环境,所以《中国文学》的译介同时受源语环境和译语环境的双重制约。以上分析的理论视角和与之对应的译介传播六要素共同构成了本书的国家译介行为研究框架(见图5)。

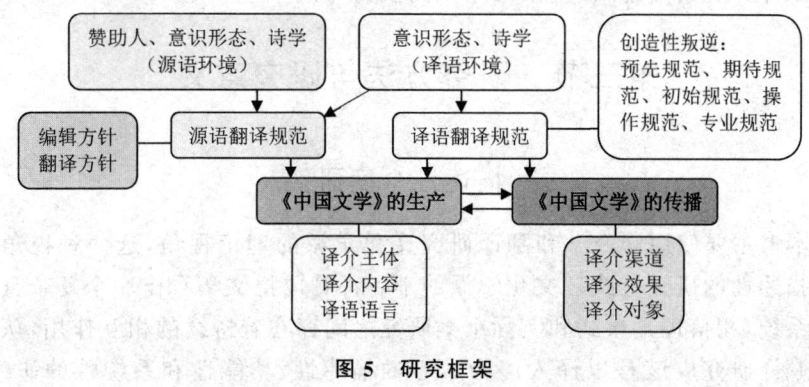

图5 研究框架

二、《中国文学》译介传播的研究问题

根据上文分析的理论框架,《中国文学》研究内容丰富,所涉及的理论阐释因素复杂,主要集中在"翻译规范""改写理论""场域理论"对六个译介要素的制约。本书期望借助它们挖掘出《中国文学》对外译介中比较明显的或者规律性较强的翻译问题,尝试找出一些相对客观的解释。因此,本书的主要研究问题如下:

(一)《中国文学》的译介主体在推动中国文学对外译介的过程中扮演了怎样的角色?

(二)《中国文学》的译介内容呈现出怎样的特点?

(三)《中国文学》的译语语言呈现出怎样的特点?

(四)《中国文学》的译介对象对其反应如何?

(五)《中国文学》通过其译介渠道对外译介效果如何?

这五个研究问题围绕六个译介要素展开,它们之间存在着逻辑关系,每一个主要问题都包含很多不同的侧面。本书在考察每个问题时,都会分四个时间段分别进行描述,这样可以分阶段观察《中国文学》的每个译介要素50年来的发展变化过程。虽然文学史和翻译史应按其自身的发展规律来分期,而不应以重大政治历史事件为界,但是通过梳理《中国文学》译介作品的选材变化,便可发现社会政治意识形态对文学翻译有着重大的影响和作用。尤其对于《中国文学》的译介来说,政治、文化、外交、经济、军事等领域发生的重大事件都对其影响深远,因此本书在划分研究时期时,在考察刊物内容变化的基础上纳入对"文化大革命"、改革开放、市场经济等政治经济事件的考虑,把刊物 50 年的历史划分为 1951—1965 年、1966—1976 年、1977—1989 年、1990—2000 年四个时间段。简言之,本书的研究问题纵向以六个译介要素为经,横向以四个时间段为纬。

第三节　研究方法与研究意义

一、描述性个案研究

本书主要使用译介学和翻译研究文化学派的理论视角,这两种视角都强调描述性的研究范式,"文化学派的学者都赞成把文学看作一个复杂且动态的系统,相信理论模式和实际个案研究之间存在着持续的相互作用,认为文学翻译研究应该是以译入语为中心的描述性、功能性和系统性的研究"

(Hermans,1985:10-11)。因此,本研究不会对制约《中国文学》译介的因素做出诸如对错、优劣、高下之类的价值判断,而是把《中国文学》置于历史语境下讨论,尽量做到根据事实描述现象、解释背后原因、预测后续发展。但是描述性的学术研究并不等同于不允许研究者提出自己的学术观点及对事实的判断,笔者在分析每一种现象后,都尝试客观地归纳总结,力图概括出一些规律性的结论。

  本书主要采取描述性、解释性、探索性的研究方法,辅以归纳研究和定性研究,并结合文献法、历史法、观察法、比较法、调查法和深度访谈法等具体操作方法。首先,根据笔者去外文局对当年编辑部的十几名工作人员做的深度访谈以及从他们手里收集的一手资料,详细介绍《中国文学》产生的历史背景,着重考察其译介主体的组成,观察其社会地位及拥有的权力,通过其对意识形态和诗学的表达,分析其制定的翻译政策对《中国文学》及其译者的制约力。其次,对《中国文学》译介的作品进行分类,考察其在选材、体裁、作者、栏目设计、发行周期等方面的特点,描述它们如何受到源语和译语社会文化的影响。最后,比较刊物对目标读者的定位与实际读者构成之间的异同,通过读者的回信或在报纸、专业期刊等媒体上发表的文章或言论考察读者反应,分析刊物的译语是否符合读者的期待规范,调查刊物是否在译语国家获奖、再版、被收编,是否进入译语国家的图书馆并被教育机构和研究机构使用,发行渠道是否畅通,译语文本与译语文学之间是否有影响关系,从而探究《中国文学》在译语国家的译介效果,并研究其与译语国家意识形态及诗学之间的关系。

二、理论意义与现实意义

  翻译史研究是翻译研究的一个重要分支,但是相比其他翻译研究领域,翻译史研究仍属薄弱环节。"粗略考察一下,20世纪后半叶我国翻译方面出版的书籍约500多本,其中理论研究方面占20%以上的比重,而译史仅1%而已。国际上也大体如此"(柯飞,2002:31)。中国自1949—2009年60年来出版的翻译史类著作约占翻译研究类著作总量的6.4%,核心期刊上发表的翻译史论文也不过占翻译研究论文总量的6%左右(许钧、穆雷,2009:193-202)。在这些有限的研究中,大多数研究都是关于外译中的,对中译外的研究却远远落后。澳大利亚学者安东尼·皮姆(Anthony Pym)认为翻译史应该解答翻译的社会起因,并以译者为中心,着重文化交互性,尝试解决影响当前的实际问题(Pym,2007:xxiii-xxv)。

  本书从"中国文学走出去"这一现实关切出发,把《中国文学》的对外译介实践当作翻译史上发生的一个客观事实,考察其在生产和传播过程中所受到的文本内和文本外的制约因素,验证"翻译不是简单的语言转换,而是一个复杂的文化问题"这一理论命题的正确性,论证具有清醒的译介意识在不同文化沟通中的重要性,厘清中国文学通过翻译之后在国外的传播和接受情况受到哪些因素的制约,构建"中国文学走出去"的理论基础。

对《中国文学》相关资料的挖掘、梳理、阐释,一方面能够补充《中国文学》的研究史料,增添中国翻译史、期刊史、传播史的内容,丰富中国文学英译的研究;另一方面可以客观定位《中国文学》在对外译介中国文学中的作用,管窥文学中译外50年来的发展脉络,加强学界对中国文学译介的传播和接受(过程、特点、结果)的了解,重新认识和探讨中国文学对外译介的有效方法和途径,补充"中国文学走出去"战略的实践内容和实践策略。

通过阅读中国文学,国外读者可以更加客观全面、深入具体地认识中国,同时增强中外文学对话和文化交流,增进中外人民的互相理解。本研究考察《中国文学》50年来的译介实践,回顾中国文学对外传播的历程,总结中国文学对外传播的特点和规律,有助于为以后的中外文学文化交流提供经验教训,也有助于国家制定当前文学对外译介的新政策,这对于中国文学进一步走向国外,对于世界人民从文学窗口进一步了解中国,为中国营造良好的国际环境,都具有积极的现实意义。

本书研究内容见表1。

表 1　本研究的主要内容（本书研究内容一览表）

传播模式	研究内容	研究对象	理论工具		具体个案内容
			翻译理论工具	研究要素	
传播主体 who	控制分析	译介主体：国家外宣部门和机构；中文编辑，英文编辑（译者）	改写理论：赞助人、意识形态、诗学；多元系统论："经典化文本"的形成	赞助人和译者的构成；赞助人对刊物的制约（编辑方针，翻译方针）；赞助人对译者的制约（意识形态、经济、地位）	
传播内容 says what	内容分析	译介内容：作品；装帧设计；发行周期	改写理论；赞助人、意识形态、诗学；多元系统论："经典化文本"的形成；翻译规范：预先规范	译介的作品（题材，体裁，作者）；装帧设计（封面，插页）；发行周期	
传播形式 in what form	符号分析	译语语言：英语（翻译策略）	译介学：译者的创造性叛逆；翻译规范：初始规范，操作规范，专业规范	译本的语言形式、内容；译者的翻译策略和方法；与译本和译者相关的一切文本资源	
传播媒介 in which channel	媒介分析	译介渠道	译介学：接受环境的创造性叛逆；翻译规范：初始规范，期待规范	发行单位、发行手段	
传播对象 to whom	受众分析	译介对象：读者构成	改写理论：意识形态和诗学；译介学：读者和接受环境的创造性叛逆	译语国家意识形态、诗学影响下的受众文化形象、诗学；出版社、专业期刊、普通读者的反应；专业读者来信、评论和引用；图书馆的藏书量分布情况；教育机构和研究机构的使用	
传播效果 with what effect	效果分析	译介效果：销售量，读者反馈和评论	多元系统论：翻译文学的地位	翻译文学是否改变了译语文学的文学模式，是否获奖、再版，被译语国家收编	

国家对外译介行为的社会功能：国家对外译介是为了沟通，劝说或影响另一文化的受众，塑造并提升自我文化形象，以期获得更多利益。换句话说，国家利用翻译文学这一象征资本在资本文化场域中的积累增殖未加强或充实自己的权力场域，目的是在更大的场域内赢取更多的资本。

第一章　译介主体：国家赞助人和编译人士

1949年，中华人民共和国成立，百废待举。世界上与新中国建交的国家并不多，只有苏联和东欧几个国家，之后新中国陆续与一些亚非拉国家和中欧、北欧国家建交。从欧洲回来的叶君健在文化部经过一年多的工作探索，深感对外文化交流的局面还没打开，他的欧洲友人也经常来信说不了解现在的新中国。时任对外文化联络局编译处处长的叶君健便向上级领导反映了这些情况，认为解放区作家写了很多优秀的作品，提议办一种像《苏联文学》①一样的刊物，把中国的古典文学和现代文学翻译成英文介绍出去。这引起了当时的文化部副部长周扬和对外文化事务联络局副局长洪深的重视，他们决定用丛刊的形式尝试介绍中国的优秀文学作品，并任命叶君健负责筹备这一丛刊（吴旸，1999：489-490；邹霆，2001：282；苑茵，2008：143）。可见，《中国文学》的诞生并非偶然，它是在新中国成立后外国急于了解新中国以及新中国也急于让世界了解的情况下创办的，是由内因和外因共同导致的必然结果。

第一节　国家赞助人和中英文编辑的构成

勒菲弗尔认为文学系统在"赞助人"和"专业人士"这两种因素的制约下，得以与社会其他系统保持步调一致。"赞助人"依靠"专业人士"对文学的改写使文学系统符合他们的意识形态（Lefevere，2004：14-16）。《中国文学》的"赞助人"是源语国家机构，"专业人士"是生活在源语国家的中英文编辑，国家机构通过制约中英文编辑的改写权力，使《中国文学》体现他们的意识形态和诗学，以便将符合其意识形态和诗学的文学作品译介出去。因此，《中国文学》的

---

① 《苏联文学》是一份介绍苏联文学的月刊，用六种主要欧洲文字出版，其前身是《国际文学》（叶君健，1985：15）。

译介主体由源语国家机构和中英文编辑共同构成。

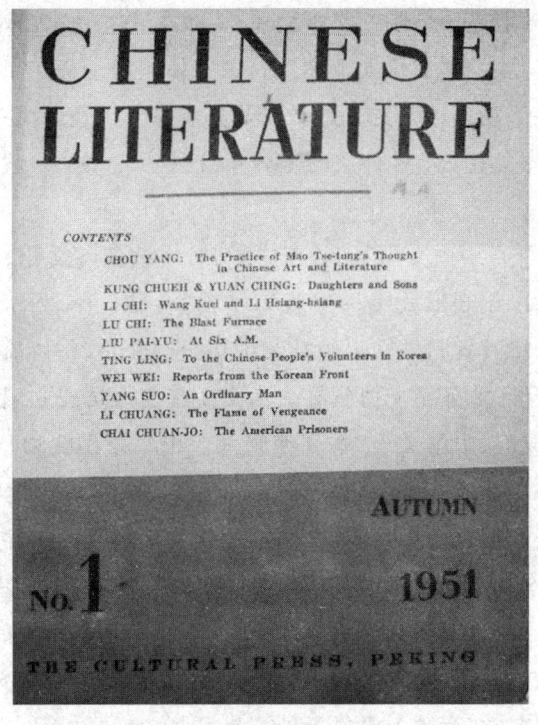

图6 《中国文学丛刊》①1951年第1辑封面

一、两级赞助人管理体制

"赞助人"是一个权力实体,既可以是人,也可以是机构(Lefevere,2004:15)。由于《中国文学》的诞生和发展处于复杂的政治环境中,因此它的赞助人并不只有一个固定的"实体",而是由多个"实体"构成,这些"实体"之间还有明显的上下级关系,并随着政治环境的变化而变化。

(一)1951—1965:外宣部门统一规划

1.内部体制:外宣单位管辖

外文书刊的出版发行一直是我国对外宣传事业的重要组成部分。1952年,主管国家对外宣传、报道和出版的国际新闻局改组为外文出版社,行政上隶属中央人民政府出版总署,业务上由中宣部领导。1963年,外文出版社改

---

① 《中国文学》的创刊号名称为《中国文学丛刊》,直到1953年才更名为《中国文学》。

组为外文出版发行事业局,由对外文委下属的一个企业改为直属国务院的一个行政单位,业务上受国务院外事办公室(后文简称"国务院外办"或"外办")领导。新中国成立后至"文化大革命"前,国家体制尚不稳定,导致了外文书刊出版发行的领导体制多次变更。外文局及其前身曾历经新闻总署、出版总署、中宣部、中联部、文化部、对外文委、国务院外办的领导(戴延年、陈日浓,1999a:425-426)。

1951年10月,《中国文学丛刊》正式创刊,由政务院文化教育委员会对外文化联络事务局以年刊形式编译出版第一辑。1953年,改名为《中国文学》,政务院文委决定将其划归外文出版社和中华全国文协(作协前身)分管。行政属外文出版社领导,业务属文协领导。由文协指定人员成立编委会,对文协负责。同年8月,成立《中国文学》季刊编辑部。中华全国文协推定茅盾、沙汀、袁水拍和编辑部主任叶君健组成编委会,茅盾任总编,叶君健任副总编,每期选题及中文定稿由编委会负责,英文翻译由外文出版社社长吴文焘负责审定。1959年,刊物向外办、作协、文委汇报工作,听从三方面领导的指示。1963年,中国文学杂志社成立(中国文学出版社①,[1990]:1-19)。杂志社成立后,在编辑方针上直接受国务院外办的领导(周东元、亓文公,1999a:291)。

可见,《中国文学》行政上隶属于外文局,因此它同时受外文局的上级单位的管辖。虽然外文局的上级领导更换频繁,但是都属于负责外宣的国家机构,也就是《中国文学》的主要赞助人,由它们向国家财政部门申请《中国文学》的运营经费。《中国文学》的一级赞助人通过外文出版社和作家协会两个单位来直接领导,外文出版社主要负责外文编辑工作,作家协会主要负责中文编辑工作。截至1965年,《中国文学》的一级赞助人是中宣部、国务院外办、对外文委,二级赞助人是外文局和作家协会,由这两部分赞助人共同领导,一级赞助人和二级赞助人之间纵向形成行政和业务两部分上下级关系(见图7)。

但是这种两级赞助人的领导模式也造成一些体制内的问题。对外文委的主要任务是对外文化联络,和对外宣传书刊工作不同,难以充分指导外文社的

---

① 此处参考资料是中国文学出版社编的《中国文学出版社大事记》,它是一本很薄的油印小册子,记载了自1950年至1989年中国文学出版社的主要工作。其为内部刊物,并未出版,笔者于2010年在北京外文局调研期间有幸得罗新璋先生给予复印,后听说原件遗失,因此恐作者保存的复印版只此一份,更显珍贵,特此感谢。按内容推断,该册子应该是1990年编撰而成。以下相同表述的夹注均为此资料,不再赘述。

工作,只能就外事工作做一般的行政管理。由外办通过文委或外办直接解决外文社的业务工作,造成行政和业务分开领导,两方面不易配合,指挥不统一。编辑部不是独立的单位,不能直接取得中央部门的业务指导,在对外宣传的及时性和准确性上遭遇很多困难(周东元、亓文公,1999a:229-230)。

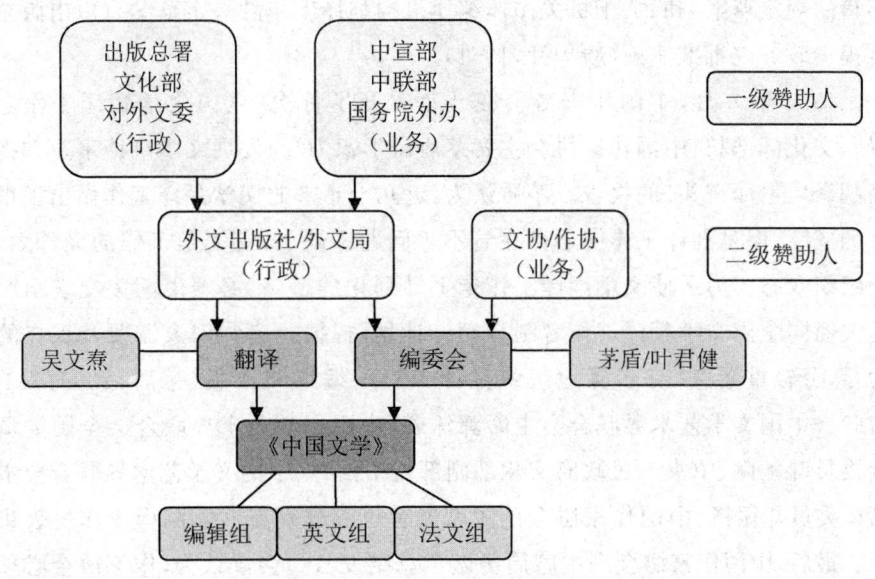

图 7 《中国文学》1951—1965 年赞助人的构成

2.外部体制:统一计划组织

1949 年至"文化大革命"前,国家通过公私合营或者赎买的方式把所有制由私有制转变为公有制,出版单位成为公有制单位,其译介行为也转变为中央集权制下的统一译介行为。尤其是 1951 年和 1954 年召开的两次全国性的翻译会议确立了国家对翻译活动的统一计划和领导地位。

1951 年 11 月,中央人民政府出版总署在北京召开了第一届全国翻译工作会议。由署长胡愈之(1951:4)主持,他在致开幕词时特别提到"翻译出版物的质量低,重复浪费,翻译工作缺乏计划性"等问题,希望"以后翻译出版物逐步消灭错误,提高质量,走上计划化的道路";副署长叶圣陶(1951:5-7)在闭幕词中强调"翻译工作必须加强领导,当前的中心任务是提高翻译作品的质量,使翻译工作走向计划化",而要达到此目标,"应该从管理公营出版社和机关团体的翻译机构入手,应该从制定初步的全国全年的翻译计划入手"。中共中央宣传部副部长胡乔木在发言中提出,为了适应今天国家建设的需要,翻译工作必须加强和扩大,必须提高质量,并制定必要的工作计划和工作制度。编译局局长沈志远在他的报告中认为,要制定全国翻译计划并逐步建立专门性的工作组织。另外,会议通过了《中央人民政府出版总署关于公营出版社出版翻译书籍的规定草案》和《关于机关团体编译机构翻译工作的规定草案》,由出版总署提请政务院批准实施(新华社,1951)。

1954年8月,中国作家协会在北京召开了首次"全国文学翻译工作会议",文化部部长、中国作家协会主席茅盾做了题为《为发展文学翻译事业和提高翻译质量而奋斗》的报告。茅盾认为,近几十年来的文学翻译工作做出了很大的成绩,但是翻译工作中还存在着不少问题和缺点,首先是工作的无计划、无组织状态。为了使文学翻译工作走上计划化的道路,必须由国家文学出版机关商同全国文学翻译工作者制订翻译计划,根据社会和国家需要及现有的力量,分轻重缓急,有步骤地组织翻译、校订、编审和出版(茅盾,2009:564-574)。中国文学艺术界联合会主席郭沫若、中国文学艺术界联合会全国委员会委员叶圣陶、中央人民政府文化部副部长丁西林、中国文学艺术界联合会主席团委员郑振铎、中国作家协会副主席老舍也都分别就文学翻译工作发表讲话。最后,中国作家协会副主席周扬做了总结发言。会议认为,作家协会必须加强对文学翻译工作的领导,把文学翻译工作者组织起来,进行经常的政治学习和业务学习,加强批评和自我批评(新华社,1954)。

这两次会议的主办方分别是中国出版总署和作家协会,作为《中国文学》的赞助人,他们对译介工作的方针政策会直接影响《中国文学》的办刊宗旨。这两次会议虽然是针对外译中的译介行为,但是会上的发言都说明了国家对待译介工作是采取计划经济的形式统一管理。1954年的会议同时确立了中国作协对翻译工作者的领导权。这样,赞助人就从体制和权力上控制和操纵《中国文学》在意识形态上与国家的意识形态保持高度一致。《中国文学》在这种计划经济的大环境中诞生并发展起来,但是它的情况与上述由下到上的体制改造不太一样。它的创办从一开始就由国家外宣部门负责,而外宣事业是执政党在国际上维护自身利益的重要手段,《中国文学》不可避免生来就是国家的产物,其赞助人是中宣部、国务院外办、对外文委这样的国家政府机构,通过下级单位外文局和作协行使领导权力。因此,《中国文学》作为国家级刊物的这一属性决定了其各个方面都会自觉受到国家赞助人强有力的制约,主管外宣的赞助人也规定了刊物的译介目的就是对外宣传中国的文学艺术。

(二)1966—1976:党管和军管

随着1966年"文化大革命"的全面开始,1967年由江青、陈伯达、张春桥、康生、姚文元控制的"中央文革小组"接管中宣部、文化部、教育部、新华社(刘杲、石峰,1999:105)。由于中共中央被"四人帮"夺权,外文局实行军事管制,并由外交部和中联部代管,《中国文学》赞助人的组成成分发生了巨大的变化(见图8)。

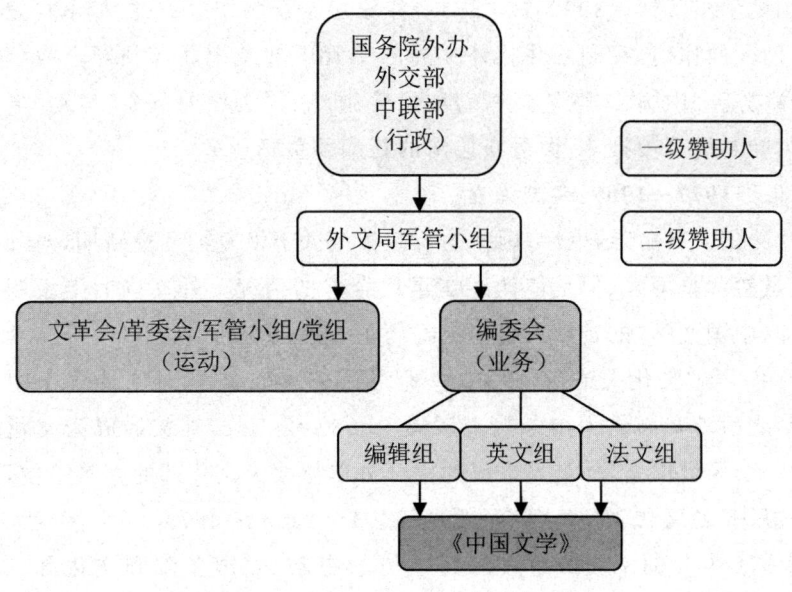

图8 《中国文学》1966—1976年赞助人的构成

首先,外文局的工作在"文化大革命"开始后逐步陷入停顿。1968年,中央决定由军管小组对外文局实行军事管制。1970—1971年,外文局由外交部派军代表进驻代管;1972—1976年,由中联部代管(戴延年、陈日浓,1999a:243,426;郭选,1999:643)。也就是说,《中国文学》的一级赞助人在"文化大革命"期间主要是外交部和中联部。另外,国务院外办在"文化大革命"初期仍然负责外文局的业务工作(周东元、亓文公,1999a:395),因此也属于一级赞助人。

其次,1966年中国文学杂志社成立党内领导小组,外文局派驻工作组并建立革委会负责运动。杂志社负责人叶君健和何路受到冲击,接受审查。1967年,上海"一月风暴"之后,外文局党组被夺权,中国文学杂志社由群众选出的新编委代替原编委领导业务。1968年,军管小组进驻外文局及所属各单位,军代表黄婉碧分管中国文学杂志社的运动。1969年,中国文学杂志社革委会成立,宋康为主任。1970年,外文局第二次军管,军代表陈万光负责中国文学杂志社运动。1971年,杂志社临时革命领导小组成立。1972年,全局第二次整党,何路恢复工作。杂志社成立党的核心小组,何路任组长,宋康为副组长。1975年,宋康下放,副总编叶君健调离中国文学杂志社(中国文学出版社,[1990]:23-36)。作家协会众多作家被批判,不再发挥二级赞助人的作用,只剩下驻扎外文局的军管干部及中联部领导全权负责外文局事务。《中国文学》历经军管和党管领导的"文化大革命"运动,老编委茅盾、叶君健等被批斗,由群众选出的新编委负责业务。

(三)1977—1989:杂志独立

"文化大革命"结束后,国家的行政体制处于恢复期和更新期,对外宣传部门虽然调整不大,但是依然存在重组合并的情况。外文局的上级领导部门,即《中国文学》的赞助人机构也经历了一系列变动(见图9)。

1977年"文化大革命"结束后一直到1979年3月,外文局仍由中联部代管,之后外文局成为国务院直属局。1982年4月,外文局成为文化部领导的一个局级单位,外文局下属的大部分单位改为文化部的直属单位,文化部委托外文局代管(戴延年、陈日浓,1999a:426-427)。《中国文学》在1977—1989年的一级赞助人前后经历了中联部、国务院和文化部。1980年1月,国务院办公室签发的通知上指出,外文局的业务工作由中宣部领导(周东元、亓文公,1999a:506)。1980年4月,中共中央成立对外宣传小组,领导对外宣传工作。① 因此,中宣部和对外宣传小组也成为《中国文学》的一级赞助人。

1979年,中国文学杂志社成立编译委员会,由何路、杨宪益、江帆、罗良、罗新璋等人组成,何路、杨宪益为临时召集人。1980年,杂志社成立办

---

① 中央对外宣传小组当时附属在中宣部,具体工作由中宣部外宣局负责。对外宣传小组归两个小组领导,一个是中央外事领导小组,一个是中央宣传思想工作领导小组。1987年机构改革,取消对外宣传小组,工作归到中宣部。1990年,中央对外宣传小组恢复(申宏磊、于淼、崔斌箴等,2008:6)。

公室。何路任社长,杨宪益任总编辑,江帆、殷书训任副总编辑。1982年外文局归属文化部,中国文学杂志社直属文化部领导。1984年,原编辑组、英文组、法文组改为编辑部、英文部、法文部。1985年,文化部部长、著名作家王蒙任《中国文学》名誉总编。1987年,中国文学杂志社改为中国文学出版社(中国文学出版社,[1990]:36-70)。《中国文学》自1982年直属文化部领导后,其二级赞助人外文局的领导地位减弱,处于隐身状态。中国文学杂志社自1963年成立之后在行政上隶属外文局,不久又适逢"文化大革命"军管状态,直到1987年,改为中国文学出版社后,才加强了自己的行政地位,挤入《中国文学》的二级赞助人行列,统管《中国文学》杂志和杨宪益于1980年创办的"熊猫丛书"。

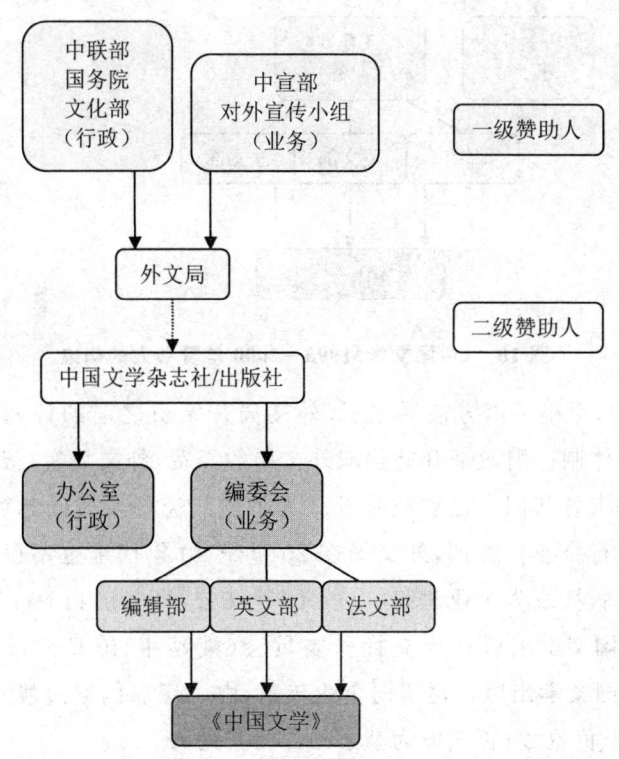

图9 《中国文学》1977—1989年赞助人的构成

(四)1990—2000:受市场经济冲击

1991年底,外文局从文化部划出,成为独立的事业单位,由中央对外宣传小组归口管理;1995年底,外文局由中共中央对外宣传办公室①代管(戴延年、陈日浓,1999b:427-428)。因此,《中国文学》的一级赞助人只剩下对外宣传小组和对外宣传办公室(见图10)。

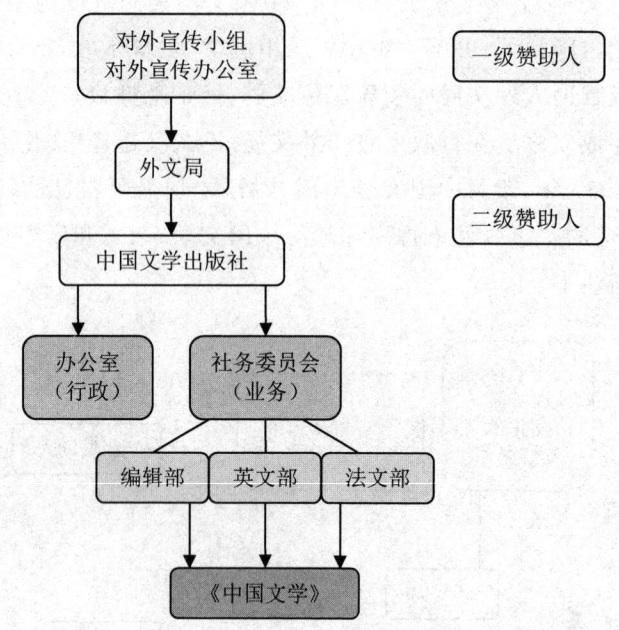

图10　《中国文学》1990—2000年赞助人的构成

　　1992年,邓小平南方谈话之后,外文局开始由之前的计划经济体制转向市场经济体制。财政部开始削减外文局的经费,外文局实行经费包干制,不足之处要求各部门自己创收弥补。为了顺应经济发展的趋势,全国出版单位开始实行企业化管理,外文局在20世纪90年代末也不得不将下属各杂志社和出版社改为企业建制(周东元、亓文公,1999b:112-113,505-506)。1991年,中国文学出版社成立社务委员会(戴延年、陈日浓,1999b:194)。90年代,中国文学出版社逐步向企业转制,由一切靠国家过渡到自主创收、独立经营、自负盈亏,正式成为杂志的二级赞助人。

----

　　① 1991年,出于宣传工作的需要,中央决定中央对外宣传小组在国务院挂一个名,就是"国务院新闻办公室"。所以,对外宣传机构对内是"中央对外宣传小组",对外是"国务院新闻办公室"。1992年,"中央对外宣传小组"变为"中央对外宣传办公室"(申宏磊、于淼、崔斌箴等,2008:6)。

二、作为专业人士的中文编辑和英文译者

"专业人士"在他们独特的领域里拥有特权,如果某些文学作品公然反对文学原本的主流概念——诗学,以及社会原本的样子——意识形态,他们会时不时压制这些文学作品。但是他们会更频繁地改写文学作品,直到它们被一定时期、一定地点的诗学和意识形态接受。在文学系统发展过程中的任何一个特定时期,代表着"正统权力"的专业人士都紧跟当时在社会系统中占主导地位的赞助人的意识形态(Lefevere,2004:14-16)。

《中国文学》的中英文编辑也拥有改写作品的权力,但是中文编辑和英文编辑①被赞助人赋予了不同的改写权。中文编辑负责选稿及编辑加工,然后交付译者翻译。《中国文学》译介的文学作品主要由中文编辑从国家主要出版社出版的文学书籍或主流报刊上挑选或节选作品,非文学作品主要从国家级和省市级的重要文艺报刊上挑选,有时需要中文编辑自己撰稿或对外约稿。重要的翻译工作通常由杨宪益、戴乃迭夫妇和沙博理这些国内外专家完成,中国译者的译稿一般会由外国专家润色修改后再交由总编定稿。由于负责外宣工作,外文局的入职门槛较高。即使是挑选外国专家,除了必须试译之外,《中国文学》也有个不成文的规定,就是英国专家的英文要比美国专家的更加地道一些,所以他们尽量多聘用英国专家。② 由此可见,《中国文学》的中英文编辑的专业能力在当时应该属于全国一流水平。

(一)1951—1965:中文编辑权力大于译者

《中国文学》在 1951—1965 年间拥有属于外文局编制的译者和中文编辑,但是作协负责领导中文编辑并且部分作协成员参与中文编辑工作。在职责分工上,译者通常没有选稿的权力,一般也不会主动要求选稿权,往往按工作流程安排接受中文编辑选好的或者编辑好的稿件,偶尔有争执时则商量解决。从字面意思上看,英文编辑这个名称本身就体现了译者除了翻译原文之外,还有在翻译中酌情改动原文的权力。那么,其在编辑部的地位

---

① 由于中国文学杂志社以及各种相关资料上统一使用"英文编辑"指代英文翻译人员,为了还原文献原貌且尊重历史事实,本书在讨论《中国文学》的英译者时使用"英文编辑",其他语境下则使用学界统称的"译者"。

② 根据笔者 2010 年在北京外文局调研期间对《中国文学》原英文部主任熊振儒先生的访谈得知,特此感谢。

和职能跟中文编辑应该是一致的。但在实际工作中,中文编辑的权力似乎更大些,他们有权力去选择原文、改动原文,而英文编辑无权选择原文,更无权改动原文。这样,英文编辑的职能缩小为只能充当翻译工具的角色,始终处于一种被动接受的地位。

《中国文学》虽于1951年创刊,但是直到1953年才成立编辑部。茅盾任主编,叶君健任编辑部主任兼副总编。刊物每期选题及中文定稿由茅盾、沙汀、袁水拍和叶君健编委会负责,英文翻译由外文出版社社长吴文焘负责审定。同年,翻译家杨宪益及其英籍夫人戴乃迭受邀从南京调到外文出版社工作。1954年,调入沙博理和洪楚贤等人。1956年,外文出版社任命冯亦代为季刊编辑部主任。先后从外文社英文组调来唐笙、章甦、喻璠琴、孙国臻、宋授荃等人为《中国文学》配备翻译力量。1958年,刊物成立编委会。编辑部下设由何路兼管的编辑组和由唐笙担任组长的英文组。1960年,吴旸、陈丹晨、甘树森、朱靖华调入。1961年,何路任刊物副总编,编辑部由杨友、陈丹晨负责(中国文学出版社,[1990]:4-16)。1962年,根据国务院外办指示,外文社对《中国文学》原编委会改组,吸收文艺界一些知名人士参加。新编委会的成员如下:王朝闻(美术评论家,全国美术协会书记处书记)、叶君健(作家,《中国文学》副总编辑)、何其芳(古典文学家,中国社会科学院文学研究所所长)、何路(《中国文学》副总编辑)、余冠英(文学史家,中国社会科学院文学研究所研究员)、茅盾(作家协会主席,《中国文学》总编)、唐弢(文学理论家,中国社会科学院文学研究所研究员)、华君武(画家,全国美术协会书记处书记)、钱锺书(文学史家,中国社会科学院文学研究所研究员)(戴延年,陈日浓,1999a:148)。作家协会指定专人与叶君健商讨并确定每期的内容,先后有沙汀、严文井、袁水拍、张天翼、吴组缃、陈白尘、郭小川等参加(吴旸,1999:491)。1965年,中国文学杂志社下设编辑组、英文组、法文组,共30名在编人员(中国文学出版社,[1990]:21)。

虽然茅盾任总编,但是《中国文学》的主要工作实际上"几乎由叶君健全权负责"(邹霆,2001:282)。尽管茅盾不参与具体工作,但也对《中国文学》非常关心,经常参与提出编辑方针供刊物参考。比如:1961年11月在"双百方针"下,时任文化部部长的茅盾以总编名义,邀请在京著名作家叶圣陶、吴组缃、张光年、严文井、刘白羽、冯至等在四川饭店就《中国文学》的对外选稿尺度及刊物改进问题进行讨论。茅盾认为选稿范围可以适当扩大,除介绍思想内容积极的作品外，一些艺术性弱、无害的作品也可以选登，他谈到现代作家沈从文的作品和古典文学中的汉赋也可在介绍之列（中国文学出版社，[1990]:16）。

创刊初期，副总编叶君健负责选稿、编排、定稿，洪楚贤①负责审稿和校对，杨宪益、戴乃迭夫妇和沙博理从事翻译（中国文学出版社，[1990]:4-5；苑茵，2008:143）。洪楚贤曾在《新民报》任编译，"古典文学和新文学的功底都很深"（苑茵，2008:143）。叶君健身兼作家和翻译家，1949年回国前在英国剑桥大学研究欧洲文学。早在1939年，他们就在香港创办过一本类似的刊物《中国作家》，"马耳（叶君健）任总编，冯亦代任经理（采用外国杂志管理模式）"，"是'文协'②总会负责对外宣传的机关刊物，也是中国第一份直接用外语向世界介绍中国文学的刊物"（金理，2006:120）。冯亦代也是一名作家和翻译家，但是他的出版成就更大，1949年后曾任国际新闻局秘书长兼出版发行处处长，1952年任外文出版社出版部主任。③他于1956年任《中国文学》编辑部主任，主要做中文编辑工作。1958年，作家协会根据《中国文学》的请求，派何路来加强编辑部的领导工作（中国文学出版社，[1990]:9）。她曾就读延安鲁艺文学系，先后在《人民文学》任评论组长及作家协会创委会工作（丁宁，1999:104）。调入《中国文学》后，她主要负责把握刊物内容的政治方向，常告诫在《中国文学》任编辑的陈丹晨，"写评论不要学《文艺报》那种文风。外国读者愿意看事实，道理要建立在讲事实的基础上，态度要平等待人、平和说话"（陈丹晨，2009）。叶君健、洪楚贤、冯亦代、何路的工作经历经验为《中国文学》的编辑和发行提供了重要的保障。

从牛津大学毕业归来的杨宪益和戴乃迭夫妇在《中国文学》创刊初期承担了大部分稿件的英译工作。"杨宪益的英文很流畅，他的文学知识，包括古文，都是杰出的"（沙博理，2006:97）。英籍专家戴乃迭的中文阅读水平

---

① 苑茵的回忆录中是"冯楚贤"，经作者在中国文学出版社内部出版的大事记及其他资料中查证，实为"洪楚贤"。

② 即文艺界于1938年在武汉成立的"中华全国文艺界抗敌协会"，是抗日战争时期为广泛团结抗日力量而建立的全国性文艺团体，简称"文协"。抗战胜利后，改名为"中华全国文艺界协会"。经1949年"第一次文代会"重组，成立"中华全国文学工作者协会"，又于1953年"第二次文代会"上改名为"中国作家协会"沿用至今。

③ 参见：http://www.chinawriter.com.cn/zxhy/member/8119.shtml; http://baike.baidu.com/view/313634.htm。

极高,不仅可以轻松阅读报刊,还可以在几乎不借助辞典和不请教他人的情况下阅读古文,如《史记》《左传》《论语》《孟子》等(邹霆,2001:353)。杨宪益、戴乃迭夫妇在翻译中国文学名著时,杨宪益翻译的初稿一般由戴乃迭修改后再定稿。戴乃迭在翻译中文诗歌时常常觉得没有把握,有时要改许多次。后来戴乃迭翻译当代小说时,都是自己译初稿,杨宪益只帮忙校对(杨宪益,2003:29)。那时,杂志从季刊改为月刊,工作量成倍增加。为了减轻大家的负担,他们主动承担大量政治文件和领导讲话的翻译工作,每天加班加点,工作长达12小时(赵学龄,1999:506-507;谷鸣,2010:46)。他们"有时为了配合京剧和地方戏出国,翻译一些戏剧剧本,如《白蛇传》《打渔杀家》《秦香莲》《拉郎配》等;有时为了宣传中国与印度的文化交流与友谊,翻译法显的《佛国记》、北京大学金克木教授的《中印文化史话》等;有时为了宣传毛主席的'不怕鬼'思想,翻译一些《不怕鬼的故事》等"(杨宪益,2003:29)。"进入六十年代,杨、戴夫妇要翻译什么作品已基本上是由领导来决定了,《红楼梦》即是这时候请他们开始翻译的。后来杨先生坦言他并不怎么喜欢这部古典名著,但还是全力以赴"(谷鸣,2010:46)。

中国籍犹太人沙博理毕业于美国圣约翰大学法律专业,后在康奈尔大学、哥伦比亚大学、耶鲁大学学习中文,1949年10月前到中国,之后参与《中国文学》的翻译工作。他"主要翻译当代作品,尤其是那些战争题材的、战斗的",他"很喜欢翻译它们,对其中的许多人物感到亲切。不论是在战场上与敌人搏斗,还是在公社的田地里与自然灾害作斗争,中国的男女英雄都有那么一股勇气和闯劲,强烈地使人联想到美国的拓荒精神"(沙博理,2006:97)。他自认中文水平很好,"能够读并且也确实读了中文的书报杂志","能听收音机、看电影、看戏,与人们交谈、说笑话、开玩笑、讨论、辩论",他很高兴没人拿他当外国人看待(沙博理,1984:191)。他也承认他的"译文欠确切",但"它们除了表现出中国现代作品的特点外,还有利于使全世界看到真正的中国"(沙博理,1984:188)。沙博理认为他在翻译中遇到的最大的困难是要了解当时的历史背景、社会风俗、人物的思想感情,他的妻子凤子文言文极好,给了他很大帮助(何雁,2006:23)。

唐笙1951年回国前在联合国担任同声传译,后在国际新闻局和《中国文学》做英文编辑。喻璠琴毕业于北京大学西语系,曾出国学习进修,负责

《中国文学》英文翻译和定稿工作(林煌天,1997:653,886)。其他的翻译人员主要是刚毕业的英语专业的大学生,编辑人员通常是中国文学专业的(沙博理,1998:114)。《中国文学》一开始并不招收没有经验的大学生,嫌他们水平低,后来经过陈毅1963年工作会议上对此的批评,才开始吸收大学生并加以培养(周东元、亓文公,1999a:311)。因此,从专业能力上来说,《中国文学》1951—1965年的中英文编辑们无论是文学功底还是语言功底,应该都是能够胜任这项工作的。

(二)1966—1976:老编辑被批判,人员调动频繁

1966年5月16日,中共中央政治局扩大会议通过了毛泽东制定的《中国共产党中央委员会通知》(即《五一六通知》),要求"彻底批判学术界、教育界、新闻界、文化界、出版界的资产阶级反动思想,夺取在这些文化领域中的领导权"。1971年7月,国务院发出《关于出版工作座谈会的报告》,"四人帮"认为"文化大革命"前十七年的出版工作是"反革命专政","出版队伍基本上是资产阶级的"。因此,文化事业和出版事业遭到严重摧残,大批编辑被下放或者纷纷调离岗位(姚福申,2004:482-484)。《中国文学》也不例外,老的编辑都由于政治问题不再参与编辑部工作,被批判、下放、调离,甚至入狱,其他人员则调动频繁。在"阶级斗争为纲"的口号下,外文局的中国工作人员对外国专家不敢接触,并在"丢掉洋拐棍"的错误口号下,纷纷辞退外国专家,凭主观办刊物(戴延年、陈日浓,1999a:257,261)。许多熟悉业务的编辑在"文化大革命"期间被迫离开《中国文学》,编辑成员不稳定的状况势必造成刊物质量下降。

1967年,董良翚、盖厦威、沈荣根、程守正、黄渊渊、吴成栋等调入中国文学杂志社。1968年,杨宪益被收审,调入杨立义、王明杰、汤友兰。1969年,袁宝泉、刘汉玉、吴成栋下放,调入干部丁世中、徐锦源、张运署。1970年,调入干部叶启平。1972年,英文组专家沙博理调离。1973年,吴一虹调入任编辑组组长,调出干部黄渊渊、翟本钧两人。1974年,编辑部汤友兰逝世,编辑组副组长陈丹晨调离。1975年,英文组翻译章甦和编辑部闻时清病逝,副总编辑叶君健调离,毛大凤、唐志安、董纪明、马乃莉、邢啸声、周小玲、江晓天、陈浩增、傅淑芹等调入。1976年,沈荣根调离,调入吴旸、杨淑心(中国文学出版社,[1990]:25-36)。

"文化大革命"一开始,叶君健就受到冲击,但是"中央指示:要把毛主席的诗词翻译成外文向国外发表",身为《中国文学》总编的叶君健"虽然也要靠边站,却仍要在改造中负责刊物"的"选稿、翻译、定稿、打字、发行的全套工作",并"组织毛主席诗词的翻译",一直到1975年才正式调离(苑茵,2005:484;2008:187)。刊物的其他主要业务负责人由徐慎贵、吴一虹、熊振儒、陈丹晨、罗新璋等担任。徐慎贵毕业于南京大学中文系,是《中国文学》编辑组负责人。编辑组副组长陈丹晨毕业于北京大学中文系,1956年开始发表作品。① 熊振儒是英文组负责人,也是一名译者。新进的中英文编辑大部分毕业于中文专业或英文专业,或者从事相关工作。虽然刊物照常出版,但是由于国内的文艺创作几乎处于停滞状态,没有专业作家的新作品问世,刊物的选稿范围大大缩小。1967年,杨宪益感慨"当时没有什么正经的翻译工作去做了"(杨宪益,2001:214)。1972—1976年间,杨宪益、戴乃迭夫妇"从事的唯一认真的翻译工作就是《红楼梦》"(杨宪益,2001:241)。沙博理回忆说,他之前翻译的当代小说在"文化大革命"期间几乎都被视为"思想有毒",并被迫参与在刊物上把他认为价值并不高的东西传译给国外,但也有令他高兴的事,那就是外文局领导让他翻译《水浒传》(沙博理,1984:268-269)。

(三)1977—1989:译者地位提高,人员调动频繁

外文局作为历史问题遗留比较多的单位,从"文化大革命"结束到1979年仍不安定团结,一些工作人员不愿再留在是非之地,连外国专家都想离开(周东元、亓文公,1999a:435,440)。1977—1989年间,中国文学杂志社人员调动依然频繁。杂志社调出、离退休及去世共48人,调入共47人,借调、出国学习及支教共11人,总人数维持在51—55人(中国文学出版社,[1990]:36-70)。尤其对于刚刚经历"文化大革命",尚处于恢复期的《中国文学》杂志,人员的不断调整势必对其造成一定的影响。

1979年,杂志社成立由何路、杨宪益、江帆、罗良、罗新璋等人组成的编译委员会,何路、杨宪益为临时召集人。1980年,何路任社长,杨宪益任总编辑,江帆、殷书训任副总编辑。1983年,杨宪益任杂志社顾问,唐笙任副总编辑。1984年,王明杰任英文部副主任,编辑组组长为吴旸。1985年,他

---

① 参见:http://www.chinawriter.com.cn/zxhy/member/460.shtml; http://baike.baidu.com/view/838124.htm.

俩先后升任副总编辑。1986年,董良羿任编辑部主任,英文部主任为熊振儒。文化部部长王蒙任名誉总编。1987年,董良羿任副社长,吴善祥任编辑部主任,赵学龄为副主任。1988年,王明杰任外文局副局长,殷书训任总编辑。1989年,调唐家龙任副总编辑,喻璠琴代理英文部主任,吴成栋为英文部副主任。另外,英国专家白霞(Patricia Wilson)、瑞安(Carde Murray)、张西蒙(Simon Johnstone)分别于1977年、1981年、1985年应聘到英文部工作。(中国文学出版社,[1990]:36-70)

  副社长董良羿毕业于北京大学中文系并于1976年开始发表文学作品。① 总编辑殷书训负责刊物的英文定稿,他早在1949年就曾参加创办对外刊物《万年青》,任编委并负责刊物中英文定稿长达十年之久。1974年调外文局,发表过不少文学作品和译著(燕京研究院,2002:200)。副总编辑吴旸毕业于中国人民大学新闻系,1947年开始发表作品。1960年到中国文学杂志社工作,1962年调出到山西文联主办的《火花》编辑部工作,1976年又调回②(中国文学出版社,[1990]:17,35)。副总编辑江帆肄业于南京中央大学(今南京大学)历史系,曾任中央研究院文艺研究室研究员、新华社吉林分社副社长、东北作家协会专业作家、辽宁出版社社长。③ 编辑部主任吴善祥毕业于中山大学中文系,1962年开始发表作品。④ 编辑部副主任赵学龄毕业于厦门大学中文系,1962年开始发表作品。⑤

  王明杰先后任刊物英文部副主任、副总编辑及外文局副局长,其间曾几次出国学习培训,负责刊物的英文定稿(吴自选,2010:52)。英文部主任喻璠琴翻译的小说入选《美国国际短篇小说选》,其他译作至今仍被称颂⑥。英国专家白霞毕业于爱丁堡大学,经戴乃迭推荐应聘成为"文化大革命"后第一批在中国文学杂志社工作的外国专家之一(蒋子龙,2002;黄宗江,2005:264-265)。后来随着瑞安、张西蒙的加入,刊物的外国专家队伍稍微扩大了一些。至1986年,全社共58人,专业人员55人,参加评定专业职务

---

 ① 参见:http://www.chinawriter.com.cn/zxhy/member/1115.shtml。
 ② 参见:http://www.1921.org.cn/news.php?ac=view&id=4515;http://www.chinawriter.com.cn/zxhy/member/5132.shtml。
 ③ 参见:http://www.chinawriter.com.cn/zxhy/member/10146.shtml。
 ④ 参见:http://www.chinawriter.com.cn/zxhy/member/5090.shtml。
 ⑤ 参见:http://www.chinawriter.com.cn/zxhy/member/7364.shtml。
 ⑥ 亚马逊网站图书读者对其译文的评价很高。

人员 42 人。高级职务人员包括编审 1 人、译审 1 人、副编审 4 人、副译审 8 人;中级职务人员包括编辑 10 人、翻译 13 人;初级职务 10 人。同年,分配到出版社的本科生和研究生共 9 人,是历年来名额最多的一次。(中国文学出版社,[1990]:57-58)

杨宪益 1980 年成为总编之后,"大部分时间都用于编辑、行政工作,主持各种会议,很少有时间做自己的翻译工作"(杨宪益,2001:245)。他根据杂志读者的要求,决定出一套由他自己来决定的"熊猫丛书",即中国古典文学英译选集和中国当代作品的英译本(杨宪益,2001:245)。这套书于 1981 年面世 6 种,《春天里的秋天及其他》(巴金)、《边城》(沈从文)、《新凤霞回忆录》、《三部古典小说节选》、《聊斋志异选》(蒲松龄)、《六个女作家作品选》(法文版),前 5 种为英文版(中国文学出版社,[1990]:43)。从《中国文学》到"熊猫丛书","由于具有中国特色的党委把关审查制度",耗费了杨宪益不少精力,"特别是像沈从文、周作人及被郭沫若划入另册的萧乾等作家要想由北京的《中国文学》翻译出版就更加难上加难"(邹霆,2001:351-352)。英籍专家白霞认为,杨宪益对东西方文化的了解使得他做总编得心应手,能够让杂志变得有趣(雷音,2007:345)。尽管杨宪益已经成为总编,但是对刊物和丛书真正掌权的并不是他。他甚至觉得自己是多余的,因为何路和董良翚管人事,吴旸和殷书训管业务,"实际上事情决定还得要跟他们商量,他们同意了才能办"。杨宪益认为他唯一做过的一件事就是经过何路的同意出版了"熊猫丛书",别的事都不归他管(雷音,2007:348)。1983 年年底,杨宪益已年近古稀,决定辞职。由刚刚上任的文化部部长王蒙接任,但由于他工作太忙,杨宪益被告知必须再帮几年忙,于是杨先生一直担任杂志顾问到 1986 年(杨宪益,2001:246)。

1979 年,中宣部部长胡耀邦批示外文局"应从根本上考虑外国专家的职权","请他们做总编"(周东元、亓文公,1999a:443)。从政策上和杂志社人事安排上都看得出来,这一时期《中国文学》译者的地位大大提高,包括杨宪益、唐笙、熊振儒、王明杰等人都得到单位重用。在他们的努力下,译者发挥了比之前更大的作用,拥有一定的选稿权。1979 年组成的编译委员会提出,应该"发挥翻译人员在编辑工作方面的作用,可参与制定选题计划","发挥外国专家的作用,经常征求他们对选题和稿件的意见","在改稿中,允许他们在写法上做些加工"(中国文学出版社,[1990]:39)。但是正如杨宪益所说,赞助人依然通过党管的形式限制译者的选稿权,刊物的行政权和人事权仍然掌握在中文编辑的手中。

(四)1990—2000:老编辑退位,人员调动频繁

1990年之后,文化部代部长贺敬之担任《中国文学》名誉总编;1991年,中国文学出版社成立社务委员会,由副总编辑吴旸、唐家龙,办公室主任孙玉厚,英文部译审喻璠琴组成,吴旸任主任委员;1992年,孙玉厚升任中国文学出版社副社长;1993年,任命傅活为中国文学出版社副总编辑;1994年,唐家龙被任命为社长兼总编辑;1998年,任命凌原为副社长兼副总编辑,主持全面工作(戴延年、陈日浓,1999b:194,219,248,277,401)。傅活毕业于中山大学中文系,曾在《人民文学》《小说选刊》《中国作家》担任编辑,后于1993—1997年调入中国文学出版社担任《中国文学》副总编辑。① 唐家龙毕业于南京大学外语系法语专业,中国文学出版社译审,1963—1989年在北京周报社从事汉译法工作,1989—1998年在中国文学出版社先后担任副总编、社长兼总编。② 凌原曾在《北京周报》任英文编辑,后任《中国文学》副总编辑、总编直到停刊。中文编辑钟振奋毕业于北京大学中文系,1986年进入《中国文学》工作(钟振奋,1990:347)。中文编辑野莽毕业于武汉大学中文系,曾是中国作家协会湖北分会的合同制专业作家,1987年到中国文学出版社工作(野莽,1990:355)。

20世纪90年代初,喻璠琴仍然任英文部主任,其后由从《今日中国》调来的章思英接任。章思英曾先后获得北京大学英美文学硕士、英国斯特灵大学出版学硕士、美国伊利诺伊州立大学传媒学硕士。③ 英文编辑温晋根毕业于南开大学外文系,曾在中国报道社从事翻译工作并编辑出版《世界》杂志。④ 加拿大籍华裔外国专家余薇芳(May Yee)于1998—2000年在中国文学出版社担任英文编辑(余薇芳,2009)。美籍专家卓科达(Foster Stockwell)从小随传教士父母在中国生长到12岁,后又陆续多次回到中国,1982

---

① 参见:http://www.chinawriter.com.cn/zxhy/member/8157.shtml.
② 参见:http://www.worldpersondictionary.com/1/ct/T/T10-3.htm.
③ 参见:http://www.wypx.com.cn/newsdetails.asp?icntno=21944&isite=93:232;http://blog.sina.com.cn/s/blog_4c11b9cf0100gtuv.html;http://www.yaoxiaoping.org/News/news_detail.asp?id=284.
④ 参见:http://baike.baidu.com/view/6374375.htm.

年开始为外文局工作,1983年回美国后在一家致力于发行中国图书的书刊社工作,直到他1997年应聘来《中国文学》工作(卓科达,1998:11;顾玉清,1998:22-23)。另外,葛浩文(Howard Goldblatt)、斯蒂芬·弗莱明(Stephen Fleming)、关大卫(David Kwan)、詹纳尔(W.J.F. Jenner)、白杰明(Geremie Barmé)等外国专家作为编外译者都曾参与刊物的改稿工作。[1]

《中国文学》的老编辑在90年代步入退休年龄,不得不离开工作岗位,他们培养的接班人中又有几位调出。尽管后来调入《中国文学》的中英文编辑专业能力依然很强,但是来回调动频繁,为刊物服务的时间都不长,因此不如老编辑熟悉刊物的业务。可以说,90年代的《中国文学》面临中英文编辑青黄不接的局面。正如外文局局长杨正泉在1997年所指出的,"外文局作为靠财政拨款支持的亏损经营单位,职工的工资低、奖金少、住房困难,靠行政手段拢住现有人已很困难,更难以吸引社会上的高水平的人才。这种状况的存在,不仅严重影响外宣书刊的编辑质量,也已威胁着外文局的生存"(周东元、亓文公,1999b:475)。

第二节 赞助人制定的翻译政策

在一种文化中,那些被统治阶级当作正统去认可的文学作品才被称为"经典化"的文本(Zohar,1990:15)。源语国家的翻译规范制约着《中国文学》的译介,翻译规范通过翻译政策表现出来,同时受主流意识形态和诗学的影响。翻译政策在图里(1995:58)看来,就是制约文本选择和译者翻译的那些因素。赞助人通过翻译政策制约着《中国文学》对翻译文学的"经典化"塑造。本书所阐述的翻译政策包含《中国文学》的编辑方针(译什么)和翻译方针(怎么译),主要通过中国文学杂志社(出版社)编委会会议、外文局各个年份的工作计划、向上级领导请示的批复、上级领导召开的座谈会等程序,以正式公文或会议纪要等文本形式被确立、颁布或下达给《中国文学》的编译人员。一般通过文本和文本外资源重构出来或者需要研究文本、副文本、元文本和超文本材料(Toury,1995:65;Hermans,1999:85-86),只有通

---

[1] 根据笔者2010年在北京外文局调研期间对《中国文学》原英文部主任熊振儒先生的访谈得知。

过梳理这些体现《中国文学》翻译政策的文件，才能总结出杂志在译介内容和译介策略上的选择标准。

一、编辑方针受主流意识形态和诗学制约

赞助人所制定的编辑方针不可避免地会被打上它们所代表的主流意识形态和诗学的烙印。《中国文学》的中文编辑根据赞助人制定的编辑方针来挑选作品。由于赞助人以及主流意识形态和诗学的不断变化，《中国文学》的编辑方针会随之发生变化，并会呈现出与主流意识形态和诗学不同程度的亲疏关系。编辑方针一般包括对刊物性质、作品比重、选择范围的规定。

（一）1951—1965："五四"以来作品逐渐停译

《中国文学》创刊于1951年，创刊初期的编委会注重的是作品的文学性和政治性，认为所译介的"作品要能真正代表中国文学的水平，不出现政治性差错"（中国文学出版社，[1990]：4)，着重"介绍中国人民在解放事业中所做的英勇斗争、为建设社会主义社会和争取世界和平所做的辛勤努力、在毛泽东的文艺方针指导下的文艺创作经验和文艺理论以及我国整理文学遗产的成果"(中国文学出版社，[1990]：7)。刊物译介的作品主要分为四大部分：古典作品（包括民间文艺）占15%—20%；当代作品占35%—50%；"五四"以来作品（现代作品）占10%—25%；论文、文艺述评、文艺动态、作家画家介绍占15%—25%（中国文学出版社，[1990]：1-22)。① "十七年文学"时期，《中国文学》的编辑方针体现出如下特征：

第一，主流意识形态和诗学制约着刊物编辑方针的制定，尤其体现在刊物对"五四"作品的译介上。1959年，对外文委认为《中国文学》在当代作品、"五四"作品和古典作品的比例上似可适当增加"五四"作品的比重，因为对新文化运动的译介会给亚洲、非洲、拉丁美洲的民族文化发展提供有益的借鉴。《外文社1962年综合规划要点》中指出《中国文学》要有计划地多选择一些"五四"以来反帝反封建的优秀作品。中宣部副部长林默涵认为《中国文学》增选一些"五四"以来的现代文学作品有好处，因为这类作品对国外

---

① 这四大部分的类别在不同年代的原始参考文献中用了不同的名称，比如在一些文献里被称为"古典作品"的，在另一些文献里被称为"古代作品"；在一些文献里被称为"'五四'以来作品"的，在其他文献里被称为"'五四'作品"或"现代作品"。本书为了向读者描述历史原貌，保留了参考文献中的不同的说法。特此说明，以期不影响读者理解。

读者可能更亲近些。同时读者也喜欢看古典文学作品、现代文学作品,多登些,吸引他们,并可顺便使他们看到当代文学作品,从长远考虑也有好处。对外文委也指出《中国文学》可多登些"五四"以来的作品,因为"五四"作品比较有定评,经过时间考验,也是国外广大读者所需要的。(周东元、亓文公,1999a:159,203,215,219-220)

1963年12月,毛泽东对文化工作提出严厉批评,"许多共产党人热心提倡封建主义和资本主义的艺术,却不热心提倡社会主义的艺术";1964年6月,他对文艺工作再次提出批评,"做官当老爷,不去接近工农兵,不去反映社会主义的革命和建设。最近几年,竟然跌到修正主义的边缘"(王庆生,1996:859-861)。1965年,国务院外办提出"五四"时期的作品中比较正确的又合于时代要求的作品数量本就有限,过去已发表得差不多了,今后可以不再刊登(周东元、亓文公,1999a:385)。外办副主任李一氓认为根据当时的形势,"五四"作品不能再刊登。作协党委组副书记刘白羽说:"现在选登的'五四'作品有两个问题,一是好的作品已经用得差不多了,一是'五四'作品有个麻烦,不能修改,只好照登。如再继续刊登'五四'作品,这就不适当了。"(戴延年、陈日浓,1999a:192)在"左"倾意识形态下,赞助人在创刊初期对"五四"作品的比重一直持"增加"的态度,但是只选表现"革命"的作品。随着形势的变化,对"五四"作品的解读和选择越来越窄,并逐渐呈现出否定的态度,认为五四运动是资产阶级民主革命,大多数左翼文艺工作者是资产阶级民主主义者,"五四"作品反映的内容已经远远落后于当时的无产阶级社会主义革命,并认为这些作品有"时代的局限性,表现的是资产阶级人道主义、虚无主义、彷徨、苦闷的"东西,"像闻一多、蒋光慈、萧红等等的作品可不出"(周东元、亓文公,1999a:341-342)。赞助人为了避免刊物犯政治性错误,1965年决定停止译介这类作品。

第二,赞助人的编辑方针与主流意识形态和诗学出现较大矛盾或者分歧时,《中国文学》在译介过程中会自动遵循主流意识形态和诗学。1949年至1966年间的政治生态多变,社会处于多种运动之中,"左"的观点占主流地位。因此,刊物译介的作品一如既往还是"左"的多。

第三,赞助人之间的编辑方针出现不一致或者不协调时,下级单位一般会服从上级单位。比如:对杜甫作品的译介。1962年,为了纪念杜甫诞辰1250周年,中国文学杂志社拟定了选题计划并就此请示中宣部副部长林默涵。《中国文学》编辑部个别同志认为刊物的读者主要是在战斗中的亚洲、非洲、拉丁美洲的人民，选译太多的描写战争残酷、反对战争的诗，对读者没有好处，因此不同意对外介绍《兵车行》《前出塞》等名作。但是林默涵认为："每个民族的文学中，都有写战争残酷的，这正说明过去剥削阶级的罪恶，如果以为选了几首这类诗就会削弱斗争，怕没有那么严重吧！"（周东元、亓文公，1999a：214-215）于是，《兵车行》出现在该年第4期选译的一组杜甫作品中。可见，赞助人主要是从暴露旧时期统治阶级的恶行考虑，并不考虑战争所带来的创伤，这在当时是较为常见的看法。只是20世纪五六十年代，国内的政治气候瞬息变化，刊物编辑对待作品的意识形态和解读方式不得不更加谨慎，有争议的或者重大的选刊决定还需等待上级的最终意见。

第四，《中国文学》的赞助人在对期刊的性质定位上基本一致，都认为《中国文学》是以发表当代文学作品为主的文学艺术综合性刊物，不宜刊载政治性文件或者附赠时事性小册子。《中国文学》为配合国际政治斗争，1958年第5期和第6期增出政治文件附册（中国文学出版社，[1990]：10）。这马上引起了赞助人的注意，第二年，对外文委便提出《中国文学》一般不宜刊载配合外交斗争的政治性文件。在特别需要的情况下，可以选译国内作家的作品来反映他们对待国际事务的态度（周东元、亓文公，1999a：159）。对外文委副主任张致祥指示文艺刊物政治色彩不宜太浓；外办副主任廖承志主张《中国文学》不要配合任务，不要抢先（戴延年、陈日浓，1999a：93，97）。

第五，《中国文学》受《苏联文学》编辑方针影响很大。自创刊伊始，《中国文学》的设计和版式都在仿照《苏联文学》，在编辑方针上自然也少不了向其学习。据冯亦代（2000：97，106，113）回忆，他1958年多次根据《苏联文学》的目录考虑《中国文学》的编辑方针。1958年10月他收到《苏联文学》第8期后，发现该期是"苏联少数民族文学的特辑，是为了亚非作家会议而编译的，想到《中国文学》并没有专门搞一期介绍兄弟民族的文学，这也表示了在编辑工作中还没有政治挂帅，以后要注意"。他翻译了《苏联文学》1957年全年各期的目录，"得到许多启发"，规划了《中国文学》接下来的几个译介方向："革命的回忆录（从国内战争到解放）、与帝国主义的斗争、左翼作家的作品"，并准备"向编辑部建议"。他还翻译了1958年《苏联文学》各期的目录，认为其对文艺动态的报道和文艺述评方面的选题，有很大的启发。事实证明,《中国文学》后面实际译介的内容确实与冯亦代的考虑相符。

"十七年文学"时期的编辑方针为《中国文学》定下的基调即以译介当代作品为主,主要反映中国人民在解放战争中的英勇事迹和在建设社会主义国家过程中的努力奋斗,弘扬毛泽东的文艺方针和文艺理论。即使是译介古典作品和"五四"以来的作品,所选内容也必须具有反抗精神和斗争性。随着新中国成立后一系列政治运动的展开,赞助人对《中国文学》的意识形态的要求逐步由松到紧,编辑们也必然要跟上国内意识形态的变化。

(二)1966—1976:古典作品停译

"文化大革命"时期,《中国文学》之前的赞助人都受到冲击,由新的赞助人暂时代管,但是新赞助人在外文局军管的状态下,根本无暇也无能力从编辑方针上指导刊物的发展。1974年,新赞助人中联部就外文局业务请示中央,认为自己"了解国内情况不多","对外文局出版的外文书刊如何宣传报道国内各方面情况,很难给予具体帮助"(周东元、亓文公,1999a:421)。因此,编辑方针数量和内容都大幅度减少,《中国文学》在业务上几乎处于无政策管制的状态,只能跟全国其他工作一样,"文化大革命"前期高度顺从极左思潮影响下的意识形态和诗学,"文化大革命"后期开始纠正极左思潮带来的错误。

如果说"十七年文学"时期,刊物的编辑方针规定用文艺作品来体现和表现毛泽东的文艺思想,那么,"文化大革命"前期则是"政治挂帅",直接用文章来"宣传毛主席文艺思想"。1966年12月,江青在文艺界大会上的讲话否定了1949年到1966年间文艺工作的成绩,造成全国一片混乱。国内文艺创作停滞,文艺刊物几乎全面停刊①,《中国文学》面临选稿困难。外文局认为"在今后一段时间内,可以文章为主,选登一些宣传毛主席关于文学艺术思想的文章,重点介绍适于对外宣传的文化大革命的报告文学和相关新作品,并增加批判、评论性的内容"(周东元、亓文公,1999a:398)。1966年开始不再刊登古典作品,全部刊登当代文学作品及毛泽东文艺思想论文和文艺方面的反修文章。通过自查,外文局认为《中国文学》等刊物内容对

---

① 据方厚枢(1996:263)调查,"文化大革命"期间的书店门市部中,除了毛泽东著作、"革命样板戏"和"两报一刊"(《人民日报》《解放军报》和《红旗》杂志)的社论等汇编成的小册子外,其他品种的图书寥寥可数。到了1969年,全国期刊只剩下《红旗》杂志等20种,降到了中国期刊出版史上的最低点。

"毛泽东思想伟大红旗还举得不高,不鲜明",对《中国文学》等杂志批评最多的就是"执行了修正主义的、投降主义的、资产阶级的方针"(周东元、亓文公,1999a:403-404)。1971年,中国文学杂志社领导在制定的编辑方针中申明《中国文学》"是对外宣传马克思主义、列宁主义、毛泽东思想的刊物","是在毛主席革命文艺路线指引下以译载我国文艺作品为主的文学艺术刊物,它主要刊登以我国社会主义革命、社会主义建设和革命战争为题材的各种形式的作品,还刊登有关文艺方面的文章"(中国文学出版社,[1990]:29;戴延年、陈日浓,1999a:268)。

"文化大革命"后期《中国文学》开始着手转变编辑方针,从极左思潮中慢慢恢复。1973年,杂志社邀请英籍华裔作家韩素音举行座谈,她除了介绍美国社会的思想和文化动态外,还谈了对外文局的外文书刊的一些意见(戴延年、陈日浓,1999a:285)。随后,《中国文学》编辑部传达学习韩素音的讲话,转变"左"的对外宣传方针(中国文学出版社,[1990]:34)。

(三)1977—1989:古典和现代作品恢复,当代作品减少

1979年10月30日至11月16日召开的第四次文代会给文艺界带来新的希望。邓小平代表中共中央和国务院致祝词,肯定了1949年至1966年的文艺路线和文艺工作所取得的成绩。新时期的文艺创作必须充分表现人民的优秀品质,赞美人民在革命、建设、斗争中所取得的伟大胜利,塑造四个现代化建设的创业者,表现他们的崭新面貌。"我国古代和外国的文艺作品,一切进步的和优秀的东西,都应当借鉴和学习",应该"继续坚持毛泽东提出的文艺为最广大人民群众、首先是为工农兵服务的方向,坚持百花齐放、推陈出新、洋为中用、古为今用的方针,在艺术创作上提倡不同形式和风格的自由发展,在艺术理论上提倡不同观点和学派的自由讨论","党对文艺工作的领导,不是发号施令",不是要求文艺从属于政治任务,而是根据文艺的特点和规律,帮助文艺工作者获得创作条件(邓小平,1980:1-8)。邓小平的讲话为新时期的文艺政策指明了方向,对待文艺创作,要为以工农兵为主的人民群众服务;对待古典和外国文学,应该借鉴其优秀部分;对待文艺批评,应该坚持"百家争鸣";对待文艺和政治的关系,提出文艺不从属于政治。"文化大革命"一结束,《中国文学》的编辑方针就在新的文艺政策下迅速做出了相应的调整。

首先,刊物开始纠正一系列极左思潮影响下的编辑方针。1977年6月邓小平刚恢复工作不久,英中了解协会主席、作家格林尖锐批评我们的"对外宣传是失败的",邓小平认为"格林的意见都重要,无论宣传和文风等方面,都值得注意,建议印发给做宣传、外事的同志看看"(罗俊,1999:7;廖旭和、张荣富,1999:21)。《中国文学》编辑部传达了学习格林的讲话,改进"左"的对外宣传方针的要求(中国文学出版社,[1990]:34)。同年,编辑部邀请英国朋友叶和达(Yahuda)来座谈,他希望《中国文学》提高作品水平,题材要广泛,放弃"八股"之风,改进编辑工作等。编辑部听取了意见后,考虑重新恢复在"文化大革命"期间停顿十年之久的《古典文学》栏目,决定开辟《中国古典文学史话》专栏,以满足读者的要求(中国文学出版社,[1990]:36)。

其次,刊物明确了新时期的编辑方针。1977年,刊物成立编译委员会,提出刊物今后要加强对古典、现代、当代的作家和作品的介绍和评论;增加美术作品的刊登、评论和介绍,增加反映文艺动态的文章;聘请国内文艺界各方面的专家成立顾问委员会(中国文学出版社,[1990]:38-39)。准备自1981年打破以文学为主、作品为主、当代作品为主的三个框框,改《中国文学》为《中国文学艺术》,文学和艺术并重,作品与评论并重,扩大选题范围(周东元、亓文公,1999a:481-482)。1983年,《中国文学》拟在第二年改为季刊,认为季刊比月刊更能够保证稿件质量,使内容臻于精粹,并能够容纳较长的作品,增加美术作品和其他栏目,使内容更加丰富(中国文学出版社,[1990]:47)。

最后,在政治形势不稳定的情况下,编辑方针也受到相应的影响。1989年10月23日,编委会召开各部、室主任会议,传达中宣部会议精神。要求在新的形势下重新考虑对外宣传业务(中国文学出版社,[1990]:69)。

刊物的编辑方针仅仅是恢复了"文化大革命"前的作品选择范围(古典、现代、当代),并增加了译介艺术作品的比重,而对文学作品的题材和内容都没有具体的规定。编辑方针体现了主流意识形态和诗学的变化,即对文艺管制的放松。但这并不表示刊物的编辑方针不受主流意识形态和诗学的影响,编辑方针中最突出的是对内容的调整,压缩了对当代文学作品的译介,增加了对艺术作品和文艺评论的译介,这是因为出版社的党的核心小组认为"在过渡阶段"需要"适当减少当代文学作品的分量"(戴延年、陈日浓,1999a:334),"对于那些探索性的作品,可以采取客观介绍的方式"(周东元、亓文公,1999b:25)。"过渡阶段"的主流意识形态和诗学尚未形成,刊物无法完全把握当代作品的政治方向,减少译介便可以减少政治风险,这种编辑方针明显是自觉从赞助人的立场出发的。因此,在政治转型期看似放松的文艺政策下,刊物在译介当代作品方面持保守或观望的态度,这依然表明其受主流意识形态和诗学的影响。

(四)1990—2000:逐渐全面停刊

20世纪90年代进入市场经济时期以后,全国上下大力发展经济,国家提出大力发展文化经济和文化产业。1992年,中央对外宣传小组朱穆之、曾建徽、周觉等同志在听取中国文学出版社汇报后指出,《中国文学》需要介绍古代的文学,但更重要的是介绍当代文学。之后,《中国文学》赞助人开始倡导大力学习邓小平南方谈话的精神,编辑方针开始更加注重对外发行的经济效益,外文局于1993年把"外文出版社的文学编辑业务并入中国文学出版社,由中国文学出版社统筹出版文学图书"。1994年,外文局要求刊物调整布局,使之更适合对外宣传和市场经济竞争的需要。自1995年起,《中国文学》开始每期围绕一个中心译介作品,得到读者好评。(周东元、亓文公,1999b:125,129,211,288)

其实到了90年代,《中国文学》主管部门已经没有专门针对刊物的公文或会议了。文化部从一级赞助人中退出,《中国文学》在文学题材和内容方面缺少相应的指导。赞助人对《中国文学》的关注也越来越少,对外宣传部门关注更多的是外文局新闻时事类的外宣刊物,如:《北京周报》、《今日中国》(即原《中国建设》)、《人民画报》,相比之下,《中国文学》的经济创收几乎垫底。随着市场经济的发展,市场规律对《中国文学》慢慢起作用,由市场决定编辑方针成为一种可能,国家赞助人的职能逐渐由直接干预变为宏观调控。可惜,刊物在没有做好应对市场冲击的情况下,遭遇了停刊的命运。

二、翻译方针以翻译策略为主

翻译方针跟编辑方针一样,除了主要通过赞助人确立的正式公文或会议纪要的文本形式表现出来之外,还会通过其他的"副文本""元文本"或者"超文本"等文本外资源重构出来,包括翻译界重要的研讨会议、专家学者在重要翻译期刊上所制定或肯定的翻译方针等。《中国文学》赞助人及翻译界所制定的翻译方针包括翻译标准、翻译策略、翻译手段等具体的翻译方法。

(一)1951—1965:"信、达、雅"与编译合作

1.赞助人的翻译方针

1951年召开了第一届全国翻译工作会议,针对翻译质量问题,与会者认为应先从有组织的工作机构入手,一方面应加强公营出版社在出版翻译稿件之前的审校工作,另一方面应加强各编译机构翻译稿件的审校制度(新华社,1951)。在1954年召开的第一届全国文学翻译工作会议上,茅盾认为文学翻译工作中的一个主要问题是提高翻译质量,必须用明白畅达的语言翻译文学作品,忠实正确地传达原作的内容,并力求用文学语言把原作的风格传达出来,使读者读了译文能像读原作一样得到启发、感动和美的感受,此外还要加强翻译批评工作和编校工作(茅盾,2009:574-581)。郭沫若认为严复提出的"信、达、雅"主张非常重要,文学翻译尤其要注意"雅"(郭沫若,2009:560-561)。两次会议上所讨论的翻译方针包括重视编校工作及用文学语言翻译原作。第一届全国文学翻译工作会议的主办方是作家协会,其当时是《中国文学》的二级赞助人之一,主抓业务,因此会议上确立的翻译方针对另一个二级赞助人外文局的政策制定有很大影响。

1949年到1966年间,在外文局召开的会议上,其部署的编译计划中时不时会谈到翻译问题。虽然内容不多,但也足以看出国家在中译外方面的翻译方针。

外文出版社时任社长刘尊棋在总结全社1952年工作的会议上指出了翻译部门存在的一些问题。他认为翻译质量的高低是由思想政策与文字技术的结合程度决定的,结合得越好,质量越高;翻译的标准是"信、达、雅",既要严格忠实原文文字和精神,又要掌握遵守外文本身的规律,两者必须结合,难懂的硬译与牺牲原文的"流畅"译文都不合标准;翻译的工作制度应将分层定稿与个人负责制相结合,坚持错误检查登记和统一译法规则;编辑应多多学习外文书刊,钻研不同专业领域的翻译(周东元、亓文公,1999a:63-64)。1961年,《中国文学》英文组开会讨论提高翻译质量,克服翻译中的"死译"问题(中国文学出版社,[1990]:15)。

1964年,《外文局工作条例》中对外文书刊的翻译工作做了明确的规定。首先,关于翻译标准。译文必须忠实于原文,又必须是流畅的外文。前者是指忠实于原文的意思和风格,也就是把中文的内容用外文正确地表达出来。不论翻译什么文章,必须重视原文,不能随意改变原文的内容。翻译

文艺作品,必须使用文学语言。译文必须做到译什么像什么。判断译文是否忠实,必须联系上下文,从整体上看它是否准确地表达了原作的内容和风格,而不能单从形式上去看。后者是指译文必须合乎所译外文的语法习惯,让使用这种民族语言的读者正确了解原意。如果不尊重外文的语法习惯,把中文某些特殊的语法结构硬搬到译文中去,读者就会看不懂。这里说的外文是指现代通用的外文,也就是当今世界上同文的民族能够互相了解的语文。一个地区所特有而其他地区所不懂的词汇及用法,以及一般认为已经过时或古老的词汇及用法,都应该避免使用,片面强调译文必须忠实于原文,或者译文必须是流畅的外文,都是不对的(周东元、亓文公,1999a:368-369)。其次,关于编译合作。在中文编辑和外文翻译过程中,可根据具体情况,采纳以下办法中的一种或几种:"(1)在翻译过程中凡是牵涉到中文原稿的内容问题,不论大小,一律由翻译向编辑部门提出,在中文原稿上改动后,翻译再在译文中照改。(2)凡牵涉到中文原稿的重要内容(提法、事实、重要注解、数字、重要的增删),翻译应向编辑部门提出,在中文原稿上改动后,翻译再在译文中照改。凡牵涉到中文原稿中的无关紧要的细节问题(如在一般文章中增加简单的解释性字眼,简化或改动重复、含糊的词句,颠倒前后句的次序,加技术性的注解,删去可有可无的事实),可由翻译自行在译文中变动,由翻译室(组)负责人或定稿人决定,有的可注明是译者注解,事后可将改动和注解等通知编辑部和其他有关语文室(组)参考。(3)根据需要和可能,将一部分编辑工作划给某些翻译去做(如在一般文章中加小标题、编索引、审查某些外国人写的稿子),这一部分工作由翻译或翻译室(组)直接向总编辑负责。"(周东元、亓文公,1999a:369-370)编辑和翻译应经常接触,紧密合作,互相尊重。双方意见如有分歧,应协商解决;如有重大分歧应报总编辑或编委会处理。再次,区别对待不同类型的稿件。对于政治和理论著作,翻译时必须格外谨慎,力求准确表达原文的内容,所有问题应严格请示汇报;对于文艺作品,翻译时必须运用文学语言,特别是应体会原文的风格,必要时须做适当的文字加工,如简化或改动重复、含糊的词句,颠倒前后句的次序,但不能随便改动原文的内容或自由发挥;对于一般报道,应尽量冲淡翻译的痕迹,可以有较大的灵活性,也必须避免粗暴地损害原文的重要意思,有关方针、政策和重大事实的问题不能随意改动。最后,尊重外籍专家的意见。外文书刊一向由外籍专家改稿,这使译文质量得到了提高。

在文字方面应尽量听取他们的意见,向他们学习。此外,他们还从读者的角度对内容提出了许多意见和建议,其中有一部分对于改进对外宣传工作有帮助,应该采取主动的态度征求这类意见和建议。(周东元、亓文公,1999a:367-371)

简言之,外文局针对文学翻译所制定的翻译方针包括四个方面的内容:翻译标准——"信、达、雅",尤其不能损害作品的文学性;采取编译合作原则;不同类型稿件应采取不同翻译策略;尊重外籍专家意见。相比之下,《中国文学》同期的翻译政策中对翻译方针没有明确的规定,一般遵从赞助人外文局的要求。

2.译界的翻译观

翻译界和文学界专家学者也发表了一些论文探讨文学翻译的问题。1959年,卞之琳、叶水夫、袁可嘉、陈燊在《十年来的外国文学翻译和研究工作》一文中肯定了严复的"信、达、雅"是我国的传统翻译标准,强调三者不可分割。艺术性翻译(文学翻译)标准,只有一个广义的"信"字——从内容到形式全面而充分的忠实,"达"和"雅"包含在"信"之内,因为形式为内容服务,艺术性不可外加(卞之琳等,2009:731-732)。可见,他们把"信、达、雅"作为一个整体,树立为翻译标准。

综上所述,从全国性会议和外文局的讨论可以看出,国家的翻译方针首先注重的是译文的质量,强调文学翻译的艺术性,重新确立"信、达、雅"的翻译标准并重视编译合作原则。国家对待翻译仅从译文出发,关注点是内容、语言和风格的再现,把"信"放在首位。专家们在大会上的发言或者在刊物上发表的论文虽然谈论的都是外译中的翻译标准,但由于我国翻译工作者同时肩负着外译中和中译外的任务,并且当时文学界和翻译界也并未刻意区分这两者的不同,因此当时国内对外译中的讨论通常也照搬在中译外上。可见,文学和翻译工作者都认为翻译的标准应该遵循"信、达、雅",但是大家对其理解并不统一,对其内涵阐述得也并不十分详细。因此,这一标准只能成为指导译者翻译的一种纲领性的最高标准,运用到具体翻译实践中则因人而异。

(二)1966—1976:直译、死译并取消编译合作

《中国文学》的赞助人和杂志社编辑部在"文化大革命"期间提出的翻译政策非常有限,对翻译方针的指示几乎没有。1966年,外文局面对"文化大革命"新形势提出"不能照转照译"毛泽东思想,在转载国内宣传毛泽东思想的文章时,"除了中央负责同志署名的文章不能改动外,其他文章必要时可以改写或加工,以使外国读者易于理解、接受,但以不损文章原意为原则"(周东元、亓文公,1999a:396)。

虽然外文局的指示是"不能照转照译",但是外文局军管小组于1970年检查了《中国文学》等外文期刊中的差错,认为出现政治性差错的大部分原因是"政治不挂帅,思想革命化不够","很有可能阶级敌人从中进行破坏和捣乱"(戴延年、陈日浓,1999a:255)。为了不受牵连,翻译中直译、死译、"对号入座"现象普遍,于是外文局的翻译方针变成一纸空文。编译工作取消了合理分工和个人签字的审稿制度,名为"集体负责",实际无人负责。中国同事对外国专家不敢接触,外文局各个杂志社甚至纷纷辞退外国专家(戴延年、陈日浓,1999a:255,257)。翻译中"政治挂帅"导致的直接后果便是翻译质量严重下降。

"文化大革命"时期对文艺工作的否定也导致了国内对翻译工作的关注和支持严重不足。考虑到新中国的国际影响,外文局领导下的对外宣传并未停止,但是全国的翻译研究停滞、各种学术会议中断、学术刊物停刊。

(三)1977—1989:重回"信、达、雅"

"文化大革命"后,在赞助人制定的有限的翻译政策中全是"编"的内容,几乎没有"译"的部分,对翻译方针完全忽略。翻译界正处在复苏之中,尤其是1979年《翻译通讯》(今《中国翻译》)①的创办及1982年中国翻译工作者协会的成立促进了国内对翻译的重视和探讨。《中国文学》曾经的总编叶君健在编译工作中体认到严复提出的"信、达、雅"翻译准则"适用于任何文字的翻译","无论从外文译成中文或从中文译成外文","都不能离开这个准则","外国的翻译家在他们的工作中也基本上力图达到这个要求"(叶君健,1983:8-9)。《中国文学》曾经的副总编殷书训认为文学翻译与非文学翻译"不同的一点可能是文学翻译更注重译文的文采","有些翻译作品本身就是文学"(殷书训,1985:39)。综观《翻译通讯》上的文章,大多是翻译家们在

---

① 1979年3月1日,中国对外翻译出版公司创刊《翻译通讯》(双月刊),1980年正式公开出版,成为当时国内唯一的译学专刊。中国翻译工作者协会(现中国翻译协会)1982年成立后,该刊转为译协的会刊,1986年改名为《中国翻译》。(参见:http://www.tac-online.org.cn/ch/tran/2009-09/28/content_3425838.htm)

文学翻译中的心得体会,围绕"信、达、雅""信、达、切""形似与神似""音美、形美、意美""准确、流畅、通顺""忠实"等探讨外译中的翻译标准或策略。在仅有的两篇谈论中译外的文章中,也是把"忠实、通顺、准确"放在翻译策略的第一位。1983年,北京大学西语系邀请美国翻译理论家奈达(Eugene A. Nida)讲学,中国译协邀请其举办关于"西方语言翻译理论"的讲座,引起学界对奈达"等效翻译"理论的热议。

《翻译通讯》和中国译协都挂靠在外文局,《翻译通讯》上刊登的翻译观点对外文局的翻译方针制定有一定的影响,外文局对翻译方针的认识也会影响《翻译通讯》对文章的选择。无论是从《中国文学》总编和副总编的文章,还是从其他翻译工作者的文章来看,国内翻译界在20世纪80年代对翻译策略的认识还是以"信、达、雅"为主,并开始探讨西方翻译理论中的"对等"概念。

(四)1990—2000:"信、达、雅"不再是主要标准并恢复编译合作

1992年,《中国文学》赞助人中央对外宣传小组领导指出,在刊物人才外流的情况下,一方面要提高稿酬,另一方面要依靠社会力量搞好文学作品的翻译出版;1995年,时任外文局副局长黄友义提出,译者要把中文忠实地翻译成外文,在有些情况下需要对原文进行适当的编辑加工,译者有责任把读者难以理解的部分提出来与作者商量并酌情修改;1996年,外文局认为"要认真研究翻译工作","有条件的走编译合一的路子"(周东元、亓文公,1999b:215,246,303)。进入21世纪,赞助人对中译外的认识正在确立并逐步加深,这赋予了译者更多的改稿权,翻译标准不再拘泥于"信、达、雅",赞助人认为可以依靠社会上的编译人员,并开始重新重视"编译合作"。

1990年,中国译协召开了全国中译英学术研讨会,这也是中国自1949年以来第一次专门针对中译英所召开的学术会议。时任外文局局长林戊荪在报告中指出,翻译是一种创造性的劳动,针对不同任务和不同稿件,用不同的翻译策略,"信、达、雅""编译合一""解释性翻译"都可行(林戊荪,1991:4-7)。以这次会议为契机,翻译界专家在会议前后纷纷发表了自己的看法,一致认为国内的体制导致我们在人员编制、待遇、发行和人才培养上出现了一些问题,中译外的选题需要有计划地针对读者来定,我们应重视"编译合一"和外国专家的改稿工作,应该允许译者的"创造性翻译",加强对翻译人才的培养,我们的发行和出版需要跟国外的出版商合作(参见段连城,1990:2-10;冯亦代、杨宪益、叶水夫等,1990:4-10;沈苏儒,1991:8-14;裘克安,1991:4-5;冯亦代、胡允桓、程镇球等,1991:4-9)。十年之后,翻译界讨论的问题依然是这些。黄友义(2000:12-13)和专家爱泼斯坦、林戊荪、沈苏儒(2000:4-7)相继指出,翻译不是一种简单的语言转换,不是一种技术性工作,懂外文不一定会翻译,懂翻译不一定会中译外,必须重视外国专家的改稿工作和翻译人才的培养问题。

赞助人和翻译界专家从20世纪90年代起,对翻译的认识有了根本的转变,制定的翻译方针更加具有针对性和可行性。"信、达、雅"不再是主要的翻译标准,与外国专家的合作重新得到重视,选题、出版和发行也要针对外国读者来定。

第三节 集中型赞助人对译者的制约

赞助人对译者的制约包括意识形态、经济、地位三个要素,它们通常以不同的形式组合并互相关联。如果这三个赞助因素由同一个赞助人分配,那么这种赞助便是集中型赞助。《中国文学》赞助人通过集中型赞助的方式,促使译者遵守其制定的翻译政策,以保证主流意识形态和诗学能够通过刊物体现出来。

一、意识形态活动由赞助人主导

赞助人对译者意识形态的制约不仅仅指政治领域,还指"组成指挥我们行为的形式、惯例和信念的网络"(Lefevere,2004:16)。译者可能自愿接受,也可能被赞助人强加,也可能不接受。集中型赞助人会根据译者对其施加的意识形态所做的不同反应表现出不同的态度,这种态度有时候是温和的,有时候是粗暴的。《中国文学》的赞助人一般通过开展政治运动、任命职务或准予入党等方式加强对译者思想觉悟和政治水平的规约。

(一)1951—1976:以政治运动为主

20世纪50—60年代,各种政治运动此起彼伏,外文局同样要步步紧跟,国家也逐步加强了对中国文学杂志社的党内领导。1951年12月,中共中央做出"三反"运动的决定,1952年初运动就进入了高潮。外文局的前身国际新闻局也展开了轰轰烈烈的"三反"运动(冯亦代,1999:33)。后来在

1957年,又有了"鸣放""反右""整改""思考总结、下放锻炼"等运动,外文出版社的反右派斗争历时14个月方告结束。1965年,中国文学杂志社成立分党组,由作协派来的何路任书记。外文局成立政治部,中国文学杂志社设政治协理员(中国文学出版社,[1990]:8,21)。在国家政治形势不稳定的时候,国家赞助人会通过发动政治运动来肃清或区分接受其赞助但背离其意识形态的人。

1966年"文化大革命"一开始,外文局党组会议就决定中国文学杂志社成立党内领导小组。外文局工作组进驻并建立"文化大革命"会(筹)负责运动的开展。1970年8月,"批查打"运动开始,《中国文学》开始办清查学习班。1971年,成立临时革命领导小组。1972年,外文局第二次整党,中国文学杂志社成立党的核心小组。1974年,外文局领导动员开展"批林批孔"运动。(中国文学出版社,[1990]:23-32)

(二)1977—2000:任命职务

"文化大革命"结束后,国内形势有了很大的改变。在时任中宣部部长胡耀邦的领导下,《中国文学》的译者在"文化大革命"结束后得到重用。1979年,杨宪益被任命为《中国文学》的副总编,第二年升任总编。1984年,英文编辑王明杰被吸收入党,并任英文部副主任,第二年升任副总编辑,1988年调任外文局副局长。1989年,译审喻璠琴任英文部主任,之后英文编辑章思英任英文部主任。

二、经济由中央统一分级管理

赞助人通常会关注译者的生活,给他们派遣工作及发放薪金(Lefevere,2004:16)。让译者入职意味着在培养其意识形态认同感的同时,也提高了其经济地位。《中国文学》赞助人对译者在经济上的影响主要通过给译者提供有保障的工作编制和工资来体现。1949年新中国成立后,我国经过几次工资制改革。随着国民经济的恢复,1955年完成了从供给制到工资制过渡(张启东、袁伦渠,1986:46-58)。在国家计划经济制度下,工资实行等级制,特殊时期实行供给制。国家单位工作人员的报酬依照在编人员在不同地区的工种或职务职称划分不同等级,靠国家以工资形式按月发放。90年代推行市场经济,外文局旗下的出版社全部改为企业编制,需要自主创收、自负盈亏。

(一)1951—1976：专家工资待遇较高

1953年,《中国文学》的行政领导权划归外文出版社。1954年,杨宪益、戴乃迭夫妇及沙博理正式调入,属外文出版社《中国文学》季刊编制。1963年,外文局成立,外文出版社改为外文局领导(中国文学出版社,[1990]:5)。外文局是国家事业单位,译者属于事业单位编制。在中国文学杂志社内,译者分为外国专家和普通翻译,都属于国家干部级别。外国专家的工资是普通翻译工资的好几倍,甚至十倍。

戴乃迭"在1954年被确认为外国专家","工资是中国教授工资的三四倍"(杨宪益,2001:187)。① 三年困难时期,杨宪益自认"在特权集团中列为二等,每个月可以购买两磅猪肉、四磅鸡蛋及一些糖和植物油,所以生活状况还不太坏"(杨宪益,2001:202)。即便是在"文化大革命"期间被批斗时,工资也还是照发(邹霆,2001:303)。杨宪益、戴乃迭夫妇于1968年五一劳动节前夕被捕入狱,经过四年,出狱后工资全部得到补发(杨宪益,2001:238)。

虽然沙博理于1963年加入中国国籍,但是外文局还是保留了他作为外国专家的特殊待遇。其每月工资440元②,并可以继续享受每年的公费旅行,一个月的带薪假期,免费的戏票和体育比赛的入场券,还被邀请出席国宴,国庆节在观礼台上有他的位置(沙博理,2006:179)。1983年初,沙博理办理了"离休","终身享受全部工资,并继续享受所有其他的津贴——全部公费医疗、公费探亲(去美国的往返旅费,包括其妻子在内)等等"(沙博理,2006:278)。

中国文学杂志社国内编辑人员的工资并没有外国专家那么高。据董良羿回忆,1967年她刚进杂志社工作,"租了郊外的房子,也没任何家具",跟

---

① 1954年,北京地区的工资分为7类。最高每月工资为272.03—464.92元;最低为23.49—26.21元;中间级别为61.83—106.34元(《当代中国》丛书编辑委员会,1987:47)。该年,全部职工月平均工资约43元。1955年,国家机关翻译人员工资分为15个等级,最高200元,最低40元,中间级别96元(么树本,1986:52-53)。1956年工资改革后,国家机关翻译人员的工资仍为15个等级,按地区划分为11个种类,最高299元,最低48.5元,中间级别126.5元。出版社编辑人员工资分为20个等级,最高345元,最低37.5元,中间级别110.5—124元。高校教学人员工资为13个等级,最高345元,最低56元,中间级别为126.5元(李唯一,1991:147,149,317;么树本,1986:110,119,124)。

② 1964年,全部职工月平均工资约49元(李唯一,1991:317)。城市职工平均每人每月收入为20.29元(张启东、袁伦渠,1986:212)。

丈夫两人"每月工资共92元,养两个孩子,挺难的"(冰默,1992:63-64)。

(二)1977—2000:工资待遇不高

《中国文学》的译者除了负责刊物的工作之外,有时还需要完成外文局下发的一些任务,但是一般来说只要是单位内的工作,不会额外发放任何酬劳。杨宪益、戴乃迭夫妇的译作虽然有好几百万字,但是并非按字数计酬。他们"翻译中国古典文学作品从来没有得到过报酬,也不享有任何版权"(杨宪益,2001:191)。80年代,唯一一次例外是由于翻译《红楼梦》而在工资外拿到稿酬,"那是因为《中国文学》杂志后来从外文出版社分了出去,成为一个独立机构"①,而杨宪益、戴乃迭夫妇"是中国文学杂志社的人","翻译《红楼梦》是在为外单位做事,于是中国文学杂志社的党支部书记就要求外文出版社"支付稿费(杨宪益,2001:191)。

90年代,中国文学出版社逐步向企业转制,开始自主创收、自负盈亏,但是效果并不理想,人才外流严重。1996年,杨宪益的工资才刚刚升到900多元(雷音,2007:394)。②《中国文学》前法文部主任燕汉生回忆说,《中国文学》在1996—1998年间请他回去主持工作,工资是480元,而他当时所在的单位是2000元左右。③ 根据外文局前副局长黄友义(2000:12)所述,"文化大革命"前在周总理的亲自关怀下,从事中译外的翻译人员的工资比同等学历却从事外译中的翻译人员的工资高一级,稿酬高一倍。90年代以后的稿酬规定中没有再体现这一点,工资标准也没有特殊的规定,标准全都被拉平了。

三、地位受主流意识形态影响

对赞助的接受意味着融进某个支持其的组织以及它的社交圈(Lefevere,2004:16)。《中国文学》的赞助人是国家党政机关,通过发动政治运动、任命职务或准予入党的方式,在提高译者意识形态认同度的同时,

---

① 这里指的应该是1982—1991年间外文局成为文化部的局级单位,中国文学杂志社成为文化部的直属单位。

② 1989年,全国职工的平均工资是161.25元,北京地区职工的平均工资是192.7元(李唯一,1991:318,326)。

③ 根据笔者2010年在北京外文局调研期间对中国文学原法文部主任燕汉生先生的访谈得知。

也影响着了译者的社会地位。另外,还通过给予进修机会、评定奖项资格、进入国家专业学术团体的资格、译作署名权等手段,提高译者的社会地位和威望,并给予其一定的经济补助。

一方面,赞助人一旦评估译者的政治忠诚度显著下降,便会通过政治运动、限制入党等方式将其与组织分离,其社会地位也相应受到影响。

另一方面,赞助人一旦认可译者的政治立场,便会通过准许署名、给予进修机会或荣誉头衔、颁发奖项等形式,把其纳入自己的组织中,其社会地位也能相应地提高。

1979年之后,杨宪益得到许多荣誉头衔,"当选为许多学术机构和政治社团的执行委员或顾问,如:中国作家协会、中国笔会、外国文学学会、中国大百科全书编委会、红楼梦学会,等等"(杨宪益,2001:246),他还曾任中国社会科学院外国文学研究所研究员和学术委员,民革中央委员,第六、七届全国政协委员,作家协会全国外国文学学会理事及文联委员(赵学龄,1999:506)。杨氏沙龙一时人满为患,很多作家登门拜访,希望通过他们"将自己的代表作译成英文传向海外,以期成为诺贝尔文学奖的提名候补者"(邹霆,2001:362)。1979年开始,他每年都有机会出国讲学、办讲座、参加研讨会。

在创刊初期(1951—1954年)及"文化大革命"时期(1966—1976年),《中国文学》的译者没有署名权。创刊初期,《中国文学》各方面都没有进入正轨,对署名也没有统一的要求;"文化大革命"时期几乎都没有署名,极个别署笔名或合署别名。那时强调集体主义,对外都代表中国,不能署个人名,甚至不用署名,否则就是搞个人主义(谷鸣,2010:49)。

1975年,王明杰被派去英国学习2年,后又于1983年赴英国学习出版业务半年。1980年,外文局与美国伊利诺伊州立大学建立了正式的人员交流关系,中方每年选派2—3名专业人员赴美进修1—2年,美方每年派12—18名教师组团来华访问3周(刘东,1999:73)。1981年,喻璠琴赴美国伊利诺伊州立大学进修,熊振儒由教育部选派赴英国牛津大学进修2年。1986年,李国庆赴美国伊利诺伊州立大学进修英语2年。后来外文局每年都会公派一定的人员出国进修,英文编辑占最大比重。①

1986年,英文编辑喻璠琴和吴成栋获文化部外文局先进生产者奖,该奖意在表彰他们在对外书刊宣传工作中做出的成绩。同年,英文编辑人员中9人获得高级职务(译审1人,副译审8人),13人获得中级职务(翻译)。1989年,社评委会再次评定部分中、初级专业职务名称。1991年,唐笙享受政府特殊津贴②。1992年,喻璠琴享受政府特殊津贴并于2005年受中国译协表彰。1993年,熊振儒享受政府特殊津贴并于2009年受中国译协表彰。

第四节 小结

《中国文学》的译介主体主要由赞助人和编译专业人士组成。赞助人是属于国家党政机关的权力实体,专业人士是在国家机关中工作的中英文编辑。《中国文学》拥有两级赞助人体系:一级赞助人是国家最高外宣部门和文化部门,对刊物间接管理、直接赞助;二级赞助人是承担党和国家书刊外宣的出版单位,对刊物直接管理、间接赞助。从计划经济过渡到市场经济,一级赞助人的行政干预越来越小,二级赞助人的自主独立性越来越强。中文编辑负责选稿,译者负责翻译,他们具有较强的专业水平,中文编辑在选稿和改稿的权力上一直大于译者。"文化大革命"后,译者的地位才有一定的提高。从"文化大革命"开始,中英文编辑的调动一直频繁不断,外国专家则更不固定。

赞助人通过制定编辑方针和翻译方针来管控刊物的译介工作,赞助人对编辑方针的指导性要求远远多于对翻译的要求。编辑方针主要体现了主流意识形态和诗学的变化,中文编辑在挑选作品时受其制约。"文化

---

① 1990年,外文局公派21名翻译干部出国进修,其中英文人员8名;1991年,公派留学人员共17名,英文人员6名;1992年,公派留学人员共4名,英文人员1名;1993年,公派留学人员共10名,英文人员1名;1994年,公派留学人员共11名,英文人员3名;1995年,公派留学人员共7名,英文人员2名;1996年,公派留学人员共10名,英文人员2名;1997年,公派留学人员共9名,无英文人员;1998年,2名英文编辑赴美国伊利诺伊州立大学进修,为期2年。(戴延年、陈日浓,1999b:185,210,234,256,282,316,345,378,424)

② 从2009年起,对1995年以前享受国务院政府特殊津贴的人员,国家把标准由每人每月100元调整为每人每月600元。

大革命"前,编辑方针受主流意识形态和诗学的影响较重;"文化大革命"后,编辑方针受主流意识形态和诗学的影响较轻。翻译方针主要体现了赞助人的翻译观,译者在翻译时受其制约。进入 90 年代,翻译方针从单一走向多元,不再单单聚焦"信、达、雅",翻译方法更加灵活适用。

赞助人通过意识形态、经济和地位三要素制约译者的译介工作。《中国文学》的赞助人属于集中型,同时拥有赋予译者意识形态、经济和地位的权力和能力。它通过控制政治运动、入党入职、定额工资、获奖资格等形式来制约译者的意识形态、经济收入和社会地位,从而使之与自己的意识形态和诗学保持一致,使其遵守赞助人制定的翻译政策,从而译介符合赞助人认可的意识形态和诗学的文学作品。

第一章内容概要见表 2。

表 2　译介主体：赞助人及其制约手段（第一章内容一览表）

译介主体		时间段				译介主体总特征
		1951—1965 年	1966—1976 年	1977—1989 年	1990—2000 年	
改写者的构成	赞助人：国家机构（两级）	对外文委、国务院外办；外文局、作家协会	中联部；外文局军管小组	文化部、对外宣传小组；外文局、中国文学出版社	对外宣传办公室；外文局、中国文学出版社	多个实体—单个实体；高度集中—宏观调控
	专业人士：中英文编辑	叶君健、何路；杨宪益、戴乃迭、沙博理、唐笙、喻璠琴	徐慎贵、熊振儒、罗孝章；叶君健被批斗后调走、杨氏夫妇入狱、沙博理调走	何路、董良羣、吴旸；喻璠琴、白霞、瑞安、张西蒙	傅活、唐家龙、凌原；喻璠琴、章思英、温晋根、余薇芳	老编辑退出、人员调动频繁
赞助人对刊物的制约	编辑方针	古典作品（包括民间文艺）占 15%—20%；"五四"以来作品占 35%—50%；当代作品（现代作品）占 10%—25%；论文、文艺述评、文艺动态、作家介绍占 15%—25%	停发古典作品的作品；停发"五四"以来的作品；只译介当代作品和鲁迅作品	当代、古典、现代作品；文学和艺术并重，作品与评论并重	当代、古典、现代作品	多—较少—极少
	翻译方针	"信、达、雅"/文学性；编译合作	直译死译，取消编译合作及专家改稿	"信、达、雅"/文学性	解释性翻译、创造性翻译；专家改稿、编译合作	一元—多元
	意识形态	政治运动	政治运动	入党升职	入党升职	粗暴—温和
	经济	工资较高	工资较高	工资相对不高	工资相对不高	高—不高
赞助人对译者的制约	地位	国家编制、政治运动、入党升职	政治运动	入党升职、荣誉头衔、出国进修、参加国际会议	入党升职、荣誉头衔、出国进修、参加国际会议、颁发奖项	多种手段并存，跟意识形态和经济挂钩
小结		赞助人多、政策多	赞助人少、政策少	赞助人多、政策多	赞助人少、政策少	多—少—多—少

第二章 译介内容:赞助人确立的经典作品和经典作家

《中国文学》在国家赞助人的编辑方针下挑选文本,把符合其意识形态和诗学的作品树立为"经典化"作品,使其有机会成为翻译文学,在国外传播,即源语国家的赞助人制定的编辑方针制约着"译什么"。多元系统理论认为,"经典化"作品并不一定就是"好"的文学作品,只是它恰好符合官方制定的规范。随着社会的变革,"经典化"和"非经典化"作品的位置可能会发生改变,甚至互换(Zohar,1990:18)。源语国家确立的"经典化"作品不一定会被译语国家的读者接受,或者一时不被接受的作品在另一个时间又被接受。图里(Toury,1995:56-59)认为译语文化中的翻译政策制约着译语文化对文本类型的选择,这就是"预先规范",即译语文化的翻译政策也制约着"译什么"。由此,《中国文学》对外"译什么"不仅受源语国家赞助人制定的编辑方针制约,也应该受译语文化的翻译政策制约。图里和赫曼斯认为通过研究译本可以重构所有翻译规范,因此,只有考察《中国文学》的译介内容,才能看出其译介的作品在多大程度上、以何种形式受到源语编辑方针的制约,同时又是如何受到译语翻译政策的制约。

国家通过两种手段确立"经典化"作品的地位,一种是对原有的经典作品进行文艺批评和重新解读,另一种是创作新的经典化作品。其文艺批评的首要标准便是"左倾的政治意识形态",往往采取"非黑即白"的批判方法。1949年第一次文代会前后,新华书店出版的"中国人民文艺丛书"和开明出版社出版的《新文学选集》分别对解放区文学和"五四"时期的作品进行了重新编选。1952年,人民文学出版社计划校勘、重印、注释出版我国古典文学名著并编写著名作家的传记。国家通过出版丛书和文学选集的形式确立了一批代表古典文学、现代文学和当代文学的"经典化"作品,成为主流意识形态对整个社会施加影响的一种手段。

《中国文学》是一种选刊型刊物,一般不接受作者直接投稿,有时会向作者约稿或者由刊物编辑自己供稿。通常由中文编辑从国家主要出版社出版的文学书籍中挑选作品或从作品中节选部分章节,或者从国家级和省市级的重要文艺报刊上挑选文学作品或文学评论,如《人民文学》《人民日报》《上海文学》《文艺报》《解放日报》《红岩》《红旗》《萌芽》《诗刊》等国家级或省市级用来树立"经典"作品、作家的文艺阵地。《中国文学》的选刊性质使得其在译介作品上比普通文学刊物滞后,时间上的间隔有利于刊物把握主流意识形态,观察主管部门乃至更高层对已经刊发作品的政治评判,从而在那些已经被赞助人"经典化"的作品范围中选择,这样在政治上就不会犯较大的错误,从而持续得到赞助人的支持。① 《中国文学》四个时间段译介的作品在题材、体裁以及作者三方面呈现出较为明显的特点变化。另外,刊物的装帧设计和发行周期也影响着刊物的传播和接受。

第一节 译介作品:以政治审美为主

在毛泽东文艺思想的指导下,全国文艺工作者的工作被纳入国家统一叙述的体系中,文化大一统的局面代替了"五四"时期宣传个性化创作和独立思考的传统。这是历史发展的必然,因为新中国的主体为工农群众,刚刚取得政权的执政党为了借助文学启发群众,加强思想教育,必然制定有利于自己统一管理的文艺政策。因此,文学的教化功能被置于艺术审美功能之上。文学创作的形式、内容、题材及文学批评等都需要遵循统一的新规范,即新的意识形态和诗学。一旦打破了这一规范,对作家及其作品的评价可能会受到严重影响。

文学译介同样需要遵守国家主流意识形态和诗学,尤其在"文化大革命"时期,意识形态和诗学的极度"左"倾给文学译介带来明显影响。改革开放之后,随着政局的稳定和融入国际体系的需要,国家的意识形态和文艺政策开始逐渐放宽,文学作品的题材和体裁也开始走向多样化和多元化,这也给文学译介带来了活力。当然,文学译介不可能完全摆脱国家的管控,作者和文学作品仍然需要符合国家主流意识形态,才更有机会被国家树立为典

---

① 比如《人民文学》《文艺报》等主流报刊在 20 世纪 50—60 年代曾经因为在作品选登上犯了政治错误而遭到批评并接受整改(洪子诚,2010a:103-129)。

型向外推介。

一、1951—1965：为工农兵服务

"十七年文学"的普遍特征就是政治性凌驾于文学性之上，形成一套特殊的文学规范。三次文代会的召开规定了新中国成立后文学的发展方向，中国文学的创作、编选、评奖都必须符合这一时期的主流意识形态和诗学。1949年，中华全国文学艺术工作者代表大会（第一次文代会）在北京召开，会议延续了毛泽东1942年《在延安文艺座谈会上的讲话》（以下简称《延安讲话》）的主要精神，即文艺的服务对象是工农兵群众，文艺批评的标准是"政治第一，文艺第二"，再次确立了《延安讲话》对全国文艺思想的引领地位。会议还确立了中国文学艺术界联合会（简称"中国文联"）为文艺工作者的组织领导机构，选举郭沫若为主席，茅盾、周扬为副主席（中华全国文学艺术工作者代表大会宣传处，1950）。1953年，第二次文代会号召文艺工作者用社会主义现实主义创作方法塑造新英雄形象（中国文学艺术界联合会，1953）。1960年，第三次文代会强调今后的任务是反对帝国主义、反对现代修正主义、批判资产阶级人性论和资产阶级人道主义，提倡掌握革命现实主义和革命浪漫主义相结合的艺术方法（中国文学艺术界联合会，1960）。这三次文代会表明了1949年以后国家的主流意识形态是左倾，主流诗学是社会主义现实主义，并在后来演变出了革命现实主义和革命浪漫主义相结合的艺术方法。

新中国成立后，为了避免新政权遭到颠覆和破坏，全国开展了"三反""五反"（1951—1952年）、整风反右（1957年）等清理阶级队伍的政治运动。苏联文坛的"解冻"思潮和社会主义由改造迈向建设的过渡，促使毛泽东于1956年针对文艺提出"双百方针"，这给刚刚经历了对胡适、俞平伯、胡风等人批判的文艺界带来昙花一现的希望。仅仅"大鸣大放"一个月后，党中央对各界声音便产生了怀疑，发起了在知识分子中找出"右派"的反右运动，政治路线从此严重"左"倾。1958年，中共中央提出建设社会主义总路线，开展"人民公社"和"大跃进"运动，大力发展计划经济，全国的中心任务从反右转为"大跃进"，但是"大跃进"却引起了浮夸风，使国家经济遭受重大损失。1959年，"反右倾"以及接踵而至的文艺上"反修防修"，导致极左思潮日益泛滥。1962年阶级斗争扩大化，开始了新一轮的整风运动。虽然60年代

初周恩来、陈毅等多次讲话纠偏,但是并未得到贯彻执行,最终发生了"文化大革命"。至此,文艺完全沦为政治的牺牲品,失去文学审美的功能。总的来说,"十七年文学"时期,国内政治形势在1949—1956年间较为宽松,1957—1959年间逐渐严苛,1960—1962年稍微放松,1963—1965年重新收紧。

(一)国内形势和编辑方针的影响

新中国成立后,文艺界先后发生了批判电影《武训传》(1951年)、批判俞平伯的《红楼梦》研究(1954年)、批斗"胡风反革命集团"(1955年)等重大事件。1957年反右运动中,中国作协党组开会批判丁玲、陈企霞、冯雪峰"反党集团"。这些运动和斗争都是为了改造知识分子旧的意识形态,去除其资产阶级思想和个人主义,肃清革命文学者的队伍,使其完全接受和拥护中国共产党的领导,并创作出符合国家需要的社会主义现实主义文学作品。在"文艺实质上为阶级斗争服务"的指挥棒下,文艺界的创作受到严重的束缚,文学作品的形式和内容呈现出单一枯燥的特色。

《中国文学》的编辑方针主要由国务院外办和《中国文学》编辑部根据国内的政治形势和文艺形势共同制定。《中国文学》的编辑方针对文学作品的选取范围、结构比例、题材、内容都有明确的规定,并把文学作品按时代划分为当代作品、"五四"以来作品(现代作品)、古典作品。这并不是简单的时间划分,而是带有强烈的政治含义。"当代作品"指新中国成立后创作的工农兵文学,"'五四'以来作品"主要指民国时期的左翼文学,"古典作品"(民间文艺)指其内容和形式表达的审美情趣符合当代意识形态的古代作品。"十七年文学"时期,刊物的编辑方针将中国文学对外译介作品的比重划分为:当代作品占35%—50%;古典作品(包括民间文艺)占15%—20%;"五四"以来作品(现代作品)占10%—25%;论文、文艺述评、文艺动态、作家画家介绍占15%—25%(中国文学出版社,[1990]:1-22)。由此可见,《中国文学》译介的作品包括文学作品和非文学作品,并以文学作品为主。编辑方针的着重点在于作品的政治标准,由于现当代作品最能够反映当下的政治,所以其比重最大。在《中国文学》译介的现当代作品中,小说的篇幅比重最大,因此,通过考察《中国文学》对现当代小说的译介原则,便可以得知刊物在译介中国现当代文学作品方面的大致特点。

图11是根据1951—1965年出版的《中国文学》每期目录并参考中国文

学杂志社编纂的《〈中国文学〉作品目录索引（英文版）1951—1986》[①]制作而成的,其中当代作品包括当代小说及散文,"五四"以来的作品包括现代小说及杂文。实际上,杂文和散文只占极小一部分,图11主要反映的还是《中国文学》在"十七年文学"时期译介现当代小说的情况。

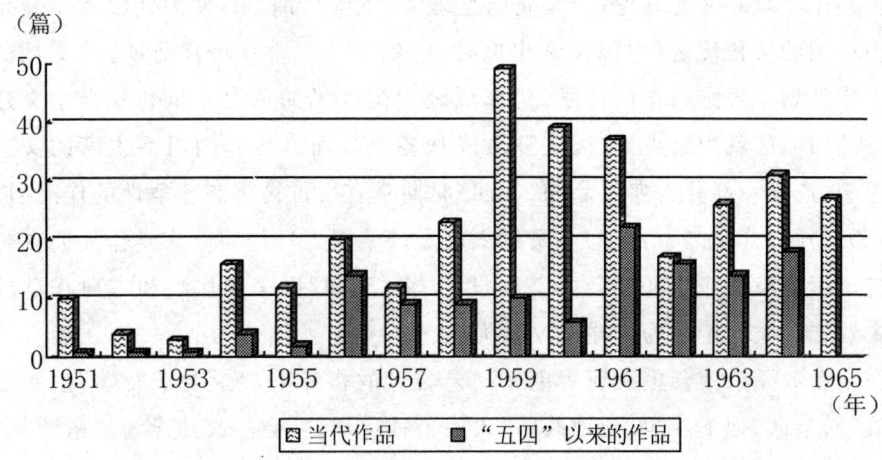

图11 《中国文学》1951—1965年译介的现当代小说(含杂文及散文)

从图11得知,当代作品的译介数量一直多于"五四"以来的作品,这反映了当代作品比"五四"以来的作品更符合当时的主流意识形态和诗学,其政治解读方向也更容易为编辑们所把握。与毛泽东1956年提出的"双百方针"和1962年纪念毛泽东《延安讲话》20周年息息相关的是,1957年和1962年译介的现当代作品数量相差最少。当代作品的译介数量自创刊开始逐年有增有减,直至1959年达到最多,之后缓慢下降,而后又有所回升;现代作品的译介变化较大,数量逐年高低不定,至1961年达到最多,之后略有下降但稳定发展至1965年突然停止。译介当代作品数量最多的1959年和1960年处于"大跃进"时期,因此当代作品数量激增便不足为奇。当代作品,尤其是当代小说,被《中国文学》树立为中国文学作品的重中之重。

[①] 这本资料和《〈中国文学〉作品目录索引(1971—1975)》(1977)、《〈中国文学〉作品目录索引(1979—1991)》(1991)提供的目录为中文,均为中国文学杂志社(出版社)内部资料,并未公开发行。经笔者核对之后,发现其中有个别错误,因此,本书的统计以刊物的实际目录为准,中文译名以这些资料为参考标准。以下各节相同,不再赘述。

1. 题材:战争斗争和工农兵生活

20世纪50年代,编辑部根据赞助人的指示对刊物的题材有明确规定:介绍中国人民在解放事业中所做的英勇斗争,中国人民为建设社会主义社会和争取世界和平所做的辛勤努力;介绍在毛泽东的文艺方针指导下的文艺创作经验和文艺理论;介绍我国整理文学遗产的成果,使国外读者重新认识中国的文化传统(中国文学出版社,[1990]:7)。60年代前期,外文社的工作计划中规定,《中国文学》仍以反映中国人民的革命斗争和社会主义建设的伟大成就为重点,并以多种方式从各个方面宣传和阐明毛主席的文艺思想,选择一部分古典作品和"五四"时期具有反抗精神和斗争性的作品(周东元、亓文公,1999a:172)。赞助人制定的编辑方针规定了文学作品的题材应该围绕革命斗争和社会主义建设,并将"五四"以来的作品和古典作品的主题选择重新定位为以斗争反抗为主。

在毛泽东社会主义现实主义文艺方针的指导下,"十七年文学"主要以战争、革命、地下斗争、土地改革、人民公社运动、社会主义建设为故事背景,塑造出以工农兵为主体的英雄人物形象,歌颂中国人民反压迫的抗争精神以及新中国成立后广大人民为追求幸福生活和国家统一所做的奉献。比如:1951年,《中国文学》的创刊号就译介了孔厥、袁静的长篇小说《新儿女英雄传》、李季的长诗《王贵与李香香》、丁玲的《寄给在朝鲜的中国人民志愿部队》,以及魏巍的四篇朝鲜前线通讯等作品(其中包括《谁是最可爱的人》),组成了"抗美援朝"专辑(见图12)。另外刊物在这一时期还译介了丁玲的《太阳照在桑干河上》、艾明之的《火种》(第7—12章)、李英儒的《野火春风斗古城》(一、二)、梁斌的《红旗谱》、柳青的《创业史》(选载)、罗广斌和杨益言的《红岩》(第4、14、18章;第20、29、30章)、欧阳山的《三家巷》(第1—15章)、孙犁的《风云初记》、阎长林的《胸中自有雄兵百万》、杨沫的《青春之歌》(第5—10章)。

《中国文学》在"十七年文学"时期译介的现当代作品按题材划分情况如图13所示,以工农兵生活①为题材的作品最多,约占65%;以反抗、战争、斗争为题材的作品约占18%;其他约17%的作品是以自然风光、人文景观、文

---

① 周恩来于1956年提出"知识分子已经是工人阶级的一部分",因此,本书按照当时的情况把现当代作品中刻画知识分子的文学作品划入"工农兵生活"题材。

艺事件或以人物为题材的散文和杂文。1954年之前,以工农兵生活和反抗、战争、斗争为题材的两类作品数量相差不多;1954年之后,前者每年的译介数量都是后者的数倍。这是因为新中国成立后战乱停止,开始进行社会主义改造和社会主义建设,以工农兵生活为题材的作品自然比战争题材的要多得多。1956年之后,每年都会收录其他题材的作品,这使得《中国文学》的题材显得稍微丰富了一些。其他题材的作品在1961年被译介得最多,这是因为对外文委在当年制定的编辑方针是"不仅在理论上阐明我党的'百花齐放、百家争鸣'政策,而且应该在刊物内容上具体体现这一政策,如刊登不同流派、不同风格的作品和学术上不同意见的文章"(中国文学出版社,[1990]:15-16)。

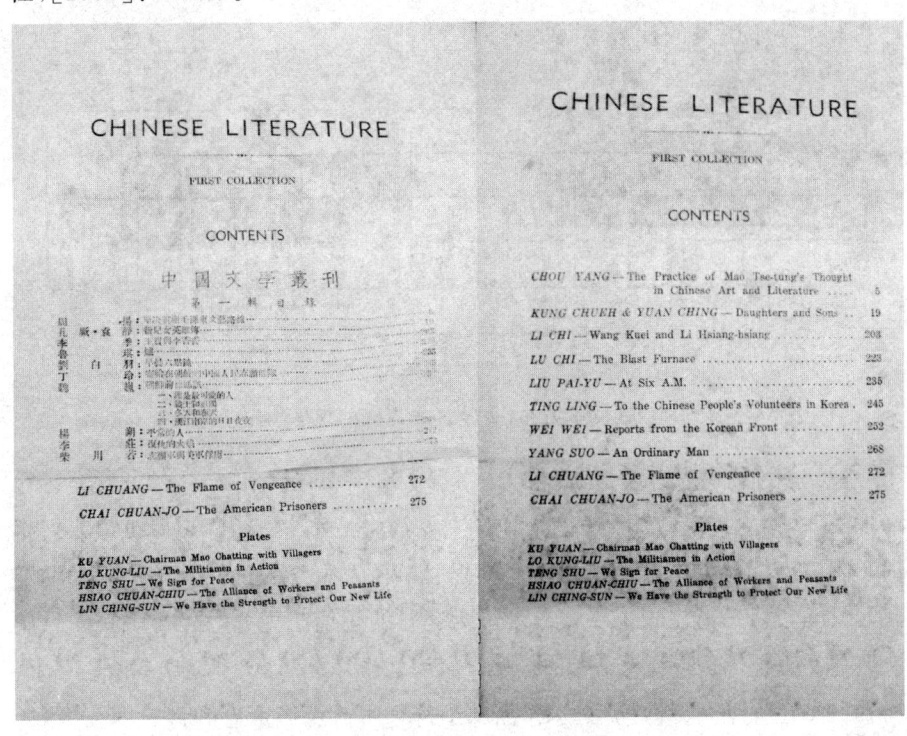

图12 《中国文学丛刊》1951年第一辑目录

从具体内容来看,现代文学作品以揭露旧社会的黑暗为主,或描写大众的痛苦生活,或描写土地革命时期的反抗斗争,或抒发知识分子忧国忧民的感伤情怀,或阐述对时政和文艺的见解。当代文学作品的内容和风格与现代文学相比,更加整齐划一。以反抗、战争、斗争为题材的作品主要描写在土地革命战争、抗日战争、解放战争、抗美援朝战争中,处于帝国主义、资本主义、封建主义压迫下的中国人民在伟大的中国共产党的带领下,为了获得自由和解放,不畏艰难险阻奋起抗争的英雄事迹;以工农兵生活为题材的作品主要描写在以土地改革、农业合作化、"大跃进"、人民公社化等运动为手段的社会主义改造和建设过程中,劳动人民所表现出的冲天干劲以及与反动落后势力继续斗争的革命精神,展现新中国的繁荣发展、中国共产党的英明领导以及人民思想的转变。当代作品对人物形象的刻画比较偏于立场化、脸谱化,一般把故事人物分为正反两派。赞扬正面人物的善良、勇敢、乐观、忠诚、勤劳、正直,揭露反面人物的邪恶、贪婪、卑鄙、歹毒、奸诈、狡猾。在当时的时代背景下,这些作品主要展现战争、政治运动和工农兵生活的积极意义,少有对于战争带来的生命消亡和暴力斗争引发的社会动荡的深刻反思。

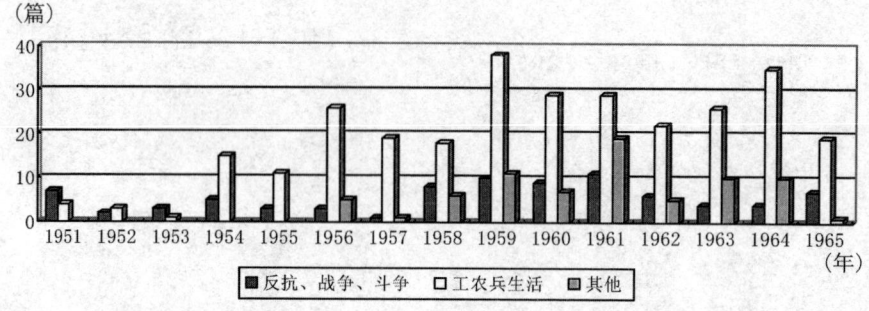

图13 《中国文学》1951—1965年译介的现当代作品题材

1956年在"双百方针"的推动下,出现了许多主人公不是工农兵、反对"粉饰现实"、对"无冲突论"不满和厌倦的杂文、小说、诗歌、特写,主要批评或揭露现实阴暗面。比如王蒙的《组织部来了个年轻人》、李国文的《改选》等(洪子诚,2010a:74)。还出现了一些以爱情为题材的短篇小说,如邓友梅的《在悬崖上》、陆文夫的《小巷深处》、宗璞的《红豆》、刘绍棠的《西苑草》等(王庆生,1999:173-174)。但这两类文学作品都不符合主流意识形态和诗学的要求,自然不会得到《中国文学》的译介。

2.体裁:小说、诗歌、文论

1956年7月14日,在《文化部出版事业管理局关于翻译书籍选题问题给中央一级出版社的通知》中,除了肯定新中国成立后的翻译出版成绩,还重点指出了当前的翻译选题没有计划和明确的方针,需要加以重视。进而提出了七条作品译介要求,其中跟文学相关的是,应该选译古典艺术作品、选择反映一个国家社会生活的有代表性的现代各派优秀文学艺术作品(袁亮,2001:184-186)。文化部大方向上的指导落在了"古典""有代表性的""优秀的"作品上,具体细节可能需要各出版单位自行拟定。《中国文学》的编辑方针中对作品体裁没有任何规定,显然在赞助人看来,刊物的题材比体裁重要得多,只要能反映主流意识形态和诗学,无论什么体裁都可以译介。虽然《中国文学》在"十七年文学"时期译介的现当代文学作品的题材比较单一,但是体裁较为丰富,除了小说,还有诗歌、文论、散文、论文、杂文、剧本、戏曲等其他体裁。另外,古典作品中的小说、诗歌、文论、话本、寓言、纪传体、传/记/赋、戏曲、杂剧等体裁在这一时期也得到了《中国文学》的译介。(见图14)

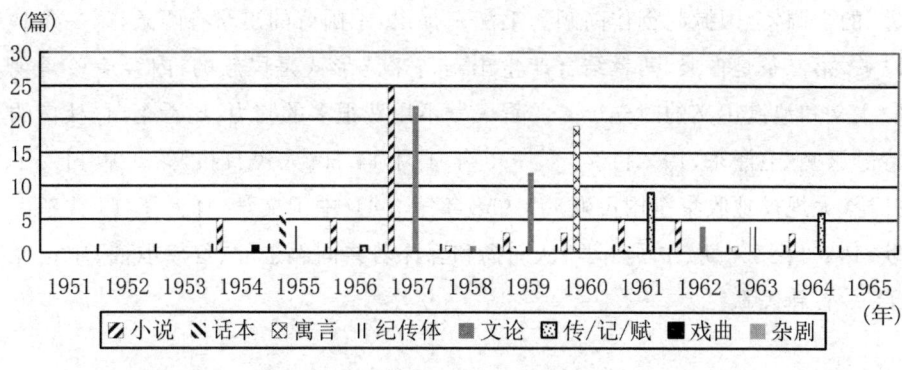

图 14 《中国文学》1951—1965 年译介的古典作品(诗歌除外)

从所占篇幅来看,刊物译介最多的体裁依次是小说、诗歌、文论,它们成为《中国文学》译介的经典作品的主要体裁。特点如下:

首先,虽然刊物译介的古典作品中,诗歌的数量最多,但是小说的篇幅最重。赞助人认为古典作品应该"古为今用""为政治服务",对历史人物和作品应以左倾政治意识形态为标准重新评价。通过筛选,赞助人确立了一小部分古典作品的"经典化文本"。刊物译介的古典小说的类型包括笔记小说、传奇小说、章回体小说、志怪小说,这些小说多以政治腐败、官场黑暗、人民疾苦为题材,反映封建社会的腐朽和没落,如《儒林外史》《水浒传》《西游记》《三国演义》《红楼梦》《长生殿》等名著、名剧和名诗都有节译。有些作品是为了配合毛泽东提出的"不怕鬼"的思想,如选译《列异传》《幽明录》《搜神记》《佛国记》《聊斋志异》。很多作品的后面都加上了以"马列主义观点"对该作品和作者的解读,或者附上一篇按当时文艺政策对该作品或作家重新阐释的相关论文。比如从《红楼梦》看阶级斗争的重要性,1963 年是曹雪芹逝世 200 周年,刊物第 1 期便译介了何其芳的《论"红楼梦"》和吴世昌的《"红楼梦"演变历史》两篇论文,把曹雪芹作为古典现实主义作家来纪念和讨论。

其次,刊物译介的诗歌的篇幅比重仅次于小说,包括诗、词、曲等古典作品以及短诗、民歌、长篇叙事诗等现当代作品。诗歌的题材跟小说几乎一致,所选的古典诗歌以揭露政治腐败、官场黑暗、人民疾苦为主;现当代诗歌以歌颂革命战争和工农兵生活为主。图 15 展现了诗歌的译介数量变化。诗歌的译介数量在 20 世纪 50 年代末开始增加,60 年代初期比整个 50 年代译介的数量都要多。其中,最突出的是新民歌的译介。1958 年,文艺界开始紧跟"大跃进"的步调,全国掀起创作高潮。毛泽东提出,中国诗的出路有两条,第一条是民歌,第二条是古典,两者结合产生出新诗来。形式是民族的,内容应该是现实主义和浪漫主义的对立统一。看民歌不用费很多的脑力,比看李白、杜甫的诗舒服些(毛泽东,1992:124)。1958 年 4 月 14 日《人民日报》第 1 版刊发了社论《大规模地收集全国民歌》。1958 年第 6 期《中国文学》译介了 43 首新民歌;1960 年第 4 期《中国文学》从周扬和郭沫若共同编选的《红旗歌谣》中选译了 13 首新民歌。

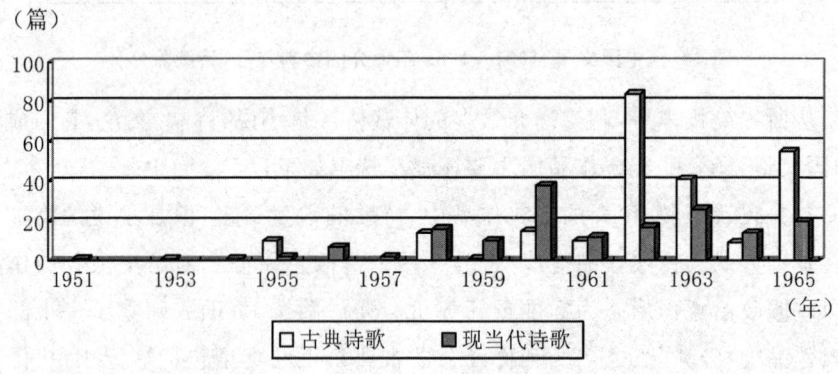

图 15 《中国文学》1951—1965 年译介的诗歌

最后,刊物译介的文论包括古典文论和现当代文论,虽然属于非文学作品,但是篇幅比重却名列第三。它们跟刊物译介的文学作品密不可分,用以解释说明中国的文艺传统、当下的文艺政策以及译介的文学作品情况。现当代文论占89%,一种是文艺界领导阐述文艺政策、方针的文章,如1958年第6期译介了周扬的《新民歌开拓了诗歌的新道路》;另一种是文艺界研究者的文艺批评和文艺评论,如1960年第4期译介了姚文元的《读〈红旗歌谣〉》。这两种文论的数量变化见图16,在"大跃进"时期增长最快,1958年之后第二种文论的译介数量远远超过第一种,直到1962年之后文艺界领导撰写的文艺政策、方针由于政治原因退出了《中国文学》。这两类文论在刊物上扮演了两种不同的角色。

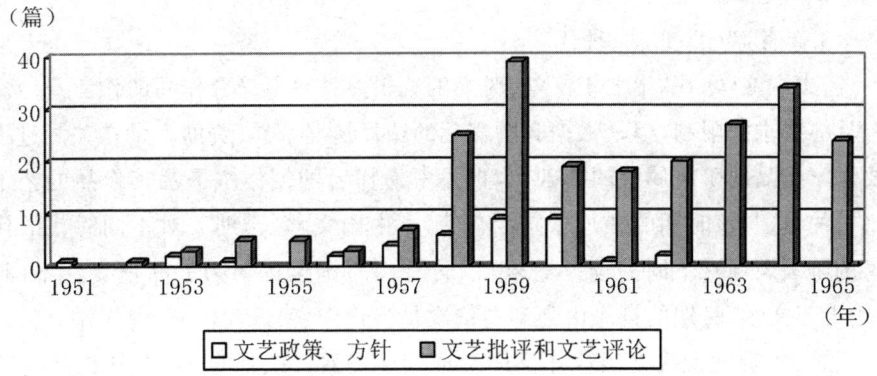

图16 《中国文学》1951—1965年译介的现当代文论

第一,文艺界领导写的文章虽然数量不多,但是一般排在期刊的前面,其重要性不言而喻。它们代表的是《中国文学》赞助人的文艺政策,对刊物译介的作品起着重要的统领和指导作用。1951年,《中国文学》创刊号译介的首篇文章是周扬的《坚决贯彻毛泽东文艺思想》,这为整个刊物定了一个基调,即刊物选登的作品是"毛泽东文艺思想"指导下的文艺作品。周扬在文中表扬了一批符合这一思想的作品,其中一部分后来得到《中国文学》的译介,比如:《谁是最可爱的人》《登记》《活人塘》《尹青春》《火光在前》《平原烈火》《李二嫂改嫁》。1958年为了反映国内文艺界的反右派斗争,刊物译介了邵荃麟的《文艺界两条路线的大斗争》和周扬的《文艺战线上的一场大辩论》;1960年译介了陆定一的《在全国文学艺术工作者第三次代表大会上的祝词》和周扬的《我国社会主义文学艺术的道路》。

第二,研究者的文艺批评和文艺评论虽然数量很多,但是一般排在期刊的中后部分,通常是为了介绍、解读中国文学作品和作家,使读者对作品的理解符合主流意识形态和诗学。如:1952年第1期开辟的《"五四"以来作品》专栏译介了鲁迅的小说《阿Q正传》和冯雪峰的《鲁迅生平及其思想发展的梗概》;1953年第1期开辟的《古典文学》专栏译介了屈原的《离骚》和郭沫若的《伟大的爱国诗人屈原》;1954年第2期译介了《任氏传》《柳毅传》《李娃传》《南柯太守传》四篇唐代短篇小说及郑振铎的《论唐代的短篇小说》;1962年第4期译介了18首杜甫的诗歌并节译了冯至写的《杜甫传》。由此可见,文论与文学作品密不可分,尤其对于《中国文学》来说,它肩负着向国外读者准确传递中国主流意识形态和诗学的任务。

3.作者:当代、古代、现代

《中国文学》在"十七年文学"时期的编辑方针对所译介作品的作者身份没有具体要求和限制,但是根据刊物实际的选择情况来看,赞助人是在关注过主要作家作品的阶级属性的基础上,再去考虑作者的创作水平及其作品的艺术水平的,这与该时期的文艺总方针有关。《中国文学》赞助人对不同时代的作家的阶级属性有不同的选择需求,不同时代的作家在刊物上的重要性不同,"十七年文学"时期的排序由强到弱依次是当代作家、古代作家、现代作家。

首先,赞助人挑选当代作家的标准依然是看其政治身份,看其作品是否属于"解放区文学",是否体现毛泽东"两结合"(即革命现实主义和革命浪漫主义相结合)的文艺思想。《中国文学》译介的当代作家分为四类:文坛领导、主流作家、工农兵作家、少数民族作家。文坛领导以周扬、胡乔木、茅盾、郭沫若、邵荃麟、林默涵等为代表;主流作家以何其芳、刘白羽、马烽、茹志鹃、孙犁、周立波、赵树理、郭沫若、田间、闻捷、萧三、殷夫、袁水拍、臧克家等在党政军文艺部门工作的作家为代表;工农兵作家以陈登科、申跃中、胡万春、唐克新、曲波、王安友以及新民歌作者等为代表;少数民族作家以蒙古族的玛拉沁夫、敖德斯尔、巴·布林贝赫、乌兰巴干,维吾尔族的木塔里甫、尼米希衣提、铁依甫江,藏族的饶阶巴桑等为代表。前两类作家当中有些是非解放区"左翼作家",新中国成立后经过"解放区作家"的改造,成为国家认可的无产阶级作家。

文坛领导是《中国文学》赞助人的重要组成部分,刊物上译介的文艺界领导人的讲话和发言都放在开篇,实际注重的是作者的政治身份和文章的政治重要性。被文坛领导肯定和支持的大批主流作家是文艺界的主力,《中国文学》上刊登的作品也是以他们的作品为主。工农兵作家是在毛泽东"文艺与工农兵相结合"要求下产生的,他们的写作往往以自己的生活经历为背景,从根本上顺应了主流意识形态的要求。少数民族作家是新中国团结和帮助的对象,他们的作品以少数民族的生活改善为题材,成为一支歌颂共产党领导的重要创作队伍。"十七年文学"时期《中国文学》译介次数最多的当代作家有:刘白羽、茹志鹃、杜鹏程、管桦、李准、李若冰、柳青、玛拉沁夫、马烽、孙犁。尽管刊物在选择当代作家时已经遵从了主流意识形态,但是随着形势越来越"左",赞助人于 1965 年决定对当代作家"只刊载简历,不做估价"(周东元、亓文公,1999a:386)。

其次,赞助人挑选古代作家的标准是看其作品"对待人民的态度",看其是否关心人民的疾苦,是否善于揭露统治阶级的黑暗和腐朽。《中国文学》译介的古代作家包括屈原、陶渊明、王维、李白、杜甫、白居易、李贺、张籍、王建、苏轼、陆游、辛弃疾、王安石、罗贯中、施耐庵、吴承恩、吴敬梓、曹雪芹、蒲松龄、司马迁、韩愈、柳宗元、范仲淹、欧阳修、洪昇、汤显祖、孔尚任等。

毛泽东在 1942 年的《延安讲话》中指出,"必须继承一切优秀的文学艺术遗产,批判地吸收其中一切有益的东西"(毛泽东,1991b:862),"剔除其封建性的糟粕,吸收其民主性的精华"(毛泽东,1991a:701),"必须首先检查它们对待人民的态度如何,在历史上有无进步意义,而分别采取不同的态度"(毛泽东,1991b:871)。根据这样的文艺指导方针,屈原的作品体现了其爱国爱民,杜甫的"三吏三别"体现了其关心人民疾苦,《水浒传》是描写农民起义的伟大著作,《桃花扇》表现了爱国主义;而放荡不羁的阮籍和嵇康、婉约的李煜和李清照则是消极落后的代表,他们的作品自然不在《中国文学》的选译范围之内。后来,陶渊明的归隐思想也被视为消极落后,《三国演义》中的忠君思想被视为封建糟粕,所以陶渊明的诗歌(1958 年第 2 期)和《三国演义》(1962 年第 1—2 期)被《中国文学》译介一次后就不再刊用。

虽然 20 世纪 50 年代毛泽东在诗歌上有明显的"扬李抑杜"倾向,但是《中国文学》似乎并未受到这种观点的影响。1955 年《中国文学》译介了杜甫的作品,直到 1960 年才开始译介李白的作品。当然这并不表示《中国文学》不遵从毛泽东的文艺思想,只是毛泽东并没有把自己对李、杜的个人喜好上升至阶级斗争的层面,在全国范围内没有掀起批判运动。因此,他的这种文艺观点并未影响到主流意识形态和诗学,《中国文学》的赞助人不会刻意去迎合。

最后，赞助人挑选现代作家的标准是看其政治身份是否为"进步的左翼作家"，赞助人会以政治上的对错来评论其作品。入选《中国文学》的"左翼作家"有草明、丁玲、端木蕻良、郭沫若、鲁迅、罗淑、茅盾、柔石、沙汀、冯雪峰、吴组缃、夏衍、萧红、叶紫、郁达夫、张天翼、艾芜、艾青、田间、萧三、殷夫、何其芳等。另外，还有巴金、老舍、许地山、朱自清、叶圣陶、闻一多、臧克家等非左翼作家，由于他们跟"左翼作家"保持着良好的关系，被"左翼作家"认为是"进步作家"。他们共同构成以左翼作家为核心的革命文艺大军，他们的作品与当时的左倾意识形态相符合，被赞助人认为是革命的、进步的。文学史上"鲁郭茅巴老曹"的排列顺序在《中国文学》中显露无遗。毛泽东在1942年的《延安讲话》中特别称赞了鲁迅作品的政治正确性，《中国文学》译介最多的正是鲁迅的作品，首刊的"五四"作品便是《阿Q正传》。

但是从主流意识形态来看，左翼作家在阶级斗争中仍会分化为"进步的"和"落后的"两个队伍。比如：20世纪50年代在"胡风反革命集团案"以及"丁玲、陈企霞、冯雪峰反党集团案"中，《文艺报》认为艾青等作家的作品"反党"，从而把他们的文学作品"打入冷宫"。《中国文学》只在50年代初刊登了丁玲、冯雪峰、萧乾、艾青的个别作品。另外，朱光潜、戴望舒、沈从文、林语堂和"九叶派"诗人的作品，"鸳鸯蝴蝶派"张恨水、包天笑等人的通俗小说，还有以张资平、刘呐鸥、施蛰存为代表的"海派小说"，与革命主题相差太远，经常受到左翼文人的批评，自然也被《中国文学》排除在外。其他与左翼作家不在同一个意识形态阵营的作家，如：胡适、徐志摩、梁实秋、周作人、朱湘等自由主义文人，尽管他们的文学声誉及作品的影响也比较大，但被主流文坛认为具有"反动思想"，其作品必然遭到《中国文学》的弃用。但是在政治环境稍微宽松的时候也有例外。比如：《中国文学》1957年译介了萧乾的散文《草原即景》，这或许与《中国文学》当时遵循"双百方针"有关。《中国文学》1962年第10—11期译介了沈从文的《边城》，这是由于当时的总编茅盾借着"双百方针"提出刊物可以选择一些"无害的作品"，认为"现代作家沈从文的作品可在介绍之列"（中国文学出版社，[1990]：15-16）。《边城》的译者杨宪益也说，由于那几年的环境较为宽松，才有机会刊发此类作品（李晶，2010：150）。

（二）国际形势的影响：东欧和亚非拉

国家间的政治外交关系直接影响国家间的文学交流程度。新中国成立初期,我国与西方资本主义国家处于敌对状态,对社会主义国家实行"一边倒"政策,在文艺政策和文艺批评上只接受苏联的影响。为了在国际上扩大新中国的合作伙伴,我国大力支持亚非拉国家的民族独立解放运动。但国际形势对《中国文学》编辑方针的影响远远低于国内形势对其的影响。

少数文学作品的译介是为了配合国际形势。比如:1958 年,为"配合反帝侵略中东之宣传",《中国文学》第 6 期"临时改目录","拟集朝战及解放战争的回忆录"(冯亦代,2000:47-48)。该期译介的文学作品包括曲波的《林海雪原》、李兴业的《独秀峰下的激战》、李元兴的《我的战友邱少云》、戴景山的《美国侵略军的丑态》、何永清的《痛击英军格罗斯特姆》、黄浩的《范费里特的"压轴戏"》。1960 年 9 月,中国与古巴建交,该年第 7 期《中国文学》译载了萧三的《古巴,我给你捎句话》、袁水拍的《加勒比海一枝花》和郭小川的《为"诗歌号飞机"送行》三首诗歌。1962 年 4 月,世界和平理事会将我国唐代诗人杜甫列为 1962 年纪念文化名人之一,纪念其诞辰 1250 年。《中国文学》1962 年 4 月号译介了杜甫的 18 首诗歌并节译了诗人冯至的《杜甫传》。

还有与国际形势配合的非文学作品,比如 1958 年,亚非作家会议在塔什干举行,该年第 6 期《中国文学》译介了郭沫若的《对亚非作家会议的希望》及茅盾的《给伊拉克共和国作家的回信》。1959 年第 1 期译介了中国作家代表团成员茅盾和周扬在会上的发言《为民族独立和人类进步事业而斗争的中国文学》和《肃清殖民主义对文化的毒害影响、发展东西方文化交流》全文,还译介了《亚非作家会议告世界作家书》、茅盾的《神圣的使命》、刘白羽的《来自塔什干的呼唤》、叶君健的《亚非作家的节日》以及会后来访中国的外国作家的留言。1960 年,日本作家团访华,该年《中国文学》第 9 期译介了日本作家松冈洋子、龟井胜一郎、野间宏撰写的与毛泽东会面的纪念文章。1962 年,亚非作家会议在开罗举行,茅盾率团出席并做了《为风云变幻的时代的亚非文学的灿烂前景而祝福》的发言。同年,《中国文学》5 月号译介了茅盾的这篇发言全文和叶君健的《他们在开罗会见》专文。

1951—1965 年,在国内形势下形成的编辑方针对《中国文学》译介作品的题材和内容给出了具体的指导,但是对作品的体裁和作家身份并没有给出明确的指示。这说明"十七年文学"时期,无论作品的体裁或作家的身份如何,首先要做到使作品的题材符合主流意识形态和诗学,否则很难获得《中国文学》赞助人的认可和肯定。赞助人主要从题材上对刊物的政治意识形态进行把关,实际的操作要靠编辑们根据国内形势做出判断。从数量上看,政治斗争密集的时候,文艺创作水平和数量下降,《中国文学》的译介数量却上升;政治斗争放松的时候,文艺创作水平和数量上升,《中国文学》的译介数量却下降。这说明越是在政治形势不稳定的时期,国家赞助人越是会通过大量对外译介作品加强中国主流意识形态在海外的传播和影响。从内容上看,《中国文学》的作品选择主要受国内形势的影响,也有少数作品的译介是从国内意识形态出发去配合当时以"亚非拉民族解放运动"为重要内容的国际形势。

二、1966—1976:以阶级斗争为纲

1966年2月,中共中央批发《林彪同志委托江青同志召开的部队文艺工作座谈会纪要》(以下简称《纪要》),全盘否定新中国成立以来文艺界在党的领导下所取得的巨大成绩,诬蔑文艺界被一条"反党反社会主义的黑线专了我们的政"(刘杲、石峰,1999:97-98)。同年3月最高领导严厉指责北京市委、中央宣传部包庇坏人,不支持左派,点名批评邓拓、吴晗、廖沫沙所写的《三家村札记》和邓拓的《燕山夜话》是反党反社会主义的(李学昌,1999:349)。同年5月16日中共中央政治局扩大会议通过了指导"文化大革命"的纲领性会议文件《中国共产党中央委员会通知》,要求"高举无产阶级文化革命的大旗,彻底揭露那些反党反社会主义的所谓'学术权威'的资产阶级的反动立场,彻底批判学术界、教育界、新闻界、文化界、出版界的资产阶级反动思想,夺取在这些文化领域中的领导权",自此"文化大革命"全面爆发(刘杲、石峰,1999:98-99)。

(一)国内形势和编辑方针的影响

《纪要》提出要破除对所谓20世纪30年代文艺以及中外古典文学的迷信(人民出版社,1967:11-13)。这就否定了绝大多数"五四"以来的文学和中国古典文学。原本在1966年1月,中国文学编辑部已经明确了该年的编辑工作将继续1965年的既定方针,不作变动。但随着"文化大革命"的开始,这个计划只维持了半年即告中止(中国文学出版社,[1990]:23)。《中国文学》的赞助人在继1965年决定停止译介"五四"以来的作品之后,又决定从1966年下半年开始停止译介古典作品,于是,刊物的译介范围只剩下当代作品。随着国内文学刊物的相继停刊,《中国文学》稿源越来越匮乏。"文化大革命"前期,赞助人认为刊物可以以文章为主,全部刊登当代作品以及毛泽东文艺思想论文和文艺方面的"反修"文章,重点介绍适于对外宣传的有关"文化大革命"的报告

文学和与之相关的新作品,并增加批判、评论性的内容(周东元、亓文公,1999a:398,403)。1971年中国文学出版社领导申明《中国文学》"是对外宣传马克思主义、列宁主义、毛泽东思想的刊物""是在毛主席革命文艺路线指引下以译载我国文艺作品为主的文学艺术刊物。它主要刊登以我国社会主义革命、社会主义建设和革命战争为题材的各种形式的作品,还刊登有关文艺方面的文章"(中国文学出版社,[1990]:29;戴延年、陈日浓,1999a:268)。"文化大革命"末期,《中国文学》编辑部开始慢慢纠正极左的办刊政策,计划恢复《古典文学》栏目(中国文学出版社,[1990]:36)。

由《中国文学》在"文化大革命"十年间译介的主要文学作品(见图17)可以看出,刊物译介的绝大多数是当代作品,尤其1968、1969、1970这三年译介的全部都是当代作品,从1968年译介数量激增后,当代作品的译介数量几乎一直居高不下。在1971年出版口领导小组召开了"全国出版工作会议"之后,部分文艺刊物得以恢复,一部分作家获得写作和发表作品的自由,并出现了一些新的青年作者(段崇轩,2010:67-72)。古典作品在"文化大革命"刚开始时仍有少量译介,这是由于1966年上半年《中国文学》的编辑方针未变,下半年受"文化大革命"影响才停止译介古典作品;而70年代中后期"文化大革命"几近结束,文艺政策逐渐放松,刊物尝试重新译介古典作品。另外,本来于1965年停止译介的"五四"以来的作品,却于1967年开始在没有任何编辑方针指导的情况下回归译介行列,并于1971年开始每年连续译介。

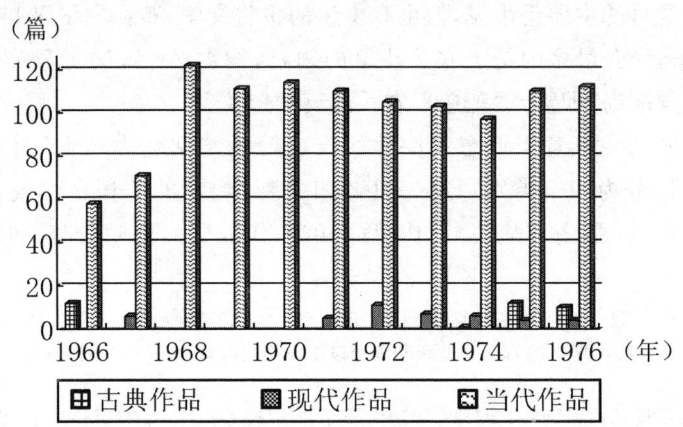

图17 《中国文学》1966—1976年译介的文学作品

1. 题材：以阶级斗争为纲、歌颂毛主席

虽然《纪要》否定了1949年到1966年间的文艺成果，但是其中提出的一些文艺纲领仍延续了"十七年文学"时期的传统。如"我们应当十分重视社会主义革命和社会主义建设的题材"，以及"许多重要的革命历史题材和现实题材""在创作方法上，要采取革命的现实主义和革命的浪漫主义相结合的方法""我们要满腔热情地、千方百计地去塑造工农兵的英雄形象""要塑造典型""写革命战争"的作品要表现"英雄主义"和"乐观主义"，不要渲染"战争的恐怖"或"苦难"（人民出版社，1967:14,17-18）。《纪要》规定了"文革文学"应遵循的意识形态和诗学。"文革文学"与"十七年文学"相比不同的是，夸大的表现手法。尖锐的"阶级斗争"[①]是作品的主线，故事人物一律严格用"阶级出身"来确定是非好坏，并且正面直接地表达对毛主席的崇拜，形成以"三突出"[②]为写作规范的"样板"文学。文学创作中有大量"毛主席语录"出现。

从《中国文学》译介的当代小说来看，"文革文学"的题材确实延续了"十七年文学"的特色，主要以战争（革命）和工农兵斗争为题材（见图18）。战争（革命）题材多以土地革命战争、抗日战争、抗美援朝战争、社会主义革命、无产阶级"文化大革命"为背景；工农兵斗争题材多以农村、厂矿、部队的阶级斗争为主题。在人物刻画上，突出工农兵英雄人物[③]在与阶级敌人斗争中展现的完美形象；或者描写知青在与工农相结合后的思想转变以及与"走资派"作斗争的过程，歌颂人民大众在中国共产党及其伟大领袖的英明领导下取得的胜利。体现这些题材的主要是小说，但也有少量的报告文学、革命回忆录和散文。由图18看出，译介最多的是工农兵斗争的题材，约占73%，这完全符合《纪要》规定的诗学准则，即重点"塑造工农兵的英雄形象"。

按照其与主流意识形态和诗学的亲疏关系，"文化大革命"时期有影响的小说可以分为四个类别。第一，由"四人帮"炮制的样板文学或者阴谋文学，如：上海县《虹南作战史》写作组的《虹南作战史》，南哨（即广州军区组织

[①] 《纪要》中指出"在我国革命的两个阶段，即新民主主义阶段和社会主义阶段，文化战线上都存在两个阶级、两条路线的斗争，即无产阶级和资产阶级在文化战线上争夺领导权的斗争"（人民出版社，1967:5）。

[②] "三突出"的内容最早见于"四人帮"的亲信于会泳在1968年5月23日《文汇报》上发表的《让文艺舞台永远成为宣传毛泽东思想的阵地》一文，经姚文元审订加工为："在所有人物中突出正面人物；在正面人物中突出英雄人物；在英雄人物中突出主要英雄人物。"从此，该原则便被"四人帮"作为文艺创作的"基本规律"和文艺批评的"最高标准"而大加宣扬（王庆生，1999:417-418）。

[③] 知识分子在"文化大革命"时期已经不是工人阶级的一部分，而是阶级斗争的对象，在文学作品中大多成为反面人物，最多也只是中间人物的典型。

的创作组)的《牛田洋》,萧木(分别署名清明、立夏、谷雨)的《初春的早晨》《金钟长鸣》《第一课》(杨鼎川,2002:86-89)。第二,虽然不是纯粹的样板文学,但是也属于政治理念小说。如:郭先红的《征途》和胡尹强的《前夕》(杨鼎川,2002:89-90),还有金敬迈的《欧阳海之歌》以及浩然的作品。第三,对"四人帮"控制的主流话语"持一种疏离态度","政治理念化程度相对弱一些"的作品,如姚雪垠的《李自成》、黎汝清的《万山红遍》、李心田的《闪闪的红星》、郭澄清的《大刀记》、管桦的《将军河》、杨佩瑾的《剑》、前涉的《桐柏英雄》、曲波的《山呼海啸》、孟伟哉的《昨天的战争》、郑直的《激战无名川》、克非(刘绍祥)的《春潮急》、李云德的《沸腾的群山》、蒋子龙的《机电局长的一天》、敬信的《生命》(杨鼎川,2002:117,122,125-127)。另外,古华的《绿旋风新传》属于为数不多的探索求真型作品,在20世纪70年代前期的文学中处于边缘位置(段崇轩,2010:69)。第四,以"手抄本"等形式秘密流传的具有批判意识的"地下小说",如:毕汝协的《九级浪》、靳凡的《公开的情书》、赵振开的《波动》、礼平的《晚霞消失的时候》以及《逃亡》(佚名)(杨鼎川,2002:128,131)。

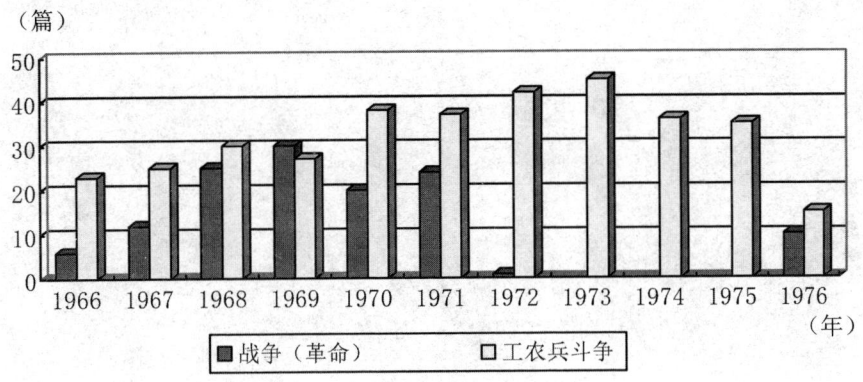

图 18 《中国文学》1966—1976 年译介的当代小说类作品题材

《中国文学》对前三类公开发行的小说都有所译介,尤其对第二类和第三类作品译介最多。比如:1974 年第 1 期译介了《金钟长鸣》;1974 年第 11 期节译了《征途》,1966 年第 7—11 期译介了金敬迈的《欧阳海之歌》,1972 年第 3 期选译了浩然的《艳阳天》,1973 年第 1 期和 1975 年第 9—10 期连续选译了浩然的《金光大道》,1974 年第 10 期又选译了浩然的《西沙儿女》;1972 年第 9 期节译了《闪闪的红星》,1974 年第 12 期节译了《剑》,1972 年第 9 期译介了《绿旋风新传》,另外,刊物 1966 年第 4—6 期译介了冯德英的《苦菜花》,1972 年第 6 期节译了高玉宝的《高玉宝》。① 而未公开出版的地下小说,不论影响多大,都不会得到《中国文学》的译介。另外,刊物译介的一些长篇小说会把"毛主席语录"作为引言放置在正文前面,并把文学作品中出现的"毛主席语录"用黑体加粗,以起强调作用(如图 19)。由此看出,《中国文学》在有限的选择范围内,不得不跟随主流意识形态和诗学的脚步,但它并未完全沦为宣传"文化大革命"的工具,对文学作品的挑选保持着一定的判断能力。

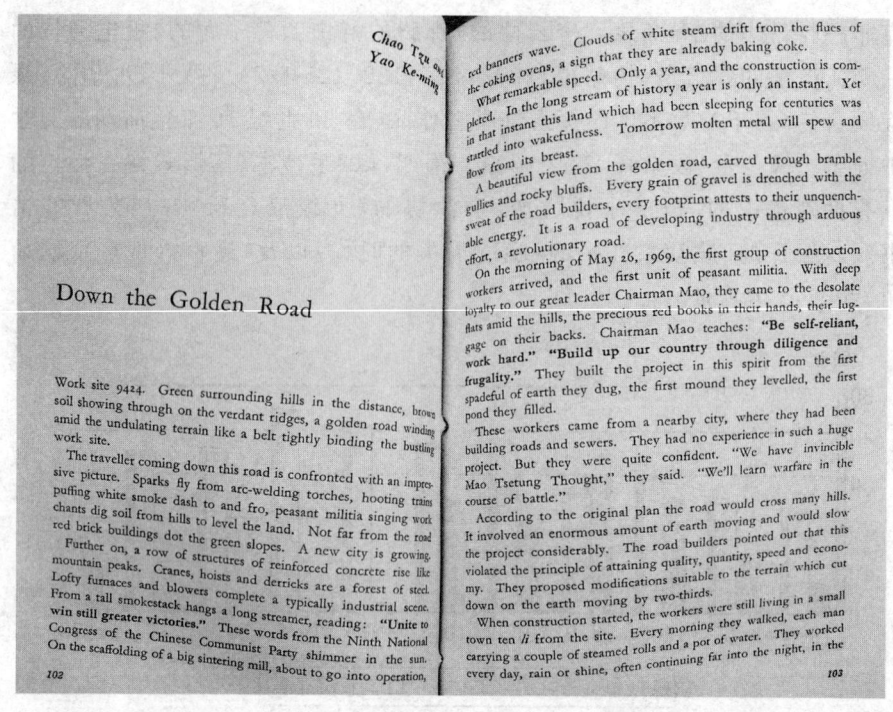

图 19　1971(1)期《在金色的大路上前进》(赵自、姚克明)

2.体裁:样板戏、诗歌、小说、文论

虽然"文化大革命"期间《中国文学》的编辑方针对所译介作品的体裁没有任何限制,但是当时在《纪要》指导下的文艺政策,对文学创作的形式还是颇有要求的。《中国文学》在"文化大革命"十年间开辟的栏目有小说、散文、

---

① 此段列举是按照三类公开发行的小说划分的,各类别中所列举的作品依照其被译介的篇幅长短来排序。

诗歌、样板戏、剧本、革命回忆录、札记、文艺述评(批判)、革命歌曲、文艺通讯、文艺简讯等。为了弥补因文学作品减少而造成的版面不足,非文学作品的比重明显大大增加。从数量来看,小说、诗歌、当代文论的分量最重(如图20所示),分别为28%、35%、23%左右。

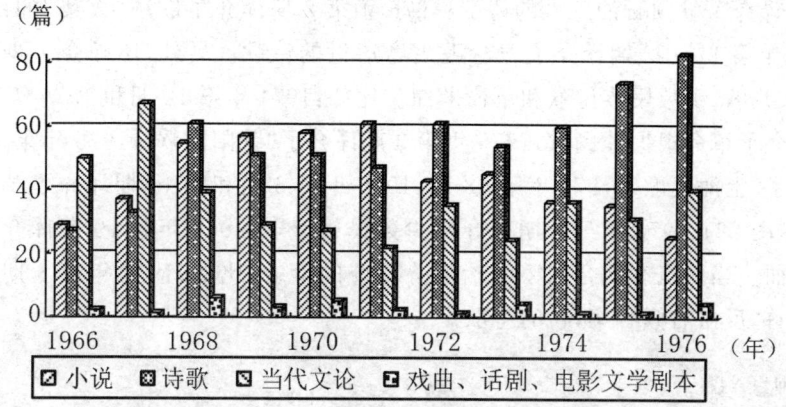

图20 《中国文学》1966—1976年译介的当代作品

首先,尽管戏曲、话剧、电影文学剧本这类作品在《中国文学》中译介的数量并不多,但"文化大革命"期间从未中断,并且这类作品一般排在文学作品的首要位置,可见其重要性在赞助人看来大大超过小说和诗歌。其中,样板戏的比重和篇幅都最多,大多是革命、战争、斗争题材。1966年,《纪要》中指出"近三年来,社会主义的文化大革命已经出现了新的形势,革命现代京剧的兴起就是最突出的代表""革命现代京剧《红灯记》《沙家浜》《智取威虎山》《奇袭白虎团》等和芭蕾舞剧《红色娘子军》、交响音乐《沙家浜》、泥塑《收租院》等,已经得到广大工农兵群众的批准,在国内外观众中,受到了极大的欢迎"(人民出版社,1967:7-8)。1966年12月,《人民日报》刊登的文章指出"京剧《沙家浜》《红灯记》《智取威虎山》《海港》《奇袭白虎团》,芭蕾舞剧《红色娘子军》《白毛女》,交响音乐《沙家浜》等革命现代样板作品在全国许多城市和农村公演,引起了极大的轰动"(新华社,1966)。1967年,为了纪念毛泽东《延安讲话》发表25周年,《人民日报》发表社论称"首都舞台上正在上演八个革命样板戏"并给予其高度评价(新华社,1967)。可见,赞助人把样板戏树立为文学经典样式,顺应了"全国八亿人民只看八个样板戏"的政治需求。《中国文学》在1967—1974年间译介了这八个样板戏,并重复译介部分曲目,还译介了同为京剧样板戏的《龙江颂》《平原作战》《杜鹃山》等。另外,刊物在译介一些样板戏时也会把"毛主席语录"作为引言放置在正文前面。

其次,诗歌在"文化大革命"时期的译介数量非常大,主要题材是歌颂毛主席伟大思想和工农兵的英雄形象与事迹。比如:《中国文学》1966 年第 10 期、1967 年第 4 期、1970 年第 5 期译介了歌颂毛主席的诗歌(见图 21);1974 年第 10 期译介了歌颂石油工人的诗歌;1976 年第 2 期译介了歌颂"大寨"的诗歌;1976 年第 11—12 期译介了纪念毛主席逝世的诗歌。另外,还译介了少量的民歌、儿歌、少数民族诗歌和革命歌曲。比如:1974 年第 12 期和 1976 年第 10 期译介了革命根据地民歌,1975 年第 3 期译介了"昔阳民歌",1975 年第 10 期译介了"上海民歌";1974 年第 12 期、1975 年第 6 期和第 10 期译介了革命儿歌(见图 22);1976 年第 1 期译介了少数民族诗歌;1969 年第 10 期译介了革命歌曲。当然也有配合国家政治形势译介的诗歌,比如:1976 年第 8 期译介了几首"反击右倾翻案风"的诗歌。

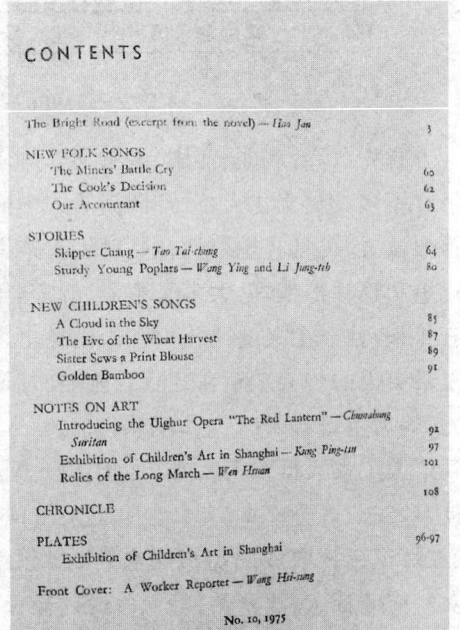

图 21　1970(5)期目录　　　图 22　1975(10)期目录

最后,刊物译介的当代文论数量仅次于小说和诗歌,这一时期译介的文论分两种,一种是社论、讲话、通告,另一种是文艺评论(批评)。前者只占 29%,在"文化大革命"前期译介较多,后期较少(见图 23)。"文化大革命"时期的文论,只有少量是为了解释说明译介的文学作品,绝大部分跟作品关系不大,仅

仅是对当下意识形态和文艺政策的宣传。具体如下:

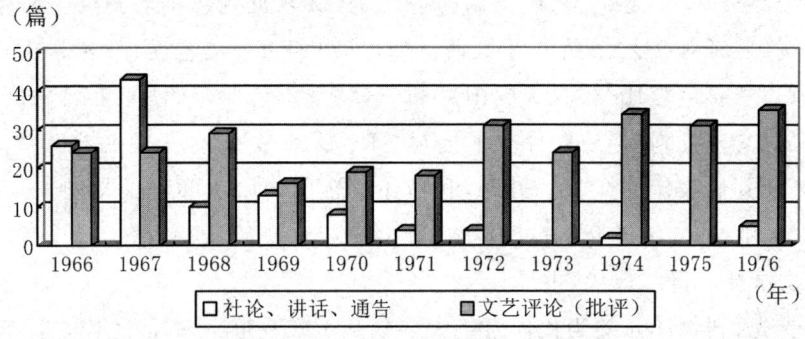

图 23 《中国文学》1966—1976 年译介的当代文论

第一,中共中央领导人以及主要发言人的社论、讲话、通告通常置于刊物的开篇位置。比如:1972 年,为纪念毛主席《延安讲话》发表 30 周年,《中国文学》5 月号上再次译介《延安讲话》全文及《人民日报》《红旗》《解放军报》的社论。最极端的就是 1967 年第 8 期,刊物只译介了文论和论文,没有一篇真正的文学作品。另外,从 1966 年第 9 期开始,《中国文学》上开始译介毛主席语录。之后,每期目录前/后页为"毛主席语录"摘译(见图 24、图 25),直到 1972 年才取消。

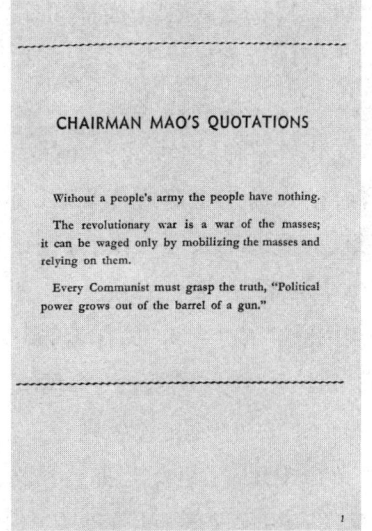

图 24 1971(1)期目录前一页　　图 25 1971(1)期目录后一页
　　　　"毛主席语录"　　　　　　　　　　"毛主席语录"

第二，文艺评论（批评）类文章在"文化大革命"时期的《中国文学》里分为两个栏目，一个是《文艺述评》，另一个是《文艺批判》，前者对文艺作品进行赞扬，后者对文艺作品展开批评。如：1971年的《文艺述评》栏目中译介了一篇"赞彩色影片《智取威虎山》"和三篇"赞彩色影片《沙家浜》"的文章，同年的《文艺批判》栏目则译介了批判"日本反动影片"，"全民文艺"论"国防文学"及其代表作的文章。另外，刊物还配合国内阶级斗争的形势，分别于1974年和1975年译介了"批林批孔"和批判《水浒传》的文章。

3.作者：当代、现代、古代

首先，刊物译介的当代作者绝大多数是工农兵群众，"十七年文学"时期的作家由于在"文化大革命"中遭到批判，其作品在刊物上几乎全部消失。《中国文学》赞助人关注的是他们的阶级出身，而不是其文艺成就和文艺地位。《纪要》中表扬了工农兵的文艺活动，认为"许多文艺工作者是受资产阶级的教育培养起来的""许多同志没有抵抗住资产阶级思想的侵蚀"，提倡让工农兵去做文艺批判的工作（人民出版社，1967：9,15-16）。从此，文学创作和文学批评的主力变成了工农兵。《中国文学》在正文中一般用编者按或脚注的形式来说明工农兵作者的身份。刊物译介最多的小说作者是"文化大革命"主流文学的代表人物浩然。刊物于1967年、1968年、1975年分别译介了由红卫兵、士兵、工人创作的诗歌，并于1974—1976年译介了由农民创作的"小靳庄诗歌"①。除了工农兵之外，"文化大革命"期间译介最多的诗人是毛泽东、李瑛和张永枚。

"文化大革命"时期文艺作品大多是集体创作并集体署名，这在《中国文学》译介的作品中也有所体现，比如毛泽东思想宣传队、上海革命大批判写作小组、天津港工人写作组、九四二四工人写作组、大庆油田工人写作组、北京大学中文系70级工农兵学员、西四北小学红小兵儿歌创作组等。还有一些使用"化名"或"笔名"的作者，最突出的就是"四人帮"的"御用"写作班子"初澜""江天""梁效"等。《中国文学》也同样译介了他们的作品，如：1974年刊物译介了初澜的《评晋剧〈三上桃峰〉》《坚持正确方向、坚持斗争哲学》《京剧革命十年》三篇文艺批判和文艺述评文章。

其次，《中国文学》的赞助人在1965年就由于形势的变化而决定停止译

---

① "小靳庄诗歌"是江青在"文化大革命"后期树立的文艺样板之一。

介"五四"以来的作品。《纪要》中虽然否定了20世纪30年代的文艺,但是对鲁迅的评价依然很高,延续了毛泽东1942年《延安讲话》中对鲁迅的评价。因此,《中国文学》在"文化大革命"期间译介的现代作家只剩下鲁迅一人,但是译介的鲁迅作品中约41%都是重复刊登。比如:1971年,为纪念鲁迅诞辰90周年,《中国文学》第10期再次刊登了1961年第9期译介过的小说《狂人日记》和《祝福》、散文《记念刘和珍君》和杂文《对于左翼作家联盟的意见》。

最后,由于"文化大革命"的爆发,《中国文学》的赞助人决定从1966年下半年开始停止译介古典作品,然而从1975年开始却重新译介古代"法家"的作品,包括曹操、刘禹锡、柳宗元、李贺、王安石和陈亮等的作品。刊物在1975年首次译介这类作品时,加了编者按,强调"法家"作品的斗争精神。这是因为,1973年,毛泽东提出"批林批孔",1974年以后,掀起了"评法批儒"的热潮。毛泽东认为历史上"法家"坚持变革,而"儒家"反对变革。因此,"法家思想"跟"文化大革命"的精神是一致的(吕国康,2001:25-26)。译介"法家"作品体现了《中国文学》对赞助人文艺政策的主动迎合,也或许是刊物为了能继续译介古典作品,无奈之下主动顺从了主流意识形态的选材准则。

(二)国际形势的影响:抗美与赞法

"文化大革命"期间,我国与以美国为首的资本主义国家在总体上仍然处于敌对状态,与亚非拉国家及个别资本主义国家如日本、法国等文艺交流密切。但国际局势对《中国文学》的影响依然非常小,个别作品的译介仅仅是为了配合国际事件。比如1971年,为了批判美国插手越南内战,《中国文学》开辟了《抗美前线》专栏,译介了《战斗的越南妇女》《笑谈美帝纸老虎》等5篇通讯。同年,为纪念巴黎公社100周年,刊物译介了《巴黎公社的原则是永存的》和《赞巴黎公社的无产阶级文学》两篇文章以及诗歌《战斗的旗》。

总的来说,1966—1976年的编辑方针对《中国文学》译介作品的题材和内容指示非常有限。《中国文学》在没有具体编辑方针指导的情况下,只能暂且遵循国内形势的要求,对作品的题材、内容、体裁和作者的身份进行严格的挑选。在极左思潮的主导下,虽然国内文艺创作水平下降,但是作品数量激增,因此《中国文学》译介的作品也随之保持了较多的数量,这从侧面反映出在政治形势极端不稳定的时期,国家赞助人会通过大量译介作品加强主流意识形态的海外传播和影响。从内容上看,《中国文学》的作品选择主要受国内形势的影响,也有极少数作品的译介是从主流意识形态出发,去配合当时"反对美帝国主义"的国际形势。

三、1977—1989:否定"文化大革命"、反思"当代"

1978年12月召开的十一届三中全会否定了"以阶级斗争为纲"的政治路线,提出了"解放思想,实事求是,团结一致向前看"的方针。1979年,中共中央副主席邓小平在第四次文代会上提出了新时期的文艺政策。他的《祝词》除了重申"党对文艺工作的领导",提出"不是要求文学艺术从属于临时的、具体的、直接的政治任务"以及"行政命令不得干预文艺创作自由"之外,部分地延续了毛泽东于1942年的《延安讲话》和1956年的"双百方针"精神。他提出新时期的文艺创作为以工农兵为主的人民群众服务,歌颂人民在社会主义现代化建设中的积极向上的优秀品质,"通过有血有肉、生动感人的艺术形象,真实地反映丰富的社会生活,反映人们在各种社会关系中的本质,表现时代前进的要求和历史发展的趋势,并且努力用社会主义思想教育人民,给他们以积极进取、奋发图强的精神"。文学创作体裁不拘一格,文学理论和文学批评提倡百家争鸣。文艺工作者"在意识形态领域中""要批判剥削阶级思想和小生产守旧狭隘心理的影响,批判无政府主义,极端个人主义,克服官僚主义""认真严肃地考虑自己作品的社会效果"。衡量文学作品的标准是看其是否有利于实现四个现代化(邓小平,1980:1-8)。

周扬在第四次文代会上当选为文联主席,会后任中宣部主管文艺的副部长。他在大会报告中指出,新时期文艺工作的主要任务是"反映当前实现社会主义现代化的伟大斗争,反映我们无产阶级革命斗争的光辉历史,也要鼓励作家、艺术家以各种形式、体裁和各自不同的风格,描写其他各种历史题材和现实题材,表现各种各样的人物,帮助人民认识古代和当代的一切生活形式和斗争形式",文艺创作"既要描写人民生活中的光明面,也要揭露社会的阴暗面",既要"写英雄人物,也要写其他各种各样的人物,包括中间状态的人物、落后人物和反面人物"(周扬,1980:36,43,45)。茅盾在此次文代会上当选为作协主席,指出"首要是解放思想,此指作家而言,也指领导而言";"题材必须多样化,没有任何禁区";"人物也必须多样,正面人物、反面人物、中间人物、落后的人物,都可以写,没有禁区";"创作方法也该多样化,作家有采用任何创作方法的自由"(茅盾,1980:73)。1980年7月26日,《人民日报》发表了社论《文艺为人民服务,为社会主义服务》,确立"文艺为人民服务,为社会主义服务"(即"二为"口号)为党在新时期文艺工作的总口号。

(一)国内形势和编辑方针的影响

"文化大革命"后,国内的政治形势和文艺界并非一片平静。尽管一度出现"思想无禁区"和"读书无禁区"的状态,但是仍有1981年批判白桦的电影文学剧本《苦恋》、1983年10月开始的"清除精神污染运动"、1987年1月"批判资产阶级自由化运动"以及1989年"政治风波"等事件发生。在"解放思想"的口号下,各种"主义"和"思潮"纷纷涌现。

党中央和文化界领导都提倡"双百方针",邓小平的文艺政策侧重歌颂和赞扬社会主义建设中的好人好事,周扬和茅盾的文艺方针更加开放一些,对题材和人物的限定更宽泛,明确指出可以揭露社会的阴暗面,描写中间人物、落后人物和反面人物。《中国文学》的赞助人除了要求刊物纠正"左"的错误并恢复译介古典和现代作品之外,对内容和题材没有任何限制。这一时期中国文学杂志社的独立性增强,其党委认为要减少译介当代文学作品,增加艺术和评论的比重。这一时期,译介的文学作品当中,依然是当代作品占最大比重,其次是古典作品和现代作品。1982年之前,当代作品的译介数量总体呈增长态势,随着1983—1984年间"清除精神污染运动"的开展,当代作品的译介数量总体呈下滑态势。1983年译介的当代作品数量几乎锐减到1982年的一半,只能由古典作品补充篇幅,所以古典作品在该年译介的数量最多(见图26)。

国内形势对译介要素的影响见下:

1.题材:人性、自由、个体、情感

由于政治不再干预文学创作,这一时期的文学题材开始多样化,不再呈现单调、公式化的特点。文学作品对主流意识形态和诗学的体现逐渐从之前的集中、单一转向不同程度的分散、淡化或者漠视。1985年之前的文学题材"主要指向社会—政治层面,并大多具有社会—政治干预的性质",偏重文学的实用功能,1985年之后关注"日常生活",偏重文学的审美功能。"农业题材"和"工业题材"的作品随着阶级斗争和政治干预的隐退而逐渐被废弃,代之以在现代化建设中形成的"乡土小说"(洪子诚,2010b:252-253,356)。《中国文学》译介的重点依然是现当代小说,译介的数量并不稳定,从80年代中期开始逐渐减少。在题材上并没有明显的译介倾向,第四次文代会上被周扬和茅盾肯定的作品,以及引领80年代文学类型的作品,都得到了《中国文学》的译介。

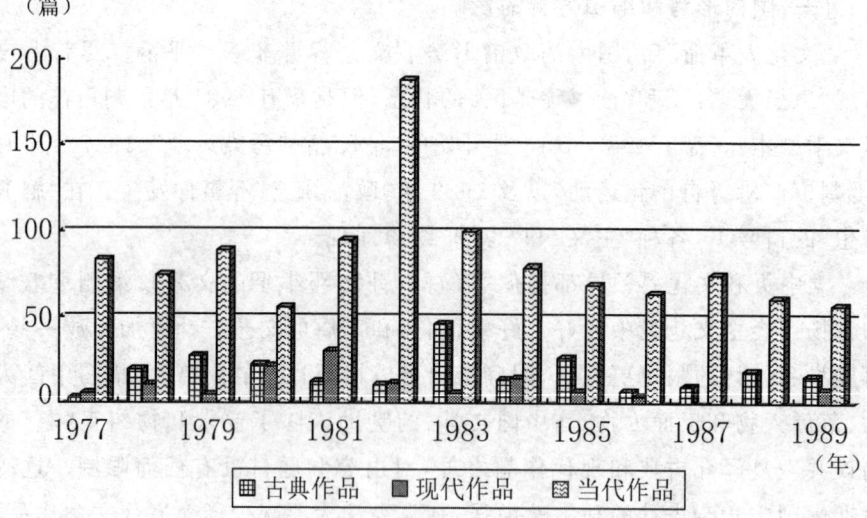

图26 《中国文学》1977—1989年译介的文学作品

70年代末至80年代中期,文学的主题是对于"文化大革命"的揭露和反思(洪子诚,2010b:322)。这些作品得到了文学界领导的认可,被纳入《中国文学》的译介范围。1979—1985年译介了"伤痕文学""反思文学"和"改革文学"的作品,如:刘心武的《班主任》、卢新华的《伤痕》、王亚平的《神圣的使命》、张洁的《从森林里来的孩子》、陈世旭的《小镇上的将军》、王蒙的《蝴蝶》、孔捷生的《姻缘》、从维熙的《大墙下的红玉兰》、谌容的《人到中年》、蒋子龙的《乔厂长上任记》、周克芹的《许茂和他的女儿们》(节译)、李国文的《月食》、何士光的《乡场上》、张贤亮的《绿化树》、陆文夫的《围墙》和《美食家》、冯骥才的《雕花烟斗》和《高女人和她的矮丈夫》等。"伤痕文学"作品主要写知识分子或国家干部受到的迫害及其抗争,以及知青在"文化大革命"中的蹉跎岁月;"反思文学"作品的主要内容是对暴露的问题进行历史理性的思考和分析;"改革文学"作品的主要内容是面对社会经济发展问题,呼唤进行城乡现代化改革(洪子诚,2010b:323-324)。1985年出现了一批从西方现代文学获取灵感的"现代派"作品,《中国文学》只译介了《北京人》(张辛欣、桑晔)。80年代中后期,"寻根"成为重要的文化潮流,形成了关注"审美文化"的"寻根文学"(洪子诚,2010b:349-350)。《中国文学》1985年译介的《棋王》(阿城)就是这一类。"知青小说"如韩少功的《归去来》在1989年也得到刊物的译介。80年代末期出现了"先锋小说"和"新写实小说",前者淡漠对个体和历史的追问,重视"虚构"的叙述方式;后者注重还原原生态的现实生活(洪子诚,2010b:369,371)。1988—1989年《中国文学》译介了莫言的《民间音乐》《大风》《白狗秋千架》和残雪的《天堂里的对话》,但是马原、余华、苏童、格非、北村的作品则没有得到译介。另外,《中国文学》节译了茅盾的《子夜》、巴金的《春天里的秋天》、老舍的《正红旗下》、李劼人的《死水微澜》、李准的《黄河东流去》、废名的《桥》等长篇小说。

20世纪80年代,小说《调动》(徐明旭)、《飞天》(刘克)、《在社会档案里》(王靖)、《女雇员轶事》(姚瑞)、《女贼》(李克威)、《醉入花丛》(李剑)、纪实文学《血红雪白》(张正隆),剧本《假如我是真的》(沙叶新、李守成、姚明德)、电影《苦恋》(白桦),诗歌《将军,不能这样做》(叶文福)、《一个幽灵在中国大地上游荡》(孙静轩)、《诺日朗》(杨炼)以及北岛、舒婷、顾城的一些诗作等在"反资产阶级自由化"运动中受到批判(洪子诚,2010b:240)。这些作品被主流意识形态和诗学所排斥,也不在《中国文学》的译介范围之内。

2.体裁:小说、诗歌、散文、文论

"文化大革命"后对"双百方针"的重新肯定,使得文学创作体裁多样,文学评论争鸣不断。《中国文学》的编辑方针对文学作品的体裁没有任何制约,虽然减少了对当代文学作品的译介,但是当代的小说、诗歌在刊物中仍然占据重要的位置①(见图27)。译介的其他文学体裁包括寓言、民间故事、童话、相声、笑话、戏曲、话剧、电影文学剧本②等。文论的译介数量在1979年的编辑方针调整后上升迅速,1977—1989年刊物对文论的

---

① 1977年,《中国文学》仍然把戏曲、电影剧本放置在开篇位置。从1978年开始,小说和文论重回期刊的开篇位置;从1981年起,文艺领导的讲话或发言被放在文学作品的后面,处于刊物的中后位置。

② 从1981年起,刊物上不再译介戏曲、话剧类剧本。这可能是因为80年代的戏曲和话剧没有得到长足的发展,只取得了"短暂的时效",没有得到观众的"阅读"(洪子诚,2010b:265)。

译介数量约占所有作品的33%,仅次于约占所有作品数量51%的当代文学作品。

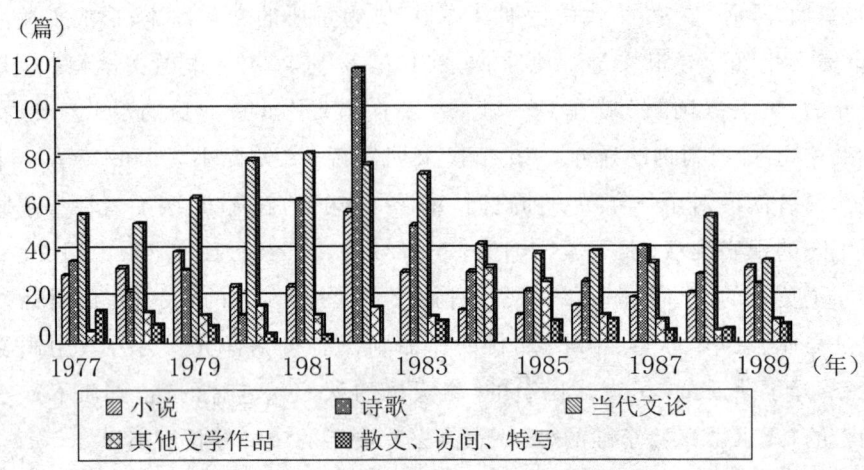

图27 《中国文学》1977—1989年译介的现当代作品

首先,诗歌的数量虽然比小说多,但是二者的篇幅比重几乎一样,1982年之前诗歌的译介数量整体上呈增长趋势。但是随着1983年"清除精神污染"运动的开始,诗歌的译介数量大幅下降,其受意识形态制约的程度比小说要更加明显。"文化大革命"末期,几位重要国家领导人相继离世,《中国文学》在1977—1978年以组诗形式译介了陈毅、董必武、毛泽东、朱德、周恩来的诗作表示纪念。"文化大革命"结束后头几年,最明显的就是开始对这一运动进行反思和批判,比如:1977年第1期译介的诗歌开始谴责"四人帮",赞颂华国锋主席。1979年《中国文学》译介了20首"天安门诗抄"。主流意识形态和诗学比较青睐以批判"四人帮"、歌颂人民英雄为主要内容的政治抒情诗,《中国文学》也译介了不少这类作品,如:1977年译介了《团泊洼的秋天》(郭小川)、《革命人民的盛大节日》(光未然),1979年节译了《一月的哀思》(李瑛)、《光的赞歌》(艾青),1980年译介了《祖国啊,我亲爱的祖国》(舒婷)。

20世纪80年代,以"叛逆"精神和非现实主义创作手法问世的"朦胧诗"备受争议,由于它们被认为"思想艺术不健康"而没有得到文艺界权威的支持,因此,《中国文学》对它们的译介也持谨慎态度,仅仅于1980年译介了舒婷的《致橡树》和《呵,母亲》。之后出现的"新生代"或"第三代诗"由于其大胆前卫的创作手法,游离于主流诗学之外,也没有被《中国文学》译介。

其次,《中国文学》对现当代散文的译介在这一时期比较突出,数量明显增加,题材则不再仅仅是过去的"托物言志",还有对革命斗争经历的深刻回忆,也有对人性的理性反思。比如:1977—1989年间译介了《记一辆纺车》(吴伯箫)、《山之子》(李广田)、《灯》(巴金)、《落花生》(许地山)、《血红的九月》(萧乾)、《牛》(叶圣陶)、《白桦树》(刘白羽)。

最后,这一时期的文论摆脱了过去意识形态色彩较浓的痕迹,虽然1977年仍然译介了工农兵群众的文艺评论,但在第二年便取消了工农兵评论专栏。《中国文学》的编辑方针对文学作品没有太多规定和指导,但是对文论却颇为关注。1979年的编委会《意见》中提出,增加对当代作家作品的介绍和评论,以及对艺术品及艺术家的介绍和评论,增加介绍文艺动态的文章(中国文学出版社,[1990]:38-39)。相关专栏大致分为文艺述评和文艺介绍两类,虽然对它们的译介都时多时少,但是前者的比重大于后者,只有在编辑方针刚刚实施的1980—1982年,它们的比重才几乎一样(见图28)。

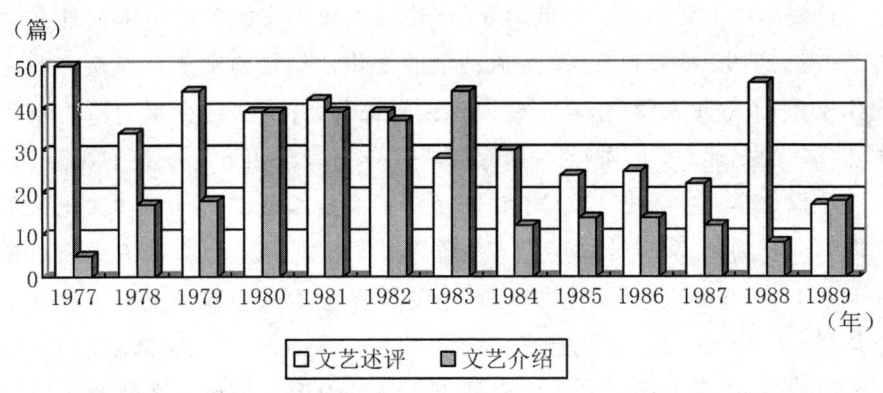

图28 《中国文学》1977—1989年译介的当代文论

文艺述评包括文艺界领导的发言和讲话,以及作家、评论家和读者写的札记、述评、书评。以往一直被放在开篇位置的领导的发言、讲话、论文,从1981年起被放在文学作品的后面,处于刊物的中后位置。这也体现出意识形态放松了对刊物的制约,刊物不再以学术权威的"政治身份"对待其作品,

"学术水平"成为可能的选择标准,专业的学术论文明显增加。文艺介绍包括对作家、艺术家及其作品的介绍、新书介绍、会议综述和文艺报道。在刊物译介的这类介绍性文章中,所提及的作家、艺术家人数和所介绍的作品种类远远超过他们的作品被译介的数量。《中国文学》在1977—1989年间共介绍了212位艺术家及其艺术品,仅在1983年就介绍了17种新书。在1979年新的编辑方针下,《中国文学》的中英文编辑也参与到这类文章的撰写,比如:苏珊娜·贝尔纳、白霞、郭林祥、吕剑、戴乃迭、杨宪益等人时有文章刊登。杂志还刊登了一些外国作者写中国的文章,而这在80年代之前是不曾出现的。

3. 作者:当代、古代、现代

茅盾在第四次文代会上指出,"三十年来,我们文艺工作者的队伍与解放初期相比较,已经发生了根本的变化。现在我们的文艺工作者,主要是解放后我们党培养出来的新的一代知识分子,他们是工人阶级不可分割的一部分,即使是从旧社会过来的老一代的文艺工作者,他们绝大多数也在党的教育下,在长期的革命实践中,锻炼改造成了工人阶级的知识分子"(茅盾,1980:72)。这就否定了"文化大革命"时期以阶级出身定作家身份的谬误。

首先,《中国文学》在20世纪80年代对现代作家的关注与国内外文学界"重写文学史"的呼声有关,主流诗学的变化使得之前被遗弃或遗忘的现代作家和"十七年文学"作家重新回到读者面前,并或多或少影响了对当代主流作家的批评。《中国文学》译介的当代作家表现出五个明显的特点:第一,《中国文学》在"十七年文学"时期译介了大量作家作品,但是"文化大革命"后,除了周扬、郭沫若、胡乔木、茅盾等极少数人,其他人并没有重新出现在刊物上,一部分人在"文化大革命"中受迫害而死①,一部分人不再从事文学创作,还有一部分继续创作的人却难再引起关注②。第二,部分在20世纪50年代因为政治或艺术原因而处于主流意识形态边缘或之外的作家和作品得到了《中国文学》的频繁译介,如:汪曾祺、王蒙、艾青、蔡其矫、绿原、

---

① 《中国文学》在"十七年文学"时期曾经译介的一些现当代作家中,有一部分人在"四人帮"的迫害中逝世,包括老舍、田汉、赵树理、柳青、周立波、何其芳、杨朔、郭小川、闻捷、李广田、魏金枝、罗广斌、海默、冯雪峰、邵荃麟等。

② 如李准、杜鹏程、胡万春、梁斌、杨沫、欧阳山、臧克家、贺敬之、刘白羽、魏巍、陈登科等(洪子诚,2010b:243)。

牛汉、张贤亮、高晓声、陆文夫、邵燕祥、公刘、刘绍棠等人的作品。第三，"文化大革命"时作为知青开始写作的部分作家得到《中国文学》的译介，如：韩少功、张承志、史铁生、贾平凹、王安忆、张辛欣、舒婷等。第四，"文化大革命"后处于创作高潮期的作家，如：蒋子龙、张洁、冯骥才、古华等，他们的作品也得到了译介机会。第五，女性作家得到《中国文学》的专门译介。1981年和1986年《中国文学》译介了王小妮的三首诗歌；1983年第3期译介了航鹰的两篇小说，并译介了一篇有关她的访问记；1985—1986年，刊物连续译介了两篇介绍几位女诗人的文章；1988年第4期译介了刘西欧、铁凝、池莉、张抗抗四位女作家的小说以及两篇介绍铁凝和池莉的文章。另外，刊物译介频率较高的小说家还有凝溪和吴祖光，译介最多的诗人有傅天琳、黄永玉、雷抒雁、李瑛、吕剑、鲁藜、陶铸、王辛笛、严辰、雁翼、杨山、叶延滨、张志民、邹荻帆。

其次，《中国文学》这一时期译介的古代作家比较多，选材也不再带有明显的意识形态倾向，而是以艺术标准来选择。译介较多的有李白、杜甫、白居易、韩愈、柳宗元、白朴、蒲松龄、袁宏道、罗隐、龚自珍、温庭筠、袁枚的作品，并同时译介了介绍他们的文章。

最后，"十七年文学"时期和"文化大革命"期间，由于意识形态或诗学追求不同而被边缘化或不被认可的现代作家出现在这一时期的《中国文学》上，如：沈从文、萧乾、丁玲、萧军、卞之琳、戴望舒、冯雪峰、胡风、郁达夫、徐志摩。现代作家中只有鲁迅的作品从1977—1984年得到《中国文学》专栏形式的译介，并有专门的介绍性文章。另外，还有巴金、老舍、端木蕻良、李广田、李劼人、吴组缃、萧红、许地山、叶圣陶的作品被刊物译介。

（二）国际形势的影响：与英美等国的民间往来

"文化大革命"结束后，我国的对外交往逐渐正常化。《中国文学》对文学作品的译介也没有刻意配合国内外政治形势，刊物不再像以往那样通过译介带有强烈意识形态色彩的文学作品来表达主流立场。在中外邦交正常化的基础上，刊物只是用已经去掉意识形态的文论或者报道的形式来体现中外文艺交流活动，开始注重同西方国家的民间往来。比如刊登过的文化类作品有：《观伦敦节日芭蕾舞团〈吉赛尔〉演出》（1979年）、《写在梅纽因访华演出之后》（1980年）、《第二次中美作家会议纪实》（1985年）、《国际笔会第48届大会随记》（1986年）、《中美作家第四次会议》（1989年）、《中英作家五人谈》(1989年)。这一时期,刊物不再被用来配合官方对国际形势的发声,或者说刊物对文学作品的译介不再过多受国际形势的影响。

综上可知,1977—1989年的编辑方针除了纠正极左思潮,没有其他具体指示。中国文学出版社的独立性增强并成为赞助人之一,主动从主流意识形态和诗学出发,在"百花齐放"的政策下减少了对当代文学作品的译介,增加了评论和介绍性文章,对作品持保守态度,大体上根据国内政治形势的变化选择作品。对现代作家的译介根据文艺界的重新评价而扩大了范围,国际形势对文学作品的选择没有影响。总的来说,由于政治干预的减少和国内文艺创作的繁荣发展,刊物的译介范围比"文化大革命"时期扩大了许多,译介的作品类型也比"文化大革命"时期丰富了许多,展现出新的文学面貌。

四、1990—2000:"主旋律"被分化

1992年之后,全国掀起市场经济发展的浪潮,文化体制的改革势在必行。国家减少了各级作家协会的"专业作家"人数,并削减了对文学刊物和出版社的经济资助。虽然外文局是国家重要的对外宣传单位之一,但依然需要接受工作经费减少的事实,其旗下的中国文学出版社也不可避免地受到影响。这就打破了之前《中国文学》的编辑方针仅受赞助人意识形态和诗学影响的格局,经济效益和市场介入其中,也成为影响《中国文学》编辑和发行的外部重要因素。

(一)国内形势和编辑方针的影响

由于赞助人的编辑方针变为宏观调控,对刊物译介作品的题材和体裁未见明确指示。从1993年起仅指示中国文学出版社从市场出发考虑编辑方针,即按照市场规律挑选作品并对外译介。显然,一向依靠财政拨款的《中国文学》并未做好自负盈亏的准备,从其对文学作品的译介数量上便可以窥见一斑。刊物对当代、现代、古典作品的译介,都显得毫无既定规律可言。三类作品时多时少,表现出很大的随意性,并没有形成一个明确的比例划分。1992年之前,刊物的编辑方针遵循之前的惯例,当代作品数量占压倒性比重。之后,当代作品数量开始下降,古典作品数量开始迅速上升,这可能是这段时间的读者市场取向造成的(见图29)。但是1997年之后,当代作品和古典作品的译介数量都开始下降,文论数量激增,这说明刊物的编

辑方针又开始跟着市场转变,想要努力吸引对中国文论感兴趣的学术型读者。据此可推断,刊物在90年代期望能够跟随读者市场的变化而变化,所以似乎在不断调整编辑策略;但是对市场了解的滞后性又导致刊物的译介选择显得相对被动。

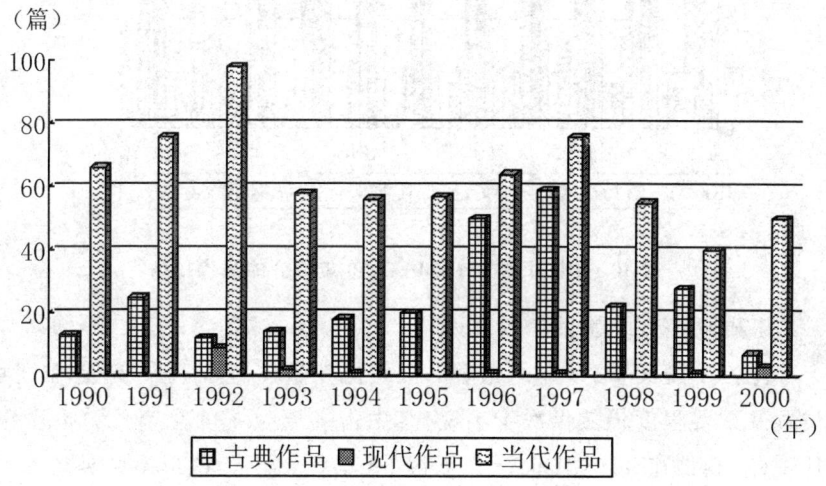

图29 《中国文学》1990—2000年译介的文学作品

1.题材:种类繁多

小说仍然是《中国文学》译介的重点,占当代文学作品的32%,但是每年的译介数量并不稳定(见图30)。市场经济的介入导致了政治与文学创作之间关系的疏离,小说的题材更加多元化。90年代的小说很难简单分类,《中国文学》只有部分作品延续了80年代的选材类型。这一时期译介的小说题材比较庞杂,比如:"新写实小说"有1990年译介的《狗日的粮食》(刘恒)和《塔铺》(刘震云),"主旋律小说"有1993年和1996年译介的《村支书》(刘醒龙)和《凤凰琴》(刘醒龙),"风俗乡土小说"有1995年译介的《市井人物》(冯骥才),"先锋小说"有1996年译介的《鲜血梅花》(余华),带点情欲味道的小说有1997年译介的《哺乳期的女人》(毕飞宇),武侠小说有1997年译介的《书剑恩仇录》(金庸),历史题材的作品有1998年节译的《雍正皇帝》(二月河)。尽管国家主流意识形态和诗学力推的是"主旋律"小说,但在市场规律介入的情况下,《中国文学》译介的题材远远多于这一类型,各种题材的译介冲淡、分化了主流意识形态和诗学的制约痕迹。

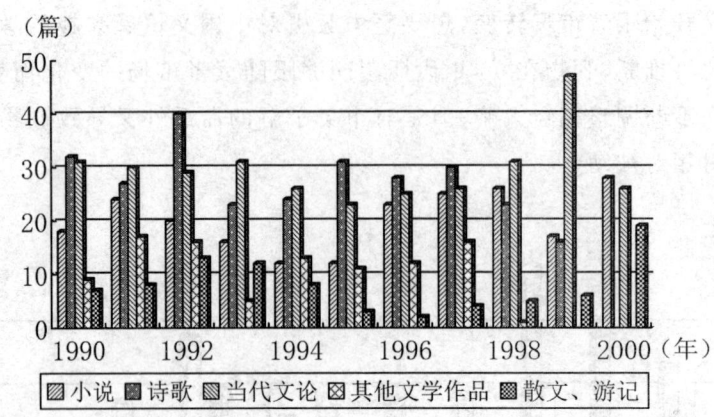

图 30 《中国文学》1990—2000 年译介的当代作品

2.体裁：小说、诗歌、散文、文论

首先，《中国文学》译介的诗歌的数量虽然整体有所下降，但是在刊物上的位置及重要程度仍然仅次于小说，其中占主要位置的是当代诗歌。跟 80 年代一样，刊物在 90 年代也译介了被 50 年代主流意识形态和诗学所排斥的诗人艾青、苏金伞、昌耀等以及"七月派"诗人牛汉、绿园等人的作品。"新诗潮"诗人梁小斌、江河、叶延滨等人的作品同样也出现在《中国文学》上。"女性诗歌"作者唐亚平、伊蕾、张烨等人也被刊物纳入译介范围。另外，刊物还译介了"朦胧诗"派食指的诗歌以及"第三代"诗人西川、海子等人的作品。较常译介的诗人有昌耀、张烨、牛汉、叶延滨、周涛、冯至、林染、李琦、杨牧等，他们也是 90 年代活跃在诗坛上的著名诗人，可见《中国文学》并未刻意根据作者的身份和作品的意识形态来做选材上的取舍。

其次，这一时期散文的数量在《中国文学》上并不少，几乎每期都会译介，尤其在 2000 年改刊后，成为刊物的三大支柱体裁之一（见图 30）。80 年代主要的散文家汪曾祺，90 年代专门从事散文写作的斯好、周涛、苏叶，小说家兼散文家贾平凹以及有争议的余秋雨等人的作品在《中国文学》上都有译介。比如：1991 年译介了苏叶的《能不忆江南》《索溪的月亮》《我的短歌在滩涂》；1998 年译介了余秋雨的《风雨天一阁》《道士塔》《西湖梦》；2000 年译介了贾平凹的《老西安》。

最后，《中国文学》90 年代译介的文论的数量一直都比小说的数量高一些。可能是为了吸引国外专业读者，1999 年突然增大了对文论的译介比重,文论的译介数量几乎与所有文学作品的译介数量之和比肩,但在 2000 年改刊面向国内读者后,又减少了对文论的译介(见图 30)。文艺述评和文艺介绍几乎占同等比重,一直平稳发展;由于面对的读者不同,文艺述评在 1999 年突然增加,到 2000 年又急剧下降(见图 31)。文艺述评包括札记、论文、文艺欣赏和述评、书评,作者由专业评论家、作家和《中国文学》的编辑构成,部分论文配合解释该期译介的文学作品。书评仅在 1990 年被译介了两篇,之后便取消。文艺介绍包括对作家、艺术家及其作品的介绍,部分文章是对该期译介的文艺作品的补充介绍,《中国文学》的编辑也会为这一栏目撰稿,如:野莽、王瑞霖、钟振奋等都有文章发表。

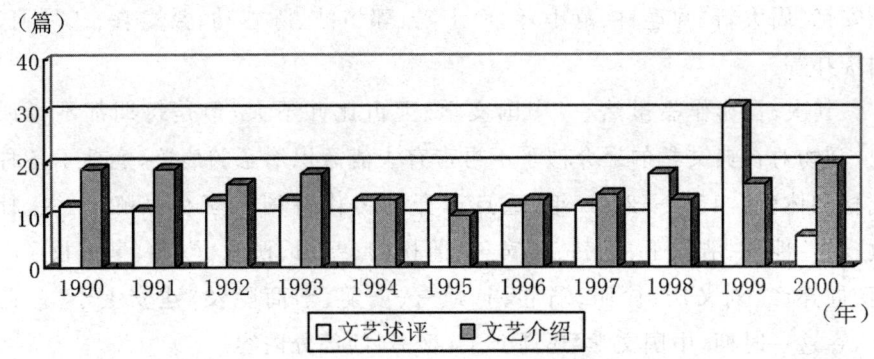

图 31 《中国文学》1990—2000 年译介的当代文论

3. 作者:当代、古代、现代

首先,《中国文学》在 90 年代译介了一些在 80 年代已经拥有大批读者但还未被当时的主流文学界接受的作家的作品,选刊性质使得刊物能够拉开时间距离看清其在主流意识形态下的命运,足见刊物在市场经济环境下,一方面希望顺应主流意识形态,另一方面也希望契合读者的阅读口味,因此,对当时作品的选材标准就显得宽松了许多。在当时可能是很热门的作家,刊物却未必会选译其成名作。2000 年,上海作协通过问卷调查,评选出 90 年代最有影响力的十名作家和十部作品①,《中国文学》对这些作家几乎都有译介,但是译介的却都不是这次调查中他们最有影响力的作品。

---

① 十名作家:王安忆、余华、韩少功、陈忠实、史铁生、贾平凹、张炜、张承志、莫言、余秋雨;十部作品:《长恨歌》《白鹿原》《马桥词典》《许三观卖血记》《九月寓言》《心灵史》《文化苦旅》《活着》《我与地坛》《务虚笔记》(洪子诚,2010b:503)。

"知青作家"中除了 80 年代已被译介的韩少功、史铁生、贾平凹、王安忆、舒婷等人仍然活跃在《中国文学》上之外,陈建功、张承志、阿城、陆星儿、梁晓声等人在 90 年代也突显出来;"新写实"作家池莉、刘震云、刘恒、范小青、迟子建等人的作品也是刊物的译介对象;少数民族作家扎西达娃的作品得到刊物的重视;80 年代的女作家郑敏、航鹰、王安忆、陆星儿、舒婷、铁凝、徐小斌、残雪、池莉、毕淑敏、迟子建、徐坤等人的作品都被选入刊物。但是刘索拉、徐星的作品由于被归入非主流意识形态而被未能入选;先锋小说家格非、叶兆言、苏童、孙甘露等人的作品也未被译介;有争议的王朔和王小波的作品尚无法在《中国文学》上占据一席之地。刊物着重译介的当代作家有王安忆、周大新、阎连科、范小青、何士光、郭雪波、陈建功、聂鑫森、二月河、刘庆邦等。

其次,古典作品虽然在《中国文学》上占比并不大,但是每期都不可或缺。刊物对古典文学的译介似乎不再带有主流意识形态的痕迹,囊括了各种题材和体裁。1990—2000 年,重点译介的古代诗词名家有曹植、李煜、杜牧、纳兰性德、浩歌子、王勃、骆宾王、蒲松龄、寒山、柳永、岑参、皇甫枚、洪迈、周邦彦、刘义庆、徐照、翁卷、赵师秀、姜夔、李商隐及"建安七子"。此外,在这一时期《中国文学》还译介了《汉书》的部分内容。

最后,鲁迅的作品自 80 年代后期就退出了《中国文学》的译介范围①。除了蹇先艾和艾芜等人,大部分曾经被《中国文学》重视的现代作家集体退出其译介范围。但是 90 年代,刊物却译介了"现代文学史"中曾被主流意识形态排斥的作家,如沈从文、废名、钱锺书、师陀、穆旦和郑敏等人。另外,还译介了"五四"时期的女作家如冰心、冯沅君、凌叔华等人的作品。

(二)国际形势的影响:与英美等国的学术交流

90 年代译介的文学作品未受到来自国际形势的影响,但是非文学作品的译介明显体现出刊物很注重跟英美等发达国家的学术交流。1994 年第 2 期《中国文学》刊登了外国人撰写的中国文艺在国外的情况,如美国《今日世界文坛》评"熊猫丛书"《女性三部曲》、《一部在美国拍摄的中国电视剧》(伊丽莎白)。1999 年《中国文学》开辟了《国际汉学》专栏,刊登了法国霍尔兹曼的《王维的〈桃园行〉》。2000 年改刊后,《中国文学》开辟了《有朋自远方

---

① 《中国文学》从 1984 年之后就不再译介鲁迅的作品。

来》专栏,每期都译介或节译一篇国外作家写的作品,但是选择的都是英美作家,如第 2 期的《迷人的香格里拉》(詹姆斯·希尔顿)、第 4 期的《我是宠儿》(托妮·莫里森)、第 6 期的《远离尘嚣》节选(托马斯·哈代)。这种改变,意味着刊物试图吸引更多的国外汉学家及国内读者。

综上所述,1990—2000 年的编辑方针要求出版社根据市场来制定译介计划,对刊物的意识形态干预降到历史上最低程度。但是由于刊物对市场规律并不熟悉,无法把握市场变化,对作品的译介显得滞后于文学界的评论和读者对作品的反应。除了继续刊登已经被重新评价的老作家的作品,对当代作家作品的译介都稍显滞后。80 年代的当红作家,刊物在 90 年代才敢大胆译介;90 年代的当红作家,刊物只敢译介其温和型作品(非代表作)。随着市场经济的发展,刊物为了营利一直在尝试改变,但是由于始终难以定位,导致改革十分缓慢,基本上还是延续了自创刊以来长期遵循的编辑方针,即跟着主流意识形态和诗学的步伐谨慎前进。

第二节 刊物装帧设计符合源语国家审美规范

尽管《中国文学》译介的美术作品跟文学作品关系不十分密切,主要表现的是中国的艺术水平,但是美术作品除了是刊物装帧设计的一部分,还是刊物内容的一部分,直接影响着期刊的销售。刊物译介的美术作品以当代为主,包括绘画、雕塑(雕刻)、书法、摄影、剪纸等多种类别,主要类型为绘画,多由知名画家创作(如:古元、黄永玉、傅抱石等),有国画、版画、水粉画、工笔画、油画、古画等,包括人物、山水、花鸟等主题。另外,一些文学作品中配有与内容相关联的手绘黑白插图,使作品更加生动形象。

一、1951—1965:工农兵生活和斗争

《中国文学》杂志的装帧更像图书,它的设计包括版式都在模仿《苏联文学》。1951—1952 年以年刊的形式出版,开本为 16 开(中国文学出版社,[1990]:2)。封面设计简单素雅,用中国风格的花鸟、人物、风景等图案做背景。自创刊始,《中国文学》即以插页形式译介美术作品(见图 32),插页分黑白和彩色两种。1958 年改为双月刊后,"每期加印彩色美术作品 3—4 幅,开本为 20 开"(中国文学出版社,[1990]:9)。1959 年改为月刊后,"开

本为22开"(中国文学出版社,[1990]:11)(见图33)。

图32　1951年第1辑插页

图33　1959(1)期封面

1951—1965年,虽然插页的作品主题跟译介的文学作品一样,也以当代工农兵的生活和斗争为主,但是大多独立成篇,并不是针对前后译介的文学作品而做的配图,仅有小部分除外。"大跃进"之后,虽然国家处于困难时期,物资极其匮乏,但是中央十分重视外文书刊的对外宣传作用,因此并没有降低《中国文学》的用纸质量。

二、1966—1976:全国上下一片红

"文化大革命"时期,《中国文学》为了弥补文学作品的减少,便大幅度增加美术插页的数量,主要元素是毛泽东、红宝书(毛主席语录)、红卫兵、工农兵、红旗等(见图34),主色调也变成红色。1971年,刊物为加强美编工作,调进郝战。他1963年毕业于中央工艺美术学院装饰绘画系壁画专业,被分配到对外文化联络委员会展览工作室工作。1971年第1期的第1幅插页是毛泽东和林彪的合影。1976年最后一期致哀毛泽东,刊登了他的69幅照片,并有其与华国锋的合影。刊物从1967年第7期开始把毛泽东作为封面人物(见图35),一直持续到1968年底。从1969年开始,刊物改用工农兵和少数民族形象作为封面人物,《中国文学》改换刊头字体。无论从封面还是从插页来看,刊物在"文化大革命"期间的装帧设计颇受主流意识形态的影响。

图34　1966(10)期封面

图35　1967(7)期封面

三、1977—1989：现代化建设和生活

"文化大革命"结束后，从1979年编译委员会成立直到1980年杨宪益升任总编辑，《中国文学》两次改换刊头字体，1979年第2期刊物的目录更换成彩色眉头。1981年重新更换刊头字体，取消彩色。1982—1983年目录中的栏目设置取消，从1984年起在目录中题目的留白处，针对作品或文章内容增加了一句话的介绍性文字（见图36）。从1991年开始又恢复了刊物栏目的设置。

1977年第1期的开篇插页是毛泽东单身照和华国锋的单身照。1977—1989年，刊物封面以国画为主，主题以景色和花鸟为主。1986—1989年比较特别，分别以农民画（见图37）、潍坊年画、敦煌壁画、刺绣壁挂图片为封面。美术插页仍旧以绘画为主，几乎每期都会刊登一幅古画，封三也作为插页的一部分。另外，还有文物、剪纸、雕塑、剧照、刺绣、脸谱等各种图片作为插页。

图36　1984年春季刊部分目录　　　图37　1986年春季刊封面

1978年,王瑞霖调入中国文学出版社,先后任美编、美术组组长,负责美术作品的组稿并为刊物撰写美术评论文章。他擅长中国画和美术评论,师从著名画家吴冠中、彦涵、高冠华,1966年毕业于北京建筑工程学院,后在北京颐和园管理处从事园林美术设计及古建筑绘画研究十年(瑞霖,1990:340)。1979年7月,新成立的编译会要求"每期有现代绘画介绍""提高插图水平",多刊发舞台和银幕的演出照片,还聘请华君武、黄苗子为中国文学杂志社社外美术顾问(中国文学出版社,[1990]:39)。制定新的编辑方针之后,刊物译介的美术作品和插页的数量改变较大。1979年6月份译介的插页只有5幅,7月就增加到12幅,之后每期的插页数量明显增多。

1985年10月,外文局邀请美国著名书籍装帧设计师菲利蒲·葛鲁施肯为外文局的美工和编排人员讲课。他认为外文局书刊的"封面和内封的设计太拘谨","过分强调保持中国特点,往往不适合外国读者的口味",只有改革才能吸引读者的注意(戴延年、陈日浓,1999b:69)。但是之后刊物的封面依然是老风格,并未有较大的改变。

四、1990—2000:民族特色创作和生活

进入90年代之后,刊物的设计风格和80年代区别不大,只是手工创作艺术品的图片增加了一些。刊物封面以农民画、国画为主,主题围绕风景和生活,插页分为油画、水墨画、版画、工笔画、漫画、连环画、民间美术作品、古画(宋元明清)、绳塑艺术作品、雕塑、玉雕、剪纸、泥人、扇子、陶艺、文物珍宝等的图片及文艺演出剧照等。2000年刊物的开本变成跟创刊时期一样大(见图38),封二和封三都采用四色彩印,正文内每页都有一定的装帧设计,不像之前正文内只有文字和插图。

第三节 刊物发行周期:随主流意识形态而变

《中国文学》50年来的发行周期复杂多变,跟国内政治和经济形势有很大关系。1951年和1952年为年刊;1953年为半年刊;1954—1957年为季刊;1958年为双月刊;1959—1967年为单月刊;1968年为季刊;1969—1983年为单月刊;1984—1999年为季刊;2000年为双月刊。从图39可以直观看出,不同条纹区分开了本研究划分的四个时期。刊物发行周期的变化非常

明显,这种变化是本书将刊物划分为四个时期进行研究的依据之一。"文化大革命"前每年发行的期数一直在递增,"文化大革命"中每年发行的期数基本维持在12期(1968年除外),"文化大革命"结束后每年发行的期数逐渐回落,在刊物发行的最后一年稍有回升。

图38 2000(4)期封面

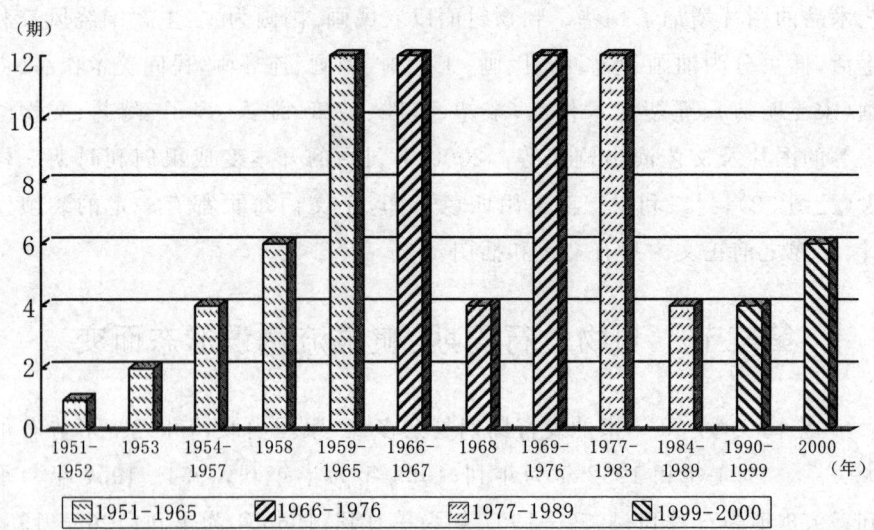

图39 《中国文学》1951—2000年发行周期变化

《中国文学》在1951—1965年间的发行周期变化最多。1951年创刊至1953年为发行初期的试刊阶段,发行期数较少且不稳定。1954年,《中国文学》已从丛刊性质的纯翻译刊物过渡到栏目齐全、定期出版的文学艺术刊物,步入正常的发行运转轨道,"每期约18万字"(中国文学出版社,[1990]:5)。从1959年至1965年,发行速度激增至每月一期,"每期约9—10万字"(中国文学出版社,[1990]:11)。1961年,"文化部发出通知,由于造纸原料、电力不足等困难","全国报纸和刊物用纸数量压缩35%,一般书籍压缩40%"(刘杲、石峰,1999:74)。从《中国文学》的发行情况来看,该刊并未受到任何影响,这说明国家把《中国文学》的对外译介工作始终看作对外宣传事业的一部分而加以重视。从"大跃进"至"文化大革命"前,刊物发行的周期大大缩短,可见,赞助人对意识形态的宣传随着国内意识形态管控的加强而扩大。

"文化大革命"期间,《中国文学》仍然照常出版,未曾中断,也并未缩短周期,几乎一直以月刊形式发行。虽然只有1968年改为季刊,但是该年每期的厚度增加,基本上未减少内容和篇幅。由于外文局激烈的内部斗争,导致《中国文学》的出版常常误期。后来随着领导小组的建立,斗争虽然没有自动停止,但是出版工作能够比较顺利地进行(沙博理,2006:196)。"文化大革命"期间,在极左思潮的影响下主管部门对刊物的出版发行要求更严,刊物加大了主流思想的对外宣传力度,一直保持着较短的发行周期。

1977—1989年间,虽然"文化大革命"已经结束,但是刊物发行周期却没变,一直是月刊,直到1984年才重新改回季刊。这是因为1982年《中国文学》法文版从月刊改为季刊后,销量大幅度增加,所以中国文学出版社分党委向外文局申请将英文版也改为季刊,认为这样"比较能保证稿件质量"并"可以容纳较长的作品"(中国文学出版社,[1990]:47)。可见,政治稳定之后,国家改变了通过文学输出意识形态的做法,对刊物周期的制约降低,不急于加速其对外宣传的频率。改革开放后,刊物的对外发行开始考虑销售数量,刊物受到经济效益的影响并开始自动谋求改变。

1990—1999年,《中国文学》发行周期一直处于稳定状态,直到2000年刊物改成双月刊(之后,便于2001年突遭停刊)。进入市场经济时代以来,刊物一直在谋求改变,但是由于经验不足,不敢有太大变化,只能在固定周期内运转。随着国家综合国力的增强,21世纪伊始,党和国家把"中国文化走出去"提上日程,《中国文学》的作用又开始凸显出来;刊物急于寻求变革,着手做较大转变,于是 2000 年又改为双月刊,整体风格完全不同于以前。

第四节 小结

《中国文学》的译介内容主要受源语国家赞助人制定的翻译政策制约,翻译政策又受到源语国家主流意识形态和诗学的影响。翻译政策包括编辑方针和翻译方针,无论是从内容上还是从形式上来看,在实际译介过程中,《中国文学》的翻译政策在不同时期对其译介内容有不同程度的制约。

《中国文学》主要译介文学艺术作品和评论性文章,其中以文学作品为主。文学作品由当代、古典和现代作品组成,以当代小说、诗歌、散文为主。评论性文章以文论和文艺介绍为主。1951—1965 年,刊物译介的作品主要是工农兵题材,描写革命、斗争、战争;以是否符合这样的主题为标准来挑选现代和当代作品,以作家的政治身份为标准来挑选现当代作家,与主流思想疏离的作家和作品被排斥在外,1965 年停止译介现代作品。1966—1976年,刊物的作品数量比"十七年文学"时期有所增多。主导思想是以阶级斗争为纲,以工农兵为题材,宣传革命、斗争,把"样板戏"树立为经典作品,译介大量工农兵群众的创作,"十七年文学"作家集体退出,现代作家只剩下鲁迅一人;几乎停止刊登古典作品,"文化大革命"后期刊登了一些"法家"的古典文学作品。1977—1989 年,译介的题材多样化,"十七年文学"时期出现在刊物上的作家作品不再是译介的重点,以往未被译介的现当代作家作品反而开始得到译介,还译介了部分女性作家的作品。1990—2000 年,译介作品的题材依然多样化,体裁却越来越单一;继续译介被忽略的现代作家作品及当代女性作家作品,对 80 年代和 90 年代的作家作品的译介具有一定的滞后性及保守性。

国际形势对《中国文学》的影响不大,仅仅表现在:20 世纪 50—60 年代至"文化大革命"时期,期刊刊登作品声援东欧、亚非拉等第三世界国家的民族独立解放运动以及法国社会运动,声讨批判英美帝国主义的侵略行径;改革开放至 90 年代,期刊开始介绍与英美等发达资本主义国家之间的民间往来和学术交流。《中国文学》对外译介的重心从亚非拉国家转移到了英美等经济强国。"文化大革命"前,主流意识形态和诗学对刊物的译介影响很大;

"文化大革命"后,这种影响慢慢减少,市场经济对刊物的影响力慢慢显现出来。

  刊物的装帧设计主要体现在封面和美术插页,除了"文化大革命"时期,风格、主题和类型几乎一致。"文化大革命"时期和 80 年代,插页的数量增加。刊物的发行周期虽然整体上不稳定,但是在"大跃进""文化大革命"和 70 年代末 80 年代初这三个政治运动和文艺运动比较多的时期,刊物的发行周期相对较短,均为月刊。

  第二章内容概要见表 3。

表 3 译介意识形态和诗学对译介作品的影响（第二章内容一览表）

	译介内容	时间段				总特征
		1951—1965 年	1966—1976 年	1977—1989 年	1990—2000 年	
制约因素	文艺政策/经济政策	1942 年,毛泽东《在延安文艺座谈会上的讲话》	1966 年,中共中央《林彪同志委托江青同志召开的部队文艺工作座谈会纪要》	1979 年,第四次文代会邓小平、周扬、茅盾的讲话	邓小平南方谈话	文艺—经济
	意识形态	左倾的革命政治	极左:以阶级斗争为纲	改革开放,解放思想	社会主义市场经济	政治—经济
	诗学	社会主义现实主义:革命现实主义和革命浪漫主义两结合	社会主义现实主义:革命现实主义和革命浪漫主义两结合	百花齐放,百家争鸣	百花齐放,百家争鸣	单—多元
译介作品	题材	战争斗争,工农兵生活,解放区文学	以阶级斗争为纲,歌颂毛主席	人性、自由、个体、情感	种类繁多	单—丰富
	体裁	小说、诗歌、文论	样板戏、诗歌、小说、文论	小说、诗歌、散文、文论	小说、诗歌、散文、文论	多—少—多—少
	作家	古代作家:符合题材要求 现代作家:左翼作家——以鲁迅为主 当代作家:"政治身份"	当代作家:工农兵群众 现代作家:只有鲁迅 古代作家:"法家"作品	当代作家:"平反"作家、女性作家 古代作家:多样 现代作家:"平反"作家	当代作家:知青、女性 古代作家:多样 现代作家:"平反"作家	多—少—多—少
	国际形势对刊物的影响	少:东欧和亚非拉	少:抗美与赞法	极少:与英美民间往来	少:与英美学术交流	第三世界—发达国家
	装帧设计	工农兵生活和斗争	全国上下一片红	现代化建设和生活	民族特色创作和生活	少—多—多—少
	发行周期	年刊、半年刊、季刊、月刊	月刊	月刊、季刊	季刊、双月刊	不稳定—稳定
	阶段特征	政治干预文艺;编辑方针多	政治干预文艺;编辑方针多	政治减少干预文艺;编辑方针少	市场干预文艺;编辑方针少	政治—经济;多—少

第三章 译介效果:《中国文学》的传播和接受

《中国文学》的发行状况反映着其在国外的传播和接受,刊物在海外的传播和接受更容易受到译语环境的制约。从译介学视角来看,译本会受到译者、读者和译语环境的"创造性叛逆"(谢天振,1999:130-173),这种"创造性叛逆"又会受到译语"翻译规范"的制约。图里认为初始规范表现了译者于翻译之初在源语规范和译语规范之间所做的选择,即译者的翻译策略,支配着制约译者翻译方法和技巧的操作规范(Toury, 1995:56-59)。切斯特曼认为受道德规范、社会规范和语言规范制约的专业规范影响着译者对原文的阅读(Chesterman, 1997:67-70)。由译语读者对译本的期待构成的期待规范受译语文化流行的翻译传统和同类文本形式的制约,也受经济、意识形态、权力关系的影响(Chesterman, 1997:64-66)。因此,译者在翻译过程中如何挑选翻译策略和方法以及如何协调翻译各方的关系由初始规范、操作规范和专业规范来制约,读者和译语环境则受到期待规范的制约,在译语环境生成的翻译规范必然受译语环境意识形态和诗学的影响。因此,从《中国文学》的读者反应可以看出受初始规范、操作规范和专业规范制约的译者所采取的翻译策略是否符合读者的期待规范。

赫曼斯认为勒菲弗尔提出的意识形态、诗学和赞助人三要素能够直接解释根植于社会和意识形态之中的翻译的影响(Hermans, 1996:40-41)。由于《中国文学》的赞助人存在于源语环境中,因此,它的传播和接受会受到译语环境的意识形态和诗学的制约。佐哈尔认为翻译文学是译语文学中不可缺少的一部分,随着译语文学系统的变化翻译文学会相应变换其在该系统中的位置,或处于"中心",或处于"边缘"(Zohar, 1990:46-51)。如果翻译文学处于译语文学系统的"中心"位置,便说明它打破了译语文学既有的文学规范,对译语文学造成了一定的影响。因此,《中国文学》在译语环境中的译介效果强弱,要看其是否能够打破译语文学的规范而得到译语文化的接受和吸收。

译本在译语环境的传播和接受主要通过读者反应体现出来,读者又受译语环境意识形态和诗学的制约。《中国文学》在编辑方针中对自己的读者群有着明确的规定,并会经常在刊物内附上读者调查表来收集读者反馈,即读者对刊物的意见或建议。调查表上除了询问读者的性别和职业,对刊物内容的调查基本分为四个问题:近期的刊物中你喜欢哪篇小说或者文章并请给出理由;你是否喜欢近期刊登的某篇小说;你对插页和插图有何看法;有无其他批评意见。通常刊物的通联工作包括收集并翻译这些邮寄回来的读者调查,以供刊物的领导和编辑们参考。除此之外,刊物的发行量、国外报刊上的评论、国外专家学者的研究引用、国外书刊的转载、各大图书馆的馆藏量和在国外高校的教学使用情况等都是表现读者反应的不同形式。

《中国文学》在不同历史时期对目标读者(即译介对象)有不同的定位和划分,本书按照《中国文学》实际的阅读人群把真实读者分为三类:第一,一般的大众小说读者。他们通常是中下层劳动人民,把小说当作消遣的工具,从中获得娱乐。第二,具有文学鉴赏能力的知识分子读者。他们通常是各个领域的高级知识分子,对中国文艺感兴趣,不但阅读小说,还对严肃的文学作品以及文学评论等都有自己的品味、观点和偏好。第三,作家、评论家及专业的文史哲研究者。他们是学习或者研究中国语言、文学、历史、社会的专业学者,他们的观点能够影响其他读者对中国文学的理解和阅读兴趣。前两种都属于普通读者,后一种属于专业读者。

本章通过考察《中国文学》对目标读者的定位、海外真实读者的反应和译介渠道,分析《中国文学》的译介目标是否得到实现,其内容和译语语言是否符合译语环境的翻译规范,其出版和发行是否符合译语环境的接受规范。如果《中国文学》的译介目标得到实现,内容和译语语言符合译语环境的翻译规范,出版和发行符合译语环境的接受规范,那么,《中国文学》在译语国家的传播和影响就可被视为具有一定的效果。

第一节 1951—1965:传播范围广,受到意识形态相同国家的欢迎

新中国成立后,我国对外书刊的外宣方针是"以我为主,照顾读者",其

实是把"既要以我为主,又要考虑读者接受水平"的方针简化了。同时,把读者对象按社会主义国家(苏联、东欧)、民族主义国家(亚、非、拉)和资本主义国家(欧、美、日)三类来划分,并把这些国家的读者进一步划分为左、中、右三派,而我国的对外宣传对象以广大中间读者为主(罗俊,1999:68)。《中国文学》的编辑方针中对读者对象和译介渠道的划分也不例外,同样把中间读者列为主要的译介对象,把国外左派进步书店列为主要合作书店。

一、以中间读者为主

1958年,总编茅盾提出《中国文学》的主要对象是东南亚读者,要考虑这一地区的实情,以争取中间甚至后进读者为方针,刊物太左会导致其不易接受。中国作协党组书记邵荃麟认为刊物应教育右派,争取中间派,不宜太左,也不宜太右;不能迁就资产阶级,要广泛团结和争取中间作家。中国作协书记处书记严文井提出,刊物不能只给进步人士看,应给中间的普通人看,甚至于包括一部分落后的读者,让他们都能够接受;对读者的要求,无条件满足是过右,不顾其要求是过左;刊物要争取更广大的读者,不能形成光荣的孤立(戴延年、陈日浓,1999a:78-86)。1959年,对外文委认为《中国文学》等刊物既要反对无原则迎合国外读者趣味的庸俗作风,又要防止骄傲浮夸、强加于人的倾向,注意政治效果;既然刊物的读者对象主要集中在亚非拉地区并且重点为这些地区的中上层分子,则《中国文学》的传播目标应"以争取中间"为主,刊载的作品要考虑外国读者的接受程度,可适当增加"五四"文学的部分,因为"五四"前后的新文化运动,对于亚非拉的民族文化发展,会给予有益的帮助和影响的。外办副主任廖承志认为,目前只要求巩固阵地,不要求刊物发行太多,不要求配合任务(周东元、亓文公,1999a:155-159;戴延年、陈日浓,1999a:97)。1961年,对外文委党组重申,刊物的读者对象是懂英语的知识分子、文艺界人士、汉学家和文艺爱好者,政治上居中间状态的比较多(中国文学出版社,[1990]:15)。1962年,外文出版社提出《中国文学》以民族主义国家和资本主义国家能读英语的知识分子为读者对象(周东元、亓文公,1999a:227)。

刊物赞助人一方面明确了读者对象的范围,一方面针对发行量也在不断反思。1955年,外文出版社针对外文图书的发行,认为以往只笼统考虑了外国读者,没有具体考虑各国的不同情况。"苏联和新民主主义国家,资本主义国家,殖民地附属国这三种类型的国家中读者的需要不同",过去考虑到"东南亚还有阅读英文的各国读者","但是很少考虑以英文为本国语的外国(英国、美国、澳大利亚、新西兰、加拿大等)读者的需要"(周东元、亢文公,1999a:111-112)。《中国文学》对读者的考虑也存在同样的情况。1962年,对外文委副主任张致祥承认,对外书刊发行下降的根本问题是主观办刊,不重视调查研究读者对象,不注意组织对外宣传的工作人员出国参观,去了解各国的政治、经济、人民生活和风土人情等方面。以前把读者看成是落后的、有成见的,实际上,大多数读者的意见是值得注意和参考的(周东元、亢文公,1999a:219)。由于国内政治形势不断变化,因此,有关外宣的对象和目的等问题一直困扰着外文出版社,其于1962年总结了一些长期模糊的问题向对外文委汇报。比如:对内宣传和对外宣传的区别;读者对象的划分;外宣的具体方针政策等(周东元、亢文公,1999a:236-246)。

主管外办的陈毅副总理于1959年和1963年对《中国文学》的两次"讲话",部分地回答了有关译介对象的问题。1959年,陈毅提出刊物要打动西方国家"高级知识分子的心,不可能大众化,不要追求发行数量"。1963年,他指出左派的工作容易做,但还应该做右派的工作,让读者通过《中国文学》了解中国的文学,了解中国支持和平、爱好和平,看到中国怎样从过去的苦难中翻身,看到中国的新气象;读者长期看下去,就会同情中国。还可以邀请订户来中国访问,让他们回去宣传(周东元、亢文公,1999a:161,315-316)。

《中国文学》的译介对象和目的从50年代到60年代有明显的转变。50年代面向亚非拉地区①的中间读者,介绍我国的革命斗争,给他们以信心和鼓励;60年代面向民族主义国家和资本主义国家②的知识分子,以促进西方国家对我国的了解和认同。

二、亚非拉称赞,欧美批评

1954年,《中国文学》与外文出版社合并之后,第1期印了1.93万册。1957年,刊物发行量约为1.5万册。1963年开始订户逐步上升,第1期订

---

① 特别是东南亚的资本主义国家(戴延年、陈日浓,1999a:27)。
② 西欧、大洋洲地区的发达资本主义国家和加拿大、日本等(周东元、亢文公,1999a:359)。

户1200多户,第7期已经增加到2200多户。该年每本成本约1.67元,全年需要资金20多万元。陈毅表示刊物的方针不变,只要销路增加,每期发行1万份,有2000多订户,投资20万、30万值得,国家愿意花这笔钱。他认为如果像以往过于突出政治,销路会越搞越少,比如订户曾经下降到700多户,今后要想办法扩大订户(周东元、亓文公,1999a:95,128,311-322)。50—60年代,《中国文学》在印度和印尼的发行量最大。① 1964年中法建交,《中国文学》增出法文版②,为刊物在欧洲的发行开辟了另一条道路。

1951年《中国文学》问世后,受到外国友人和读者的欢迎和鼓励。印度共产党文化部门写信盛赞刊物出得及时,认为通过它不仅可以了解中国的新文学,还可以了解中国人民在中国共产党领导下所进行的革命斗争。加拿大的"进步书会"(Progressive Book Club)很快把该期刊连载的《新儿女英雄传》印成单行本,在北美发行。莫斯科出版的《国际文学》发表了评价这个刊物诞生的专文(中国文学出版社,[1990]:2)。印度许多进步作家读完创刊号后,纷纷写来长信,热烈地祝贺《中国文学》的诞生并激动地畅谈读后感。他们认为,《中国文学》塑造了新中国新的人民形象,中国人民反压迫、反剥削、敢于抗争,给大家指出了一条民族解放的道路;《谁是最可爱的人》气贯长虹,给人以无穷的力量(吴旸,1999:490)。

从1953年开始,外文出版社除了编译《中国文学》之外,还开始出版中国文学作品的英译本。其中一些是在《中国文学》上已经译介(节译)过的文学作品的单行本,这些译本与刊物互相配合,受到广泛欢迎。外文出版社认为,英译本引起资本主义国家读者对中国人民的同情和对中国文化的向往。通过近代作品的介绍,增进了读者对中国人民解放斗争的正义性和胜利的必然性的认识;英译的中国古典和近代文艺作品,使不少外国读者改变了因接受长期反动宣传而形成的对中国人民形象的妖魔化看法,增进了对中国文化传统的认识。尤其是《太阳照在桑干河上》《李家庄的变迁》《屈原》《离骚》《阿Q正传》和《鲁迅短篇小说集》等作品,很受各国读者的喜爱。他们来信说,这些作品对于他们"具有很大的吸引力和感染力量",使他们"深受

---

① 根据笔者2010年在北京外文局调研期间对《中国文学》原英文部主任熊振儒先生和《中国文学》原法文部主任燕汉生先生的访谈得知。

② 法文版《中国文学》开本、栏目、内容与英文版大同小异,法文版一般在英文版基础上转译。1964年创刊时是季刊,1976年之后改为月刊,1982年改回季刊。

感动","同中国人民更加接近了",并引发了他们"对于中国悠久的历史文化的热爱与研究的兴趣"。许多国家的报纸与文学刊物发表评论赞扬上述作品或加以转载,不少国家的出版社和读者要求将这些作品译成其本国文字出版(有的已经转译出版)。有的作品被选中在电台广播,有的读者来信报告《屈原》在当地上演和受到观众欢迎的盛况(周东元、亓文公,1999a:109-110)。一位阿根廷读者来信说,《离骚》像中国优秀的古画一样引人入胜。《杜甫诗选》在挪威书店供不应求,有的读者指名索书,可见读者能够感受到杜甫向往和平,关心人民疾苦。英国读者伊·克伦麦尔认为《宋明平话选》是一部有意思的故事集,能让读者看到当时的社会生活,尤其是种种官场生态。英国一读者看完《关汉卿杂剧选》后,在其所在地的戏剧节上演出了《窦娥冤》。美国一读者认为《鲁迅选集》特别有价值,鲁迅通过文学抨击了封建社会。有的读者认为西方人尤其是美国人,通过鲁迅著作了解中国革命前的文化和政治是很重要的。《跟随毛主席长征》在印尼广为流传,影响深远(廖旭和,1999:435-438)。一位犹太人在伦敦大英博物馆对面开办了一家东方书店,每周六专门组织读书会研讨《中国文学》,通过讨论刊物上译介的中国文学作品来了解中国的变化,一直坚持到1999年刊物停刊①(苑茵,2008:144)。

从读者来信看出,普通读者对《中国文学》的阅读实现了文学的教育和娱乐功能,他们从中受到激发并借此了解中国的文学故事和中国的发展变化。这些作品同样得到了国外专业读者和报刊的好评,其中属《鲁迅选集》影响最大。新加坡《阵线报》指出,鲁迅所走过的革命道路,正是文艺工作者和知识分子今天所应走的正确道路。美国作家摩阿认为鲁迅的作品是他读过的最动人最有力的作品之一,鲁迅精细的描写揭示了旧社会的生活内幕,生动地表现了各种社会情况,他的故事是革命文学的典范,给人以力量。另外,西班牙作家费尔南多在《国家报》上发表文章,声称《家》是一部闪光的文学著作,把中国20年代的历史展现在读者面前,批判地再现了现实,选材生动,语言栩栩如生,具有无限吸引力。捷克的一位历史学教授把《铜墙铁壁》推荐给自己的学生,认为该作品能够使他及学生更加了解中国1946—1949年发生的事情,比历史书更能让读者看到中国人当时的日常生活和英勇斗

---

① 原文信息有误。《中国文学》一直发行到2000年年底,停刊时间是2001年。

争(廖旭和,1999:435-438)。专业读者不仅通过《中国文学》了解了中国的社会和历史,也发现了现当代中国文学独有的文学特征。

《中国文学》也成为欧美汉学家们的阅读对象,由于这些汉学家来自历史、文学、语言等不同的研究背景,因此,他们阅读《中国文学》的目的也不一样。在欧美接受语境下的这些汉学家对中国文学的研究集中刊发在1963年第13期的《中国季刊》(The China Quarterly)①"中国文学"专号上,这些论文是他们于1962年在伦敦召开"纪念《在延安文艺座谈会上的讲话》发表20周年"研讨会上提交的文章,刊登的大部分论文以脚注的形式标明了文中所使用的《中国文学》提供的资料信息。这些汉学家通过研究刊物译介的文学作品和文论来了解中国的文学创作、文艺政策、政治形势、意识形态和诗学、社会结构变化,并指出中国现当代文学在创作上的特点或不足。他们的研究有以下几个角度:

首先,把《中国文学》当作社会历史文本来阅读。

1959年,美国华裔汉学家李田意(Tien-yi Li)在《美国政治与社会科学院年鉴》(Annals of the American Academy of Political and Social Science)上发表了论文《中国现代文学的延续与变化》("Continuity and Change in Modern Chinese Literature"),文中谈到"社会主义现实主义"文学指导方针时,把《中国文学》1954—1957年译介的周扬和茅盾的有关文论列为参考文献。当时作者是耶鲁大学中文专业副教授,主要研究中国历史和小说(Tien-yi Li,1959:96,263)。他是耶鲁大学历史系博士毕业,是美国第一代研究中国现代文学的学者之一,曾在耶鲁大学、史密斯学院、印第安那大学、夏威夷大学、俄亥俄州立大学、香港中文大学等学校任教(谢莺兴,2005)②。

1963年,美国华裔汉学家夏济安(T. A. Hsia)在《中国季刊》上发表了《中国共产主义小说中的英雄与英雄崇拜》("Heroes and Hero-Worship in Chinese Communist Fiction")一文。作者在文中坦诚,他读中国小说是为了研究中国历史。他认为中国20世纪50—60年代的小说主题千篇一律,都在歌颂英雄,但是在读者看来恰恰具有讽刺效果,他以周立波的《暴风骤雨》

---

① 该刊由英国伦敦大学亚非学院于1960年创办,是欧美研究中国学的重要刊物之一。
② 参见:http://bbs.gxsd.com.cn/forum.php?mod=viewthread&tid=415942。

和《山乡巨变》为例,并说明在《中国文学》1954年第1期的"编者按"中可以看到周立波的生平介绍。另外,他还以《中国文学》1960年译介的《青春之歌》(杨沫)为例,并摘录了第6期译介的有关《青春之歌》的书评,认为该书评对小说的称赞反而可能会导致读者的排斥(T. A. Hisa,1963:113-138)。当然,作者在文中所说的读者是指包括作者在内的与中国意识形态不同的海外读者。夏济安曾经在华盛顿大学西雅图分校和加州大学伯克利分校任教并从事研究工作,主要研究中国共产党党史。①

美国华裔汉学家时钟雯(C. W. Shih)也在同一期《中国季刊》上发表了论文《中国共产主义小说中的合作社与公社》("Co-operatives and Communes in Chinese Communist Fiction")。文中讨论了以合作社和公社运动为故事背景的中国小说,特别注意到中国女性地位发生的变化,并举出了《中国文学》1960年第5期译介的《一点红在高空中》(胡万春)的例子。时钟雯当时是斯坦福大学的访问学者(C. W. Shih,1963:203,263),先后在美国斯坦福大学和乔治·华盛顿大学教授比较文学、英国文学、中国语言和文学,她制作的有关中国作家和唐代文化的纪录片曾由美国公共电视台(Public Broadcasting Service,简称PBS)和中国中央电视台播放。②

1971年,美国华裔汉学家Joe C. Huang③在《中国季刊》上发表了论文《中国当代文学中的恶棍、受害者与道德》("Villains, Victims and Morals in Contemporary Chinese Literature")。作者提出,由于没有直接的途径去研究中国社会,只能求助于反映中国现实的中国小说。他选取了20世纪50年代末到60年代中期创作的4部小说,并指出欧阳山的《三家巷》曾被1961年第5期和第6期的《中国文学》译介,梁斌的《绿林行》(《播火记》节选)则在1961年第3期被译介。Joe C. Huang当时在美国密西西比州陶格鲁学院(Tougaloo College)教授政治学,第二年赴哈佛大学东亚研究中心深造(Joe C. Huang,1971:331-349,410)。他是夏济安的学生,在南伊利诺伊大学取得博士学位。④

其次,把《中国文学》当作文学文本来阅读。

---

① 参见:http://zh.wikipedia.org/wiki/%E5%A4%8F%E6%BF%9F%E5%AE%89。
② 参见:http://home.gwu.edu/~cwshih/5author.htm。
③ 中译名不详。
④ 参见:http://www.ylib.com/class/topic/show1.asp?Object=gossip&No=6744。

1963年,美国汉学家西里尔·白之(Cyril Birch)在《中国季刊》上发表论文《中国共产主义文学:对传统形式的坚持》("Chinese Communist Literature: The Persistence of Traditional Forms"),分析了李季的《王贵与李香香》,发现《中国文学》创刊号上译介的版本删去了原文部分内容。白之当时是加州大学伯克利分校的中国文学及比较文学副教授(Cyril Brich, 1963: 86, 263),后成为讲座教授并任中文系主任。他的研究涵盖传统中国小说和戏剧以及现代中国文学。他以翻译明代戏剧及故事闻名,其80—90年代的译作《牡丹亭》《燕子笺》《浣纱记》广为人知,深受读者好评。①

美国华裔汉学家夏志清(C. T. Hsia)在同一期《中国季刊》上发表了论文《残存的女性气质:中国共产主义小说中的女性》("Residual Femininity: Women in Chinese Communist Fiction"),探讨了50—60年代的中国小说中对女性形象的塑造,并用《中国文学》1960年第12期译介的《反映社会主义跃进的时代,推动社会主义时代的跃进》②来说明共产主义和修正主义对"人情味"的不同界定,文中将《中国文学》1960年译介的《春暖时节》(茹志鹃)作为讨论对象之一。夏志清是夏济安的弟弟,当时在加州大学伯克利分校中国研究中心从事研究工作(C. T. Hsia, 1963: 158-179, 263)。他先后执教于密歇根大学、纽约州立大学、匹兹堡大学等校,1969年起任哥伦比亚大学中文教授,1991年荣休后任该校中文名誉教授。他于1961年出版的《中国现代小说史》(*A History of Modern Chinese Fiction*)是一本有关中国现代小说研究的权威之作,对海内外中国现代小说的研究产生了深远的影响。③

德裔美籍汉学家卫德明(Hellmut Wilhelm)也在同一期《中国季刊》发表了论文,题为《中国共产主义文学中的青年与年龄形象》("The Image of Youth and Age in Chinese Communist Literature")。该文分析了《中国文学》1956年第1期译介的严文井的童话,提及刊物1955年第1期、1959年第6期以及1962年第1期译介的张天翼的童话④,综述了1955年第3期译介的《年假》(骆宾基)、《韩梅梅》(马烽)以及第4期的《老陶》(徐光耀)、《考验》

---

① 参见:http://www.cuhk.edu.hk/rct/30th/bio/cb.html.
② 茅盾1960年7月在中国作家协会第三次理事会会议上的报告。
③ 参见:http://zh.wikipedia.org/wiki/%E5%A4%8F%E5%BF%97%E6%B8%85.
④ 原文脚注有误。

(夏衍)、1957年第1期的《冰化雪消》(李准)、《小胖与小松》(呆向真)、《海滨的孩子》(肖平)和《蟋蟀》(任大霖)①以及第3期的《在森林里工作的人们》(逯斐)、1959年第12期的《两代人》(李准)、1960年第3—6期的《青春之歌》(杨沫)等作品中对孩子的刻画,并引用1959年第11期译介的《青春之闪光》(刘白羽)中的话作为结尾,认为这些文学把对"青年"的刻画从"形象"降级为只剩下"口号"。卫德明当时是华盛顿大学西雅图分校的教授,曾于1933—1948年在北京大学任教(Hellmut Wilhelm,1963：180-194, 263)。他是传教士、汉学家卫礼贤(Richard Wilhelm,1873—1930)的儿子,后赴美在华盛顿大学西雅图分校讲授中国史,1971年起任中国历史和文学名誉教授,出版了多部研究《易经》的专著。②

最后,把《中国文学》当作翻译文本来阅读。

1963年,Yong-Sang Ng③在《中国季刊》上发表了论文《毛泽东诗词》("The Poetry of Mao Tse-tung"),作者在分析1962年《人民文学》刊发的毛泽东诗词时,给读者指明英文版可以参看《中国文学》1963年第1期译介的毛泽东诗词6首。作者是一位资深译者和编辑,当时是哥伦比亚大学研究当代中国人和中国政治的项目组的成员(Yong-Sang Ng,1963：70-71, 263)。

1975年,美国华裔学者庄信正(H. C. Chuang)在期刊《亚洲研究》(*The Journal of Asian Studies*)上发表书评介绍自己编译的《中国文学：流行小说和戏剧》(*Chinese Literature：Popular Fiction and Drama*)一书时,注意到自己选入的宋元古典作品《冯玉梅团圆》和章回体小说《水浒传》曾经分别被杨宪益、戴乃迭夫妇和沙博理在《中国文学》1955年第1期和1963年第10期上译介过(H. C. Chuang,1975：516-517)。当时在印第安纳大学任教的庄信正是印第安纳大学比较文学博士,曾任教于堪萨斯大学并曾接替他的恩师夏济安先生在加州大学伯克利分校中国研究中心工作,后于联合国担任翻译(干琤艳,2006)。

由于《中国文学》是新中国成立后唯一一份对外介绍中国文艺的刊物,

---

① 原文脚注有误。
② 参见：http://zh.wikipedia.org/zh-cn/%E8%A1%9B%E5%BE%B7%E6%98%8E；http://www.ewen.cc/books/bkview.asp? bkid=12422&cid=22992。
③ 中译名不详。

因此，当时被许多国家图书馆收藏。尤其对于与中国处于冷战状态的西方国家而言，只能通过阅读翻译的中国文学作品来了解中国社会的现状。另外，二战之后，美国、日本的汉学研究发展迅速，苏联（俄罗斯）汉学重新崛起，打破了西欧传统汉学一统天下的局面（何寅、许光华，2000：340-341）。美国、日本、俄罗斯和西欧的各大国家图书馆及研究汉学（中国学）的主要高校的图书馆①都订购了《中国文学》，或是纸质版或是微缩胶卷，但是订购情况几乎都是 50 年代的期数不全，60 年代期数比较完整，其中美国、日本、瑞典的图书馆收集的刊物期数最全。《中国文学》在这些国家的高校或研究所图书馆一般比在国家图书馆的藏数齐全，比如，东京大学、捷克科学院东方研究所、意大利那不勒斯东方大学、荷兰莱顿大学、哈佛大学、哥伦比亚大学的图书馆，现都存有全套刊物。但也有例外，如俄罗斯国家图书馆即有全套刊物。反倒是在销售量最大的印度和印尼，图书馆的馆藏量非常小且期数不全。这说明在亚非拉国家，普通读者可能比专业读者多；而在欧美国家，专业读者可能比普通读者多。

《中国文学》译介的部分作品得到美国纽约大学出版社 1974 年出版的文集《中国现代文学》(Modern Literature from China)的转载，主编沃特·梅泽夫(Walter J. Meserve)和鲁斯·梅泽夫(Ruth I. Meserve)夫妇在"引言"部分分析中国现当代文学时，引用了《中国文学》1959 年第 1 期和 1965 年第 2 期译介的《1958 年的中国文学》和《当代中国文学报告》两篇文论上的观点和资料。他们在书中转载了《中国文学》1959 年第 8 期的一篇少数民族故事和第 12 期的《新食堂里忆故人》(赵树理)，1960 年第 1 期的诗歌《送瘟神》(毛泽东)和第 8 期的诗歌《三门峡之歌》(贺敬之)，1965 年第 5 期的一

---

① 本书不可能完全详述世界各国所有图书馆收藏《中国文学》的情况，笔者根据调研情况选取部分具有代表性的图书馆数据作为参考，读者通过其网站可查看相关资料。包括日本公共图书馆、东京大学图书馆、京都大学图书馆、早稻田大学图书馆、俄罗斯国家图书馆、印度德里大学图书馆、印尼国家图书馆、美国国会图书馆、纽约公共图书馆、哈佛大学图书馆、哥伦比亚大学图书馆、加州大学伯克利分校图书馆、法国国家图书馆、法兰西学院图书馆、德国国家图书馆、德国柏林国立普鲁士文化基金会图书馆、汉堡大学图书馆、柏林自由大学图书馆、英国大不列颠图书馆、牛津大学图书馆、剑桥大学图书馆、伦敦大学亚非学院图书馆、瑞典国家图书馆、瑞典斯德哥尔摩大学图书馆、荷兰皇家图书馆、荷兰莱顿大学图书馆、意大利那不勒斯东方大学图书馆、挪威奥斯陆大学图书馆、芬兰赫尔辛基大学图书馆、比利时荷语鲁汶大学图书馆、捷克科学院东方研究所图书馆、澳大利亚国家图书馆、昆士兰大学图书馆、悉尼大学图书馆、加拿大国家图书馆、皇后大学图书馆、多伦多大学图书馆。以下章节所论述的图书馆调研的范围相同，不再赘述。

篇寓言。他们在该书"序言"中说明所选作品译文均来自外文出版社,未做任何改动。在"引言"中,他们提出中国有可与西方经典文学媲美的伟大作品,可惜美国的普通读者对此并不了解。他们通过用西方文学做类比,向读者介绍中国的文学传统、文艺政策以及文学的发展变化,但解读都偏向政治角度。沃特·梅泽夫在印第安纳大学教授亚洲戏剧文学,鲁斯·梅泽夫在堪萨斯大学英文系做研究,主攻现代中国文学和政治的关系,他们发表并出版了很多有关中国文学的文章和著作,尤其在中国戏剧研究方面贡献突出。

另外,杨宪益、戴乃迭夫妇译介的《唐宋传奇选》《宋明平话选》《关汉卿杂剧选》以及《长生殿》等作品都被英国伦敦大学列为"汉文教材",成为西方汉学家普遍重视的英译中国古典著作(邹霆,2001:284)。

《中国文学》在内容选材上也曾受到读者的反对和批评。1960年,《中国文学》第9期刊登了一组反美斗争的文章,引起外国读者强烈反应,导致刊物在国外销售量普遍下降(毛大风,1999:47)。这里的外国读者应该是与我国意识形态不同的资本主义国家的读者。1965年,由于停止译介"五四"以来作品,当代作品占了绝大部分,有读者来信对文艺述评方面提出批评,认为该年刊物"宣传气味太浓"(中国文学出版社,[1990]:21)。

总体来看,尽管《中国文学》的销量一度下降,但是刊物译介的文学作品不仅得到了普通读者的阅读,还得到了专业读者的阅读和研究,以及高校图书馆的收藏和教学使用。这些读者尤其对中国古典作品和鲁迅的作品评价很高,大部分读者的阅读目的是通过阅读当代作品了解中国的现实。读者对《中国文学》译介的现当代作品的阅读往往不单纯是从文学审美的角度出发,还掺杂了他们的政治态度。从读者反应来看,亚非拉国家的读者通过阅读《中国文学》确实得到了鼓舞;资本主义国家的读者也据此对中国现实及现当代文学有所了解,但是这种了解之后的效果似乎并没有如期刊所愿,因为期刊收获的大多是对中国的同情,从部分读者的反应来看,期刊甚至让他们对中国产生了反感和否定倾向。

三、内容重于语言,肯定外国专家的翻译

《中国文学》译介的内容在意识形态方面符合处于民族解放战争中的亚非拉受众的阅读期待,容易引起他们的共鸣和理解。在欧美国家,新中国的成立和社会主义制度的确立促使西方各国政府开始调整对华政策,他们一

方面对中国实施封锁包围,一方面要求汉学家加强对中国当代问题的研究。虽然美国20世纪50年代风行的麦卡锡主义一度使汉学家遭到严重迫害,但是仍然没有阻挡住他们在高校从事中国学研究。50—60年代,美国中国学研究集中在政治、经济和历史等方面,《中国文学》译介的文学成为这些汉学家了解中国的窗口,为他们的研究提供了现实材料。同时,麦卡锡主义对人们思想的禁锢使得普通读者对共产党领导下的中国避之不及,没有机会也不敢接触中国的任何读本,即便是专业读者对中国现当代问题的研究也在一段时间内颇为敏感。这导致,《中国文学》译介的内容虽不太符合西方普通读者的期待规范,却部分地符合专业读者的期待规范。

从读者反应来看,读者对《中国文学》的内容做出的反馈较多,对译语语言则没有什么评价。这一方面说明国外懂汉语的人较少或者有关中国的资料较少,大多数读者直接把译语文本当作源语文本来阅读,没有能力或者条件分辨译本的优劣真伪;另一方面说明《中国文学》的翻译没有给读者造成阅读障碍,能够使他们较好地了解刊物译介的内容。从译者主要采用的翻译策略"信、达、雅"来看,译者受到的影响主要来自源语环境中初始规范、操作规范和专业规范,海外读者为了获取中国的资料,也不得不在一定程度上包容这些或许不符合他们国家翻译规范的文本。对于读者而言,译介的内容远远重于所使用的语言形式。

受读者好评比较突出的《新儿女英雄传》《谁是最可爱的人》《家》等作品的译者是沙博理,《太阳照在桑干河上》《李家庄的变迁》《离骚》《屈原》《阿Q正传》《鲁迅选集》《宋明平话选》《关汉卿杂剧选》《青春之歌》的译者是杨宪益、戴乃迭夫妇。这说明杨氏夫妇、沙博理的翻译在语言上符合译语环境的翻译规范。

四、以左派进步书店为主,派遣驻外机构

新中国成立后,外文出版社的前身国际新闻局出版发行的刊物面向全世界,以对外为主,对内为辅。英文刊物发行重点为东南亚地区和英美资本主义国家,主要靠我国香港地区转运站向外发行,采取经由同行书店直接订阅、赠送或交换的方式。那时苏联各种外文版的《新时代》《苏联文学》封底都刊登苏联国际图书公司在各国的代理发行网点,这些据点很快也成为我国发行网最早的基础。国际新闻局以国外左派书店为主体,建立起各国发

行网。1950年,发行网已经推广至50多个国家和地区,印度、美国、英国的销量居前三,苏联、捷克、波兰、罗马尼亚的销量在前十,最大的同业是印度孟买人民出版社。对外发行的南线经我国香港地区,北线经国际书店[①]向苏联和东欧发行。香港对外转运采取平寄、航运和航寄,订户从北京直接邮寄,但是需要一个月时间才能到达。若改用航运缩短邮寄时间,国际新闻局则无力负担过高的航运费用(王福时,1999:580-581;周东元、亓文公,1999a:33-34)。1952年,国际新闻局改组为外文出版社。外文出版社出版发行的书籍刊物(包括《中国文学》),主要转由国际书店以贸易形式向国外发行,同时还以非贸易形式(赠送和交换)发往各国。非贸易发行被认为是非常重要的,可以补充贸易发行的不足,扩大宣传影响。以贸易形式销售的刊物分地区定价,以不超过当地苏联书刊售价为原则,加大同行折扣,期刊改用航空邮寄,补助同行推广及广告费用(周东元、亓文公,1999a:66)。

  1961年,外文出版社的书刊发行范围扩大到142个国家和地区,新增发行网点主要在亚非拉地区。但是随着国际共产主义运动内部的分化和某些民族主义国家统治阶级的右倾,外文社的对外发行受到帝国主义、修正主义和各国反动派的抵制和封锁。虽然书刊能够进入140多个国家和地区,但是国际书店仅仅与80多个国家和地区的370多家书刊发行机构建立了直接贸易关系。其中,亚非拉地区占205家,分布在50多个国家和地区。国际书店在国外的同业主要是由各国共产党或进步组织、个人所创办的,我国书刊的经销主要靠其中的少数左派发行机构。由同业批发的我国各种外文期刊约占总数的2/3,个人订户不足1/3。1963年,发行范围增加到87个国家和地区的545家发行机构,其中左派发行机构共55家(周东元、亓文公,1999a:263-264,326)。

  由于外文书刊是配合外交活动的重要工具,因而常常受到国际政治变化的直接影响。20世纪50年代末至60年代初,中印边界发生冲突,中印关系恶化,大量的书刊发行突然中断(邵公文,1999:562)。60年代初,古巴、印尼、加纳等国政局变动,外文书刊发行大起大落。1963—1964年我国

[①] 1949年成立的国际书店以发行我国出版的外文版书刊和外国出版的图书期刊为主要任务(朱希,1999:552),1983年更名为中国国际图书贸易总公司,2010年转轨改制后成为"中国国际图书贸易集团有限公司"。

对印尼发行书刊465万册,但是1965年"九三零事件"后,书刊发行全部中断。国外左派书店也常受政治压迫而被迫中止与国际书店的业务往来(罗俊,1999:70)。

国际书店的基本任务是对外发行我国以毛泽东著作及其他政治性书刊为主的外文书刊,发行地主要是正在进行斗争或革命的地区(如亚非拉等地)。虽然要求以贸易发行为主,但是又提出在实现宣传效果的基础上再算经济账(周东元、亓文公,1999a:266-267)。因此,在相当长的时间内,贸易发行方式基本流于形式,非贸易发行占了很大比重(曹健飞,1999:654-655)。

1953年,国际书店与英国柯烈茨书店建立贸易关系,这是除苏联和其他社会主义国家同业外,较早与新中国书刊发行机构建立贸易往来的西欧资本主义国家同业(戴延年、陈日浓,1999a:5)。该书店经理罗素是英国共产党党员,书店陈列和销售的大部分外国进步英文书刊来自苏联和东欧。柯烈茨书店不论在门市陈列还是在书刊推广工作中,都将中国书刊作为业务中心,为英国和欧洲各国的大学和研究机构提供中国出版的中英文各类书刊。但是自20世纪60年代中苏交恶以来,我国不仅与社会主义阵营各国国营书店关系恶化,而且与各资本主义国家的共产党办的书店(包括英国共产党创办的中央书店)关系也恶化了,其中也包括柯烈茨书店(曹健飞,2007:72-73)。

我国书刊进入美国始于1951年,当时正值抗美援朝时期,美帝国主义对新中国实行封锁禁运,只有美国共产党在纽约开办的一家"出版物和产品进口公司"(Imported Publications and Products)与我国尚保持往来。由于美国的限制,我国的刊物发行量很小,每种期刊订量不足500份。1960年,美国进步人士亨利·诺伊斯在芝加哥开办了"中国书刊社"(China Books & Periodicals, Inc.),经销从我国进口的中国书刊,后在纽约开了分店。由于该店的努力,中国的书刊60年代的在美发行量比50年代有了成倍的增长(龚介福,1999:677)。

日本共产党在1952年创办的极东书店是20世纪50年代与中国往来最密切、营业额最大的一家日本同业。但是随着60年代,中共与日本共产党在政治上出现分歧、关系恶化,我国与极东书店也断绝了业务关系,其社长安井正幸被日共开除党籍。1966年安井开设了东方书店,于是,中国图书的全部经销业务都转到了东方书店。东方书店是推销中国出版物最积极的日本书店之一,成为向日本各大学及有关研究单位提供中国出版物的中心。他们还在日本各地配合日中友好协会组织中国期刊的读书会。但是对于中国书刊因在选材上缺乏针对性而不受日本读者欢迎的情况,安井正幸经常提出批评和改进建议,在发现书刊还是没有显著改进时,曾感叹不如自己来选材出版(曹健飞,2007:74-75)。

我国书刊的对外发行靠的不是专业书店而是业余的进步分子,发行活动即便收不到书款也在所不惜。进步分子的行销地点大多为"楼顶书店",他们限于资金人手,不可能做较大规模的推广工作,往往是守着书店等待顾客的光临。有一个被认为是承销我国书刊最积极的国家,每年所要的数量总是不断上升。然而当外文社冯亦代遇到我国驻该国大使时,才得知我们寄去的书刊都堆积在该国的海关仓库里,因为该国的领导人是反共专家(冯亦代,1999:35)。我国只跟中间保守性的书商往来,他们除了得到很低的折扣,还都不同程度地得到我国的资助。再加上非贸易发行和贸易发行的界限不清,导致"国外某些同业认为国际书店是搞政治宣传,不是搞贸易"(戴延年、陈日浓,1999a:89)。

第二节 1966—1976:发行量下降,资本主义国家的知识分子读者增多

"文化大革命"期间,《中国文学》仍然照常出版,但是它的译介目的发生了变化,成为"对外宣传马克思主义、列宁主义、毛泽东思想的刊物","是在毛主席革命文艺路线指引下以译载我国文艺作品为主的文学艺术刊物"。因此,《中国文学》实际上成为对外宣传中国革命的文艺刊物。"文化大革命"的爆发要求所有国际书店的驻外人员回国参加革命,译介渠道大量消减。直到1976年,中国文学杂志社领导才开始整顿"文化大革命"以来的对外通联工作,并着手改进受极左思潮影响的对外宣传工作(中国文学出版社,[1990]:29,34)。

一、否定中间读者,以左派读者为主

"文化大革命"之初,外文局内部围绕之前对读者对象问题的认识,便出现了许多完全不同的看法。多数人将外文书刊的宣传政策"以我为主",定

义为"教育和组织广大无产阶级工农兵、无产阶级群众起来革命,为世界无产阶级革命的利益服务"。之前过多照顾、迁就、迎合资产阶级读者,"照顾读者"和强调"针对性"必然限制和阻碍宣传毛泽东思想。有的人提出以"中间读者"为对象削弱了刊物的思想性、战斗性,外宣中"要注意生动活泼、深入浅出、丰富多彩、潜移默化"等提法都是错的,这是为不敢理直气壮地宣传中国革命和建设打掩护和设障碍(周东元、亓文公,1999a:403-405)。在赞助人制定的新的方针政策指导下,《中国文学》的译介对象转为以左派读者为主。

二、读者反应:肯定鲁迅作品,漠视"文革文学"

据1966年3月统计,《中国文学》每期发行近2万份①,发行地区遍及世界159个国家和地区(周东元、亓文公,1999a:399)。1968年8月,法国当局受到本国"六月风暴"学生运动的冲击,以违反其宪法规定为借口,限制我国书刊对法出口,订户订阅的刊物被成吨退回(戴延年、陈日浓,1999a:245)。由于资本主义国家以及与我国社会主义意识形态分化的国家极力抵制我国对外输出革命思想,《中国文学》在"文化大革命"期间的销售量严重下降。但是《中国文学》作为文艺刊物依然能够进入这些国家,并在一段时间内成为唯一能够对外发行的中国刊物。

1972年尼克松访华,中美关系走向正常化。很多西方记者来华采访,写了大量报道赞扬毛泽东领导的中国,包括美国的《纽约时报》和英国的《星期日泰晤士报》。这引得许多欧美人民开始关注"文化大革命"时期的中国。中国一时成了西方舆论的焦点,这为中国文学在欧美的传播制造了有利条件。因此,在美国、日本、俄罗斯和西欧各国的国家图书馆以及研究汉学(中国学)的主要高校的图书馆中,《中国文学》藏量几近齐全,只有少数"文化大革命"前期的单册缺失。

《中国文学》在1972年第7期、第9期、第12期分别选登了一些读者来信。从读者反馈来看,《中国文学》的内容和插页都引起了读者的注意,尤其是文学作品和文论。这些普通读者分别来自亚非拉国家和西方资本主义国

---

① 外文出版社的其他刊物发行量远远超过《中国文学》,如《人民画报》50多万份、《北京周报》10多万份、《中国建设》近9万份、《人民中国》日文版近7万份(周东元、亓文公,1999a:399)。

家,他们对《中国文学》译介的作品基本持肯定态度。亚非拉读者认为刊物展现了中国人民在"文化大革命"中的战斗精神;西方资本主义国家的读者通过刊物了解了处于革命中的中国现状以及中国的文艺。不可否认的是,被选登的这些读者来信在当时的意识形态氛围下可能会经受严格的筛选,或许并不能代表全部的读者反馈,但是从另一方面来看,它们毕竟是读者反馈的一部分,某种程度上能够反映《中国文学》被接受的情况。

有读者把《中国文学》当作社会历史文本来阅读。通过文学了解中国的革命,一般大众读者能够从中得到鼓舞和力量。阿尔巴尼亚读者 V.M.认为毛泽东的《在延安文艺座谈会上的讲话》为"文化大革命"指明了方向,《智取威虎山》《海港》《红灯记》《沙家浜》《奇袭白虎团》《白毛女》《红色娘子军》等样板戏是真正的无产阶级文艺成果,为读者提供了了解中国的材料,对世界上其他为自由而战的人们来说,具有不可取代的价值。尼日利亚的 E.E.指出革命回忆录《跟随毛主席长征》和《胸中自有雄兵百万》非常有意义,认为毛主席是穷苦大众的伟大领袖。美国的 M.和 M.K.夫妇自认跟中国的工农兵一样,也是众多劳苦大众中的一员,认为真正进步的人民才能理解中国革命取得的巨大成就,相比美国财富不均的社会,中国的文化思想总是能够带给他们惊喜,他们希望有一天能够参观社会主义革命进程中的中国(Editors of CL,1972:129-130)。巴基斯坦的 A.G.通过刊物知道了很多有关中国的知识,了解了中国人民的革命思想,并表示要想成为一名革命者,就需要读读这些文学作品(Editors of CL,1972:102-103)。

有读者把《中国文学》当作文学文本来阅读。他们大多是知识分子读者,都表达了自己对中国文学作品的看法,包括赞扬和批评。

他们对鲁迅和郭沫若的作品评价尤其高,鲁迅的读者包括"学生、教师、职员、官员、医生"等(廖旭和,1999:436)。英国的 J.S.在大学学习中文,非常喜欢鲁迅和郭沫若的作品,希望刊物能够多解释一下作品的背景和意义;他特别指出鲁迅写作的目的是改变中国的封建思想,并希望刊物介绍一下北京的鲁迅博物馆。

美国的 O.W.说《中国文学》是其最喜欢的中国杂志之一,他尤其喜欢鲁迅的文章,以及与鲁迅或中国的考古发现相关的文章。他认为鲁迅的文章展现了中国人觉醒后的革命思想。挪威的 A.G.曾经读过鲁迅的《阿Q正传》,认为他是一位优秀的作家。《中国文学》1972 年第 1 期译介的《药》和

《故乡》两篇故事让这位读者读了两遍,他希望刊物能够多译介些鲁迅的作品。

美国的 D.J.H. 觉得《中国文学》上最好的文章是郭沫若的《李白与杜甫在诗歌上的交往》,它以一种进步的现代视角巧妙地分析了两个伟大的诗人。

挪威的 A.M. 喜欢读《跟随毛主席长征》,他认为这部作品写得像革命诗歌一样,并为读者提供了中国 1930—1946 年的历史资料;他还指出《中国文学》体现了毛泽东"艺术首先是革命运动的一部分"的文艺思想,认为刊物译介的诗歌、文章等都有三个重要的元素:革命行动、革命力量、革命乐观主义。这位读者跟他的一些朋友对中国历史和文学很感兴趣,通常每月举行一次讨论《中国文学》的聚会,阅读自己最喜欢的内容并彼此交换读书心得(Editors of CL,1972:130-131)。阿尔巴尼亚的 L.P. 觉得《中国文学》无论从思想上还是从艺术上来说,都是一本革命杂志,他尤其喜欢《评反动影片〈山本五十六〉》《批判"全民文艺"论》《批判"国防文学"及其代表作》《评日本反动影片〈啊,海军〉》《学习鲁迅深入批修》等文论,认为这教会了其分辨中国新旧文学作品中粗浅和深刻、错误和正确的观点。意大利的 A.S. 发现革命回忆录《跟随毛主席长征》和《胸中自有雄兵百万》非常有意义,觉得毛主席在长征中对士兵的关爱难能可贵。该读者不仅喜欢刊物的内容,也喜欢刊物的封面和插页,更期待看到有关中国的其他照片(Editors of CL,1972:135-136)。英国的 D.B. 是学数学的,所以并不会定期去阅读大量的文学作品,但却认为《中国文学》不仅仅好看,还从实践上体现了无产阶级文学的正确道路。挪威的 T.L. 觉得刊物上刊登的故事某种程度上缺乏文学性,不太有感情色彩,因为它们都是机械地描写了一些故事,以至于读者不能融入其中。但是他也表示有关毛主席和长征的故事写得很好,扣人心弦,表现出中国人民的英勇奋斗和毛主席的英明领导。这位读者也比较喜欢鲁迅的作品,认为它们更多受到西方思维方式的影响,因而更容易被理解。

德国的 H.H. 认为《中国文学》挑选了很好的诗歌、故事、插页,展现了生活在社会主义国家的工人、农民和士兵的伟大创造力。一位美国学生 D.E.S. 认为 1971 年第 12 期《中国文学》译介的诗歌展示了作者对国家和人民的爱,表达了作者希望为所有人谋福利的普遍情感(Editors of CL,1972:102-103)。加拿大的 J.M.M. 十分愿意多花些时间看看中国的艺术、文化活动、电影、音乐、文学等,想了解中国的文艺如何以一种新的方式融入人民的生活。日本的 N.T.认为中国人在继承文学传统的同时也在尝试创造一种新的京剧,《海港》这部样板戏就是把当时故事融入京剧的一次新试验。

由于"文化大革命"时期《中国文学》译介的作品主要是歌颂毛泽东的英明领导和工农兵群众的高尚品质的,因此,一般大众对《中国文学》宣扬的革命精神持认同和支持态度;而知识分子读者对《中国文学》译介的作品却有褒有贬。他们一方面支持中国的革命运动和革命思想,另一方面也批评这一时期文学的千篇一律、缺乏文学性。专业读者与普通读者相比,对这一时期的《中国文学》的反应比较冷淡。

1974 年,美国汉学家林培瑞(Perry Link)在其发表在《中国季刊》上的论文《李希凡论中国现代文学》("Li Hsi-fan on Modern Chinese Literature")的开篇便提出,李希凡在《中国文学》1972 年第 9 期的文章《为革命而写作——关于鲁迅杂文》以及 1973 年第 5 期的文章《读鲁迅的四篇序言》中用黑白分明的术语加感叹号来激发读者支持"文化大革命",这种评论方式引起了他的兴趣,他在文中对比了这种评论方式与李希凡在其他地方发表的有关鲁迅的文章。林培瑞当时是普林斯顿大学东亚研究系讲师,正在撰写自己在哈佛大学的博士论文,他研究的是 1910—1930 年中国流行的城市文学(Link,1974:349-356,432)。他曾师从现代语言学大师赵元任的女儿赵如兰教授及美国汉学权威费正清教授,主要研究中国现当代文学、社会史、大众文化、20 世纪初中国通俗小说,先后任教于加州大学洛杉矶分校、普林斯顿大学、加州大学河滨分校(石扉客,2010:80)。

《中国文学》的目录信息被欧美学者收入有关中国文学的工具书中,具有较高的实用价值,可为研究者和教师快速查找相关资料或选题提供便利,帮助普通读者概览中国文学的翻译、研究出版情况,并可供对中国感兴趣的读者了解中国的社会、历史、经济、政治等各个方面的信息。1978 年,丹麦国家及奥胡斯大学图书馆(the State and University Library of Aarhus)东亚分部的研究馆员汉悦仁(Hans J. Hinrup)历时 5 年编纂出《〈中国文学〉(1951—1976)索引》(An Index to "Chinese Literature" 1951-1976),分类整理了《中国文学》从创刊到"文化大革命"时期的全部目录。汉悦仁在引言中称这本刊物在国外流传广泛、使用频繁,认为它反映了新中国文化生活的发展,凸显了意识形态的斗争,展现了对中国古典作品评价的变化。除了供人阅读消遣，《中国文学》还是研究中国必备的资料，因为其提供的信息与中国社会的各个方面息息相关，包括文学、工艺美术、音乐、戏剧、电影，内容涉及农业、工业、教育、妇女、少数民族、外交等(Hinrup,1978:7-8)。无独有偶，美国汉学家、目录学家唐纳德·A.吉布斯(Donald A. Gibbs)也于同年推出了一本有关《中国文学》目录的索引《〈中国文学〉月刊题目与作者索引(1951—1976)》[*Subject and Author Index to Chinese Literature Monthly (1951-1976)*]，两者分类不同，因此编排顺序和内容并不完全一致。

两本索引出版第二年，美国康奈尔大学中国现代文学教授耿德华(Edward M. Gunn, Jr.)便在《中国季刊》上发表了关于它们的书评。他认为《中国文学》译介的文学、艺术和评论总是处于"正确"表达的安全范围之内，因此在"文化大革命"开始后得以继续出版，而其他文学刊物却遭停刊。作为研究中国语言的工具，《中国文学》占有独特的地位，它反映了中国正统权威的思想，是一本包含地理、社会多样性的文化档案。但令人遗憾的是，刊物本身没有给出译介作品的原作出处，而这对研究者来说或许更加重要(Gunn, Jr.,1979:638-639)。耿德华是哥伦比亚大学毕业的博士，主要研究20世纪中国小说和戏剧、电影、文化批评、流行文化。1982年，美国华裔汉学家黄宗泰(Timothy C. Wong)在《美国东方学会杂志》(*Journal of the American Oriental Society*)上也发表了一篇关于这两本索引的书评，他指出《中国文学》对国外研究中国的学者来说是一个非常重要的资源，两本索引各有长处，但是在内容分类上也各有瑕疵，造成了一些使用不便之处。但总的来说，后者比前者实用性更强，性价比也更高(Wong,1982:150-151)。黄宗泰毕业于斯坦福大学，曾于1966—1967年在台北学习中文，先后执教于俄亥俄州立大学和亚利桑那州立大学，教授中文、中国小说以及文学翻译。①

美国克莱尔蒙特学院中国及亚洲研究系学者蔡梅曦(Tsai Meishi)于1979年编纂的工具书《二十五年来新中国小说》(*Contemporary Chinese Novels and Short Stories，1949-1974：An Annotated Bibliography*)被收入"哈佛东亚专著丛书"(Harvard East Asian Monographs)，书中对文学作品名称

---

① 参见：https://webapp4.asu.edu/directory/person/105761；http://www.ask.com/wiki/Timothy_C._Wong? qsrc=3044.

的翻译均选自《中国文学》，并给出了该作品被译介的具体著录信息。这段时期美国研究中国的资料较少，蔡梅曦花费10年时间查阅了几乎所有图书馆有关中国大陆小说的资料，有时还需要借助研究中国文学的日文资料，最终整理出这本详细的目录，以供研究者、学生、图书管理员等人群使用。

从上述普通读者的反应来看，读者不仅对《中国文学》译介的文学作品和文论感兴趣，还对封面和插页表示了一定的认同，尤其左派读者对刊物内容持赞扬态度。"文化大革命"时期《中国文学》的知识分子读者明显增多，真正能够引起他们兴趣的当推鲁迅的作品。但是刊物在该时期译介的现代作品只剩下很少量的鲁迅作品，其余全是当代作品，尤其是大量工农兵业余群众作者的作品，而后者并没有引起知识分子读者的关注。同时专业读者在明显减少，欧美汉学家这一时期研究的仍然是1966年之前的文学作品。即使阅读《中国文学》，也跟普通读者一样，只关注其中译介的鲁迅作品及有关鲁迅的文章。无论是普通读者还是专业读者，都能够清楚地意识到这一时期《中国文学》已经变成宣传"文化大革命"的工具，读者阅读的目的不仅是了解中国文学，更是了解中国的社会现实。

三、内容重于语言

《中国文学》在"文化大革命"时期的译介目的是宣传毛泽东思想和"文化大革命"，亚非拉读者和欧美的普通读者通过刊物译介的作品了解了中国的革命并称赞中国的革命精神，可以说刊物部分地达到了其译介目的，译介内容符合左派读者的期待规范。但是刊物译介的"文革文学"作品几乎没有引起太多的反应，有读者认为这些作品过于机械化而缺少文学性，汉学家也对这些作品几乎没有评论和研究，这说明对于以文学审美为阅读目的的读者而言，这些作品并不符合他们的期待规范，因此《中国文学》译介的当代文学作品没有产生什么影响。从译介内容上来说，如果作品已经不能满足读者的期待，那么译语语言对于读者而言也就不再重要了，因此，读者对《中国文学》译语语言的要求就更低了，甚至干脆忽略。

《中国文学》译者白霞回忆"文化大革命"时期的《中国文学》时，评价大多数的文章、小说和诗歌都是垃圾，没有任何价值。她觉得"问题在于，《中国文学》的编辑没有一个会说英语，他们怎么能使一个杂志适合英语世界的口味呢？他们的思维是中国人的，不懂得外国人的思维。他们挑选的文章我们觉得很愚蠢"(雷音,2007:345)。白霞作为欧美专业读者之一,她的反应也是把内容放置于译语语言之上,她认为选译中国作品的编辑们至少要非常了解国外接受语境中的读者的阅读期待。

四、只靠少数左派书店,撤销驻外机构

20 世纪 50 年代,我国在国外的发行网点主要依靠当时的"党办书店"。60 年代初期主要靠"左派组织"和友好团体办的书店。"文化大革命"时期,随着国外一些政党和组织的分化,发行我国书刊的主要力量也起了很大变化(周东元、亓文公,1999b:29)。1968 年 12 月,国际书店驻外机构代表应召回国参加"文化大革命"。除驻港机构外,其余驻外机构全部撤销(戴延年、陈日浓,1999a:245)。国际书店与国外的联系几乎被切断,我国的对外发行事业遭到严重破坏,《中国文学》的对外发行只能依靠个人订户和国外的左派书店。"文化大革命"提出靠国际书店去促进世界革命,并批判其"三化一长"的办店方针,即公开化、合法化、商业化和长期生存(周东元、亓文公,1999a:460)。直到 1973 年,《中国文学》等杂志社邀请韩素音和有关同志座谈,她向中国介绍了美国社会的思想、文化动态,还对外文局的外文书刊提出了一些意见;1975 年,美国"中国书刊社"总经理亨利·诺伊斯及其纽约分店经理冯国祥来华访问,并与国际书店会谈(戴延年、陈日浓,1999a:285,297)。至此,《中国文学》的对外发行才开始改变极左思潮影响下的对外宣传错误模式并逐渐恢复正常化。

第三节 1977—1989:发行不稳定,欧美国家的专业读者增多

1977 年,英国作家格林在新华社两次谈到中国的外宣问题,他尖锐地批评我国的"对外宣传是失败的",但同时认为,新中国成立初期负责对外宣传的国际新闻局及外文社在副局长(副社长)、第一任总编辑刘尊棋[①]的指导下还是做了一些有意义的工作,效果也不错。刚恢复工作不久的邓小平

---

① 1952 年国际新闻局改成外文出版社,刘尊棋把南京的杨宪益、戴乃迭夫妇请去北京,后来跟叶君健一起创办了《中国文学》(廖旭和、张荣富,1999:21)。

对此做了批示:"我认为格林的意见都重要,无论宣传和文风等方面,都值得注意,建议发给做宣传、外事的同志看看。"(戴延年、陈日浓,1999a:308;廖旭和、张荣富,1999:21)1979年,外文局按照中宣部胡耀邦的指示调整了对外宣传方针,新的方针要求刊物"真实地、丰富多彩地、生动活泼地、尽可能及时地介绍我国情况","主要是宣传报道新中国","逐步改变国外长期把中国外文书刊当作鼓动革命的政治宣传品的印象"。译介对象面向尽可能多的外国人,尽可能拓宽一切友好的译介渠道,改变只靠左派进步书店的做法(周东元、亓文公,1999a:471)。中国文学杂志社编辑部邀请格林座谈,他认为刊物在"文化大革命"结束后取得了令人瞩目的改进,插图非常好。1980年,中国文学杂志社又同华裔美国作家聂华苓举行座谈,请她介绍海外文学情况并对刊物提出意见。1982年,中国文学杂志社改进业务工作,要求促进与国外的合作出版及发行事宜,开展对国外市场的调查研究(戴延年、陈日浓,1999a:360,389,449)。

一、不分左中右,以国外知识分子和汉学家为主

1979年,外文局明确了外文书刊的宣传对象是外国读者,力争面向尽可能多的外国读者,打破过去划分的左、中、右及强调以左派或中间派为主的框框(周东元、亓文公,1999a:470)。同年4月,中国文学杂志社将刊物的译介对象主体调整为对中国文学和艺术感兴趣的国外知识分子和一些汉学家,主要针对他们做文艺普及工作(戴延年、陈日浓,1999a:334)。改革开放之后,《中国文学》将译介对象从以中间读者和左派读者为主扩大到一切国外读者,尤其重视将刊物普及到国外知识分子和汉学家。

二、对"新时期"文学的译介褒贬不一

1977年,外文期刊的订户普遍减少。1982年,印度专家阿南德反映中国外文书刊售价过高,不仅远远超过苏联,有的甚至超过英美书刊,造成了销售困难。印度同业认为制定书价必须考虑印度人民低下的购买水平,并充分了解当地书业市场,盲目定价根本无法进入印度市场(戴延年、陈日浓,1999a:313,447)。1980年左右,许多外国友人和国外读者来信反映,虽然外文书刊编译质量有明显改进,但发行量却不断下降。究其原因,一是受国际政治影响,如越南、阿富汗、伊朗等政局变化以及不少国家有所抵制、限制

等;二是原来的读者群分化,而新市场尚未开辟;三是改革开放后,外文局强调了贸易发行原则,改变了过去"只算政治账,不算经济账",不计成本,不顾效果,大量外发的做法;四是由于过去外文书刊在国外定价过低,1980年做了较大幅度提价,影响了订户量和销售量(周东元、亓文公,1999a:515)。为此,外文局实行了一系列调整措施,从1982年开始,对外书刊发行量连续大幅增长。但是到了1985年,由于纸张涨价,外文局的书刊一律提价,1986年提价50%—100%,对征集期刊订户有所影响。1989年,外文书刊发行量比前一年下降17.3%(戴延年、陈日浓,1999b:20,51,100,166)。虽然1979年中美建交改善了我国同西方资本主义国家的关系,但是80年代末90年代初苏联解体、东欧剧变、我国发生1989年"政治风波",以美国为首的西方国家趁机对我国施加压力,实行经济制裁,许多订户纷纷退订我国期刊,对外交流活动大都被迫中断(刘东,1999:116)。另外,美国著名书籍装帧设计师菲利蒲·葛鲁施肯1985年访华时提出,外文局书刊的封面、内封及字体编排等设计风格不符合外国读者的口味,这也是造成其在国外不受欢迎的原因之一(戴延年、陈日浓,1999b:69)。

　　虽然外文书刊的整体发行量下降,但是《中国文学》却一度逆势而上。自从进入80年代杨宪益出任该刊总编之后,他力挽刊物此前的颓势,使之很快就进入一个发展的高峰时期。1984年,刊物由月刊改为季刊后的第4期比前一年未改刊的月刊12期,印数上升113%。1986年,刊物英文、法文两版印数超6万册,作为对外传播专业性很强的文学刊物,能有这样的业绩是罕见的。刊物发行到一百多个国家和地区,包括地区结构也发生了很大变化。此前,《中国文学》的订户和读者主要分布在亚非拉等第三世界国家和地区。新时期以来,欧美地区的订户和读者增多。据1986年统计,英文版《中国文学》在美国的订户为1731户,芬兰的为1195户(中国文学出版社,[1990]:51;徐慎贵,2007:46;谷鸣,2010:48)。德国前总理科尔在会见当时的文化部部长王蒙时说,他就是通过《中国文学》了解中国的,因此建议刊物出德文版。于是,《中国文学》杂志社于1984年派专人赴联邦德国与蒂特里克出版社商谈合作出版德文版《中国文学》的事宜(中国文学出版社,[1990]:57)。

　　《中国文学》自从1978年恢复《古典文学》栏目以来,许多读者来信对这一栏目表示欢迎(中国文学出版社,[1990]:41)。1984年,改为季刊的《中国文学》春季号译介了《迷人的海》(邓刚)、《围墙》(陆文夫)、《我的遥远的清平湾》(史铁生)以及巴金、艾青的作品和他们谈论自己创作的文章。由于选材内容丰富、形式多样,受到国外读者的好评。一位日本读者来信说,"接到书后一口气把全书读完……",对改刊后的《中国文学》表示赞扬(中国文学出版社,[1990]:50)。澳大利亚的德怀特认为,之前的《中国文学》曾经让读者想要放弃阅读,并且再不碰它,因为有一段时间它的基调很乏味,短篇小说看起来千篇一律,只是名字不同,人物像是用纸板刻出来的僵化的人偶——完美无缺的干部、农民与一无是处的走资派相对抗。但是80年代以来它有了很大的改进,尤其是1984年春季号达到了其辉煌的顶峰(中国文学杂志社,1986:3)。戴乃迭翻译的《爱,是不能忘记的》《爬满青藤的小屋》《绿化树》等作品在刊物上刊登或出版单行本后,立刻被西方报刊评介和转载,在欧美引起极大的反响。刊物的贸易发行量显著增长,"文化大革命"中丢失的教授、学者和白领读者又重新回来了,杂志出现了第二个春天(赵学龄,1999:505-506)。

韩素音1980年来信说:"你们最近几期杂志真是丰富多彩、引人入胜,我特向你们表示祝贺,我不知道欧洲有哪一家杂志能接近你们已达到的这样高的水平……你们的杂志真是好极了,非常精美而又材料丰富,使我心里充满喜悦之情。"1985年春季号简直是一桌丰盛的宴席,张贤亮的《绿化树》尤其令人感兴趣。唐弢在《西方影响与民族风格》一文中写道:"歌德认为在中国小说里,人和大自然是生活在一起的,中国小说的语言简洁、纯净。"而《绿化树》就具有这些特色,从创作力来说,几乎可以和古华的《芙蓉镇》相媲美。

民主德国的卡尔·儒勒几乎每一期都是从第一行看到最后一行,认为从《中国文学》上能看到许多令人惊叹的东西和出色的文学作品,通过阅读刊物上富有艺术魅力的作品和文章,他已经对中国有了相当多的了解。他觉得古华不仅仅是中国最重要的作家,而且已经进入世界文学之林,认为戴乃迭的译文成功地传达了古华作品的精神面貌。

菲律宾的郭爱兰非常爱读《北京人》,欣赏这种亲切的新鲜的形式,认为由普通人自己谈论他们的生活比浏览名人趣事更能反映一个国家的面貌。英国的马鲁·哈拉萨认为《北京人》是很好的报告文学作品,因为西方人不可能听见中国人民有关日常生活的谈话,这些作品显示了资本主义制度和社会主义制度的差别。看起来,政治对个人的影响在中国表现得更突出。他最欣赏的一篇作品是《为什么,为什么流浪?》。

罗马尼亚的吉娜·帕娜特认为《烟壶》是一篇非常好的故事,她非常欣赏作者用令人惊奇的熟练手法对旧北京及其风俗习惯、生活方式所做的生动描写。她表示自己被这篇小说深深地迷住了,它又一次展示了中国人民的高尚情操。她对有关文学创作自由的文章也很感兴趣。《沈从文的寂寞》一文有助于读者更好地了解沈从文其人。她还希望能多读到一点介绍中国作家生平、工作的文章,以及中国的民族史诗,如《玛纳斯》《江格尔》和《格萨尔》。

美国的爱玛利娅及其丈夫都很喜欢阅读刊物上译介的小说、诗歌等艺术作品。他们在中国旅游期间在长江的游艇上得到了《中国文学》,有几篇小说叙述手法简洁、独特,使他们爱不释手,读了一遍又一遍。他们评述说每一个人物的情感、创造性、想象力、欢乐和痛苦、爱情及其他心灵上的东西,都被作者细腻地描写出来。封面是那么漂亮,插图、照片、漫画也非常好看。翻译技巧相当熟练,没有遗漏。

印度的高希说这是他第一次购买《中国文学》,他想让它成为家里的常客。他认为在印度丰富的本国文化遗产被撇在一边,市场上充斥着令人生厌的色情垃圾和宣传品,腐败的西方影响似乎居于统治地位;出版商致力于骗人的广告而忽视了严肃文学,并夺走了没有警惕性的读者。在印度这样一个荒原上,中国出版物显得格外与众不同。

澳大利亚的艾·胡切斯认为收到《中国文学》对于他来说是一个享受,因为每一期都加深了中澳人民的共同信念,尽管两个国家的价值观和文化背景不同,但都有同样的希望和恐惧,都会因同样的原因哭泣或微笑,生活中也同样有起有落(中国文学杂志社,1986:3-4)。

关注《中国文学》的普通读者以知识分子为主,他们的文学修养普遍较高,他们对《中国文学》的阅读以了解中国文学和社会为主要目的,对中国文学的创作手法、文学性、翻译水平等有更高的要求。同时,国外汉学家也通过《中国文学》研究中国"文化大革命"后的社会、历史、文学和文学翻译,语言文学专业出身的读者逐渐增多。刊物所承担的功能仍有以下几点:

首先,有读者把《中国文学》当作社会历史文本来阅读。

1985年,哈佛大学法学院的学生郭丹青(Donald C. Clarke)在《中国季刊》上发表了论文《近期中国文学中的政治权力与权威》("Political Power and Authority in Recent Chinese Literature"),作者试图通过研究"文化大革命"后的中国文学考察中国的法律、政权和国家治理模式。他认为《中国文学》1982年第8期译介的《陈跛子与裘队长》(京夫)体现了干部和普通老百姓之间的地位差别,尤其是凌驾于农民之上的队长的权力。同一期译介的《火红的云霞》中,工厂党委书记的权力堪比警察,可以私自调查工厂一批来历不明的木材,并处罚该非法行为的罪魁祸首,而故事中本该行使执法职责的警察却始终没有出现(Clarke,1985:237-245,389)。作者毕业后曾在伦敦大学亚非学院教授远东商法,后在美国乔治·华盛顿大学法学院当教授,主要研究领域是现代中国的法律制度(Editors,1986:403)。①

其次,有读者把《中国文学》当作文学文本来阅读。

第一,分析《中国文学》译介的作家作品。1982年,英国汉学家秦乃瑞(John Chinnery)在《中国季刊》上发表论文《鲁迅与中国当代文学》("Lu Xun and Contemporary Chinese Literature"),讨论了高晓声及其作品,并注意到《中国文学》上有对高的译介。作者在脚注中所示《中国文学》1981年第10期译介了高晓声自传性的文章《水东流,不回头》②,1980年第12期译介了叶志诚的《探求者——高晓声介绍》。该文作者认为高晓声的作品《陈奂生上城》跟鲁迅的《风波》一样使用了幽默技巧,并摘录了《中国文学》1980年第12期的部分译文,但稍有改动。秦乃瑞时任英国爱丁堡大学中文系主任,曾在20世纪50年代在北京大学留学,主要研究鲁迅(Chinnery,1982:420-421)。

1983年,澳大利亚籍华裔汉学家雷金庆(Kam Louie)在《澳大利亚中国事务杂志》(*The Australian Journal of Chinese Affairs*)上发表了《中国文学中现实主义的新形式:圣约翰大学会议》("New Forms of Realism in Chinese Literature: The St John's University Conference")一文,分析了"文化大革命"后中国年轻人对现实的幻灭感,并以《中国文学》1980年第12期译介的大学生程守中的诗歌《老龟》为例,来说明当时年轻人对中国人向来引以为傲的古文明的强力批判。雷金庆当时刚刚完成自己在悉尼大学的博士论

---

① 参见:http://www.law.gwu.edu/faculty/profile.aspx?id=7587。
② 该文脚注所示高晓声《水东流,不回头》一文译介在《中国文学》1980年第3期,实则有误。

文,他研究的是从共产主义角度评价中国古代哲学家。他于1978—1979年在南京大学教授英语,后来在北京大学进行了为期一年的博士论文相关研究工作(Louie,1983:99-113,iii;Editors,1981:406)。雷金庆曾是昆士兰大学和澳大利亚国立大学首席教授、澳大利亚人文科学院院士、澳大利亚政府最高文化咨询机构澳中理事会理事、学术期刊《亚洲研究评论》(Asian Studies Review)总编辑,还曾任香港大学文学院院长。①

第二,评价《中国文学》的政治意识形态及译介贡献。1981年,加拿大不列颠哥伦比亚大学的学者王仁强(Richard King)在《太平洋事务》期刊(Pacific Affairs)上发表论文《"伤痕"和"暴露":"四人帮"之后的中国文学》("'Wounds' and 'Exposure': Chinese Literature after the Gang of Four"),认为《中国文学》1980年第7期译介的《悠悠寸草心》(王蒙)虽然属于暴露文学,但是在批判干部方面却不痛不痒。王仁强指出,"文化大革命"后虽然报纸文章因冯雪峰与鲁迅在20世纪30年代的关系而称赞他,但是丝毫不提造成冯雪峰晚年悲剧的原因。作者在脚注中提示读者可以参看杂志在同年第3期译介的《冯雪峰的一生》(冯夏熊)(King,1981:92-99)。王仁强曾在维多利亚大学长期教授、研究、翻译中国现当代文学,他翻译的《你别无选择》(刘索拉)获得了1991年英国比较文学协会的中文翻译奖,还曾于1993—1996年在北京当过加拿大驻华使馆文化参赞。②

同年,英国德裔汉学家詹纳尔(W. J. F. Jenner)在《中国季刊》上发表了《1979年:中国文学的一个新起点?》("1979:A New Start for Literature in China?")一文,认为《中国文学》虽然从1979年年中开始译介新出现的当代文学作品,但是其中一些作品总是由于政治原因而遭到删改(Jenner,1981:303)。20世纪70年代,詹纳尔曾是外文局的专家译者,是《中国文学》杂志的外国翻译之一,翻译过《西游记》《鲁迅诗选》《丁玲小说选》等文学作品。他曾就读于牛津大学,后在澳大利亚国立大学担任过中国中心主任,并在英国利兹大学东亚系任教。③ 香港中文大学中国比较文学教授李达三(John J.

---

① 参见:http://arts.hku.hk/aboutus/faculty_office.html; https://baike.baidu.com/item/%E9%9B%B7%E9%87%91%E5%BA%86/20106447?fr=aladdin。

② 参见:https://www.uvic.ca/humanities/pacificasia/home/news/archive/departures.php; http://baike.baidu.com/view/1510949.htm。

③ 参见:http://de.wikipedia.org/wiki/William_John_Francis_Jenner。

Deeney)同年在学术期刊《中国文学》①(*Chinese Literature*:*Essays*,*Articles*,*Reviews*)上发表了论文《比较视角下的中国文学》("Chinese Literature from Comparative Perspectives")。他指出,《中国文学》会时不时译介一些来自外国读者和参观者的文学评论,这些加强了中外文学交流(Deeney,1981:134)。李达三曾在台湾学习中文,在台湾和香港教书,研究中西比较文学。为推动中国比较文学的发展,他在香港中文大学设立奖学金和资助项目,还经常在中国大陆开办讲座和国际研讨会等相关活动。②

1984年,澳大利亚汉学家白杰明(Geremie R. Barme)在《澳大利亚中国事务杂志》上发表了一篇关于日本学者高岛俊男(Takashima Toshio)研究中国当代文学的两本著作的书评,白杰明认为缺少日文版的《中国文学》和"熊猫丛书"是导致日本读者不能及时了解中国文学作品的原因之一(Barme,1984:200)。白杰明曾在堪培拉国立大学攻读语言与中国历史,1974—1977年到中国进修现代和当代中国文学,为《七十年代》杂志做过英文编辑工作。他曾任澳大利亚国立大学太平洋和亚洲历史系教授,创办了该校中华全球研究中心。③

第三,给读者提供阅读《中国文学》的信息。1979年,美国威斯康星大学麦迪逊分校中国语言文学教授、汉学家倪豪士(William H. Nienhauser Jr.)在学术期刊《中国文学》上发表了《中国文学近期著作:Ⅱ.中华人民共和国》("Recent Publications on Chinese Literature:Ⅱ. The People's Republic of China")一文。文中指出"文化大革命"时期《中国文学》英文版成为少数没有被停刊的文学刊物之一,但是不确定其版式和封面是否在"文化大革命"后面貌一新(Nienhauser Jr.,1979:94)。这说明作者对"文化大革命"时期及其结束后的《中国文学》接触并不多。香港中文大学的学者黄维樑(W. L. Wong)在倪豪士文后补充了"附录",特别提及《毛主席给陈毅同志谈诗的一封信》刊登在《中国文学》1978年第4期,其中对赋、比、兴有比较"标准"的英文翻译

---

① 《中国文学》(*Chinese Literature*:*Essays*,*Articles*,*Reviews*)是1979年由美国汉学家倪豪士(William H. Nienhauser Jr.)创办的一份专门研究中国文学的学术期刊。笔者在本书中会以"学术期刊《中国文学》"或"《中国文学》学术期刊"这样的表述特指 *Chinese Literature*:*Essays*,*Articles*,*Reviews*,以区别于本书的研究对象——中国外文局的杂志《中国文学》(*Chinese Literature*)。

② 参见:http://english.fju.edu.tw/lctd/AuthorFeature/main.asp? AF_ID=9.

③ 参见:https://researchers.anu.edu.au/researchers/barme-gr.

(Nienhauser Jr.,1979:98)。倪豪士 1979—2010 年担任学术期刊《中国文学》的主编。他曾任威斯康星大学东亚语言文学系主任,由于其在中国古典文学领域的突出贡献,2003 年获得洪堡基金会(Humboldt Foundation)终身成就奖。他致力于翻译《史记》、杜甫诗、唐传奇、《搜神记》等中国古典文学作品。2020 年,他获得中国第十四届中华图书特殊贡献奖。① 黄维樑是俄亥俄州立大学文学博士,曾任威斯康星大学客座副教授、香港中文大学中文系教授、台湾中山大学客座教授,以及香港作家协会主席、香港新亚洲出版社总编辑;研究中国文学和中西文论,其散文入选近二十种选集。②

1982 年,美国汉学家何谷理(Robert E. Hegel)在《中国文学》学术期刊上发表了一篇书评,评价了美国华裔汉学家杨立宇(Winston L. Y. Yang)和茅国权(Nathan K. Mao)编纂的《中国现代小说:研究与评论、论文、书目指南》(*Modern Chinese Fiction: A Guide to Its Study and Appreciation, Essays and Bibliographies*)一书。他认为该书对中国文学相关期刊的介绍信息丰富、非常有用,但是却没有提示读者《中国文学》上的译文有其不准确之处。他指出书中第 8 部分介绍的是新中国的主要作家及其作品,但是却遗漏了《中国文学》1972—1975 年译介的浩然的文学作品——《房东大娘》《幼芽》《争先靠后》《一担水》《红枣林》《西沙儿女》(节选)③、《欢乐的海》。当时何谷理是美国华盛顿大学副教授(Hegel,1982:285-286),他 1973 年师从夏志清教授,后获得哥伦比亚大学中国与日本书学博士学位。1975—1988 年任华盛顿大学亚洲与近东语言文学系中国文学助理教授、副教授、教授,1990 年转至该校比较文学系任教,1997 年起担任比较文学系主任。同时,他还在杜克大学、加州大学、哥伦比亚大学等高校访学、教学并从事研究工作。④

1984 年,加拿大不列颠哥伦比亚大学中国文学教授、汉学家杜迈可(Michael S. Duke)在《太平洋事务》期刊发表了一篇书评,该书为欧阳桢(Eugene Chen Eoyang)等人于 1983 年编译的《艾青诗歌选》(*Selected Poems of Ai*

---

① 参见:http://baike.baidu.com/view/1015845.htm;https://alc.wisc.edu/staff/william-nienhauser/;https://alc.wisc.edu/2020/04/21/william-h-nienhauser-jr-retires-after-47-years/.

② 参见:http://hklf7.hklf.org.hk/b5_speaker_details.php? id=52;https://baike.baidu.com/item/%E9%BB%84%E7%BB%B4%E6%A2%81/1204476.

③ 作者在文中指出《西沙儿女》节译部分刊登在《中国文学》1972 年第 10 期,该信息有误,实为 1974 年第 10 期。

④ 参见:http://artsci.wustl.edu/~rhegel/cv.html.

Qing）。杜迈可注意到其中一些译诗最早出现在《中国文学》上（Michael，1984：334）。他主要研究中国语言文学，翻译了苏童的小说《妻妾成群》等作品。①

美国汉学家文棣（Wendy Larson）和俄勒冈大学政治学教授理查德·克劳斯（Richard Kraus）于 1989 年在《澳大利亚中国事务杂志》上发表文章《中国作家、诺贝尔奖和文学国际政治》（"China's Writers, the Nobel Prize, and the International Politics of Literature"），文中用脚注形式指出，1987 年第 4 期的《中国文学》曾经介绍过巴金的作品被译介成 20 种语言在国外广泛传播（Larson & Kraus,1989：156）。两位作者都任教于俄勒冈大学，前者的研究方向是中国现代文学、电影和文化，后者研究中国政治、文化政治、中美关系等。②

最后，还有读者把《中国文学》当作翻译文本来阅读。

1978 年，美国汉学家、翻译家倪豪士在荷兰汉学期刊《通报》（T'oung Pao）上发表了论文《字词、词典与中国古典诗歌的翻译》（"Diction, Dictionaries, and the Translation of Classical Chinese Poetry"）。文中用脚注形式提及《中国文学》1975 年第 6 期译介了刘禹锡的诗歌并介绍了他的政治诗（Nienhauser,1978：74-75）。作者于 1981 年在《中国文学》学术期刊上发表了另一篇文章《柳宗元新译》（"Liu Tsung-yüan: Recent Translations"），该文评论了不同出版地的三份书刊对柳宗元作品的译介，其中包括《中国文学》1979 年第 9 期上对柳宗元散文的译介。③ 他认为张锡厚的论文《唐代的古文运动》毫无价值可言，文中充满了流传几百年的陈词滥调。同时指出柳宗元散文的译文段落划分并不符合任何一种现代中文文本，频繁使用解释性翻译并忽略对典故的翻译，使之不能被称为一篇学者型的译文，他还举例说明了译文中一些并不准确的地方。但是相比之下，他依然认为《中国文学》上的译文是这三种书刊中质量最高的（Nienhauser,1981：258-261）。

1984 年，何谷理在《中国文学》学术期刊上发表的论文《"熊猫丛书"》

---

① 参见：https://asia.ubc.ca/profile/michael-duke/.
② 参见：http://pages.uoregon.edu/eall/faculty-and-staff/larson/；http://darkwing.uoregon.edu/~rkraus/index.htm.
③ 该文作者注意到《中国文学》译介的柳宗元散文的译者实际上并未署名，但其前面有一篇关于柳宗元的论文《唐代的古文运动》的作者是张锡厚，据此猜想张锡厚可能也参与翻译了柳宗元的散文。但这种假设是非常不严谨的，《中国文学》通常为了照顾读者都会同时刊登有关当期古典文学的论文，但是并不能代表这些论文的作者就参与了所选文学作品的翻译。

("The Panda Books Translation Series")中指出,中国文学作品几十年来都是通过《中国文学》向外译介的,但由于意识形态的影响,它只能为主流作家提供对外传播的机会。"文化大革命"期间,刊物上译者不再署名,出现了大量没有作者和译者署名的作品和样板戏。直到"文化大革命"后,杨宪益担任总编,刊物才恢复了生机并发展迅速,尤其是新发行的"熊猫丛书"弥补了外文社出版的英译中国文学单行本和《中国文学》的不足,让国外读者获得更多机会去接触中国文学。他认为虽然其选材范围受到限制,但是这些书刊达到了向外推介标准形式的当代中国文学的目的,尽管其翻译还达不到学者型的翻译水平(Hegel,1984:179-182)。

华裔汉学家李欧梵(Leo Ou-fan Lee)于1985年在《亚洲研究》期刊上发表了论文《评中国当代文学的翻译》("Contemporary Chinese Literature in Translation—A Review Article"),他认为《中国文学》是译介中国文学的先驱者,并肯定了杨宪益、戴乃迭夫妇和沙博理的译文,但也表达了对杂志中一些作品被严重删节的不满,希望看到更多学者型翻译家出现(Lee,1985:562)。李欧梵当时是芝加哥大学中国文学教授,他早年毕业于台湾大学外文系,后赴美国留学,在哈佛大学获得博士学位,主修中国近代思想史兼文学。之后任教于普林斯顿大学、印第安纳大学、芝加哥大学、加州大学洛杉矶分校、哈佛大学、香港中文大学。①

1986年,伦敦大英图书馆印本与写本图书部研究助理麦基洛普(B. McKillop)撰文指出,"熊猫丛书"和外文社出版的其他书刊近乎直译的翻译风格对于专业读者而言更有吸引力(McKillop,1986:369-370,403)。作者1975年在剑桥大学获得汉语研究文科硕士学位,并于1976—1977年以英国文化协会学者的身份在北京大学获得研究生证书。她曾担任大英图书馆亚洲收藏馆馆长、英国维多利亚与阿尔伯特博物馆副馆长,专注于中国和韩国文化史的研究。②

可见,《中国文学》之所以在1978—1989年能够被欧美知识分子读者和专业读者广泛阅读,较大原因之一是刊物在这些国家的馆藏量。这一时期

---

① 参见:http://zh.wikipedia.org/wiki/%E6%9D%8E%E6%AD%90%E6%A2%B5;http://www.angelfire.com/poetry/ronin939/LeeLeo.html.

② 参见:http://www.vam.ac.uk/content/articles/b/beth-mckillop,-acting-director/.

的《中国文学》在各大国家图书馆及研究汉学(中国学)的主要高校的图书馆的馆藏几乎是期数齐全的,只有少数单册缺失。《中国文学》成为欧美学者研究中国文学的重要参考文献之一,刊物信息不仅在他们的论文中出现,也频繁出现在他们的著作中。比如:耿德华1980年的著作《被冷落的缪斯:中国沦陷区文学史(1937—1945)》(*Unwelcome Muse: Chinese Literature in Shanghai and Peking, 1937-1945*),何谷理1981年的专著《十七世纪的中国小说》(*The Novel in Seventeenth-century China*),杜迈可1985年出版的著作《绽放与争鸣:后毛泽东时代的中国文学》(*Blooming and Contending: Chinese Literature in the Post-Mao Period*),都大量参考了《中国文学》译介的文学作品和文论。

《中国文学》的目录信息还被欧美学者收录入有关中国文学的工具书中。德国海德堡大学捷克裔汉学家米列娜·多莱热罗娃-韦林格洛娃(Milena Doleželová-Velingerová)是"布拉格学派"的代表人物之一,曾在中国师从郑振铎和吴晓玲研究中国小说。她于1988年编撰的《中国文学精选指南(1900—1949)》(*A Selective Guide to Chinese Literature, 1900-1949*)是一套介绍新中国成立前文学的工具书,分为长篇小说、短篇小说、诗歌、戏剧四卷。书中提供主要文学作品的书目信息、内容简介、作品评价、二级文献及译本信息。在译本信息中,《中国文学》及"熊猫丛书"有关此类作品的译介在西方有限的英译资料中占据了重要位置。

1977年,美国出版家坦克尔夫妇(Sam and Sylvia Tankel)在纽约创办了一份文学双月刊《国际短篇小说选》(*Short Story International*),由美国国际文化公司出版。《中国文学》在"文化大革命"后译介的一些作品得到了《国际短篇小说选》的注意,截至1999年,该刊物共选载了《中国文学》上译介的30多篇优秀小说。比如:1982年第10期的《夏天的经历》(戈悟觉)和第11期的《八百米深处》(孙少山)、1987年第4期的《沙狐》(郭雪波)。中国文学出版社收到很多外国朋友的来信。有的读者说,之前以为中国只有僵化的思想而无优秀的文学,现在明白有着五千年文明历史的中国,当代小说写得也非常优美。许多外国朋友因此来到中国,从了解中国的文学进而了解文学中的中国(郭林祥,1999)。

综上可知,这一时期《中国文学》的读者对象以国外知识分子和汉学家为主,刊物得到了这些读者的广泛阅读和评价。"文化大革命"后改版的刊物译介的古典作品、现代作品、当代作品大都受到了读者的喜爱,尤其是当代作品更是改变了读者以往对刊物较差的印象,甚至连刊物中的插图、照片和漫画也得到了读者的肯定。大多数专业读者不再把《中国文学》当作简单的社会历史文本来阅读,而是当作文学文本,从各个角度做文学批评,并且似乎对《中国文学》译介作品中折射出来的意识形态更感兴趣。此外,也有读者对刊物提出了意见,比如:刊物所选作品的题材拘泥于"正统",译文不是"学者型翻译",没有给出原文的出处等。

三、内容语言并重,专业读者对"非学者型翻译"不满

"新时期"改版后的《中国文学》译介的作品基本符合读者的期待规范,改变了前一时期他们对中国文学的印象。尽管有的专业读者认为刊物在意识形态的制约下,不敢逾矩挑选作品,但其实刊物已经尽了最大的努力去译介所有的文学作品,包括一些有争议的作品。对此,英国专家白霞印象深刻,她回忆说,1979年以后《中国文学》发生了很大的变化,造成这一变化的主要原因正是当时大环境对极左思潮的批判。刊物不再只是译介"政治上保险"的作家的作品,有些"有麻烦"的作品也被译介了。比如1979年译介的蒋子龙的《乔厂长上任记》,这个作品在天津和北京引起了争论,大家认为这正是应该发表的好东西(雷音,2007:344)。

从读者反应来看,普通读者对《中国文学》的翻译很满意,认为翻译技巧相当熟练,没有遗漏。专业读者的意见分为完全不同的两种:一种认为译文使用的是解释性翻译,还达不到学者型的翻译水平,有遗漏、删减、修改及翻译不准确的地方;另一种认为译文近乎直译的风格更适合专业读者。虽然部分专业读者对译文尚不满意,但是也依然认为《中国文学》上的译文相比其他来源的译文显得质量更高,尤其是杨宪益、戴乃迭夫妇和沙博理的翻译。

实际上这一时期《中国文学》遵循的翻译策略依然是"信、达、雅",但为什么会出现这些完全不同的读者反应呢?这或许是因为:第一,刊物的译介目的是普及中国文学,删减或修改不适合读者理解的地方便在所难免,但是这也造成读者容易把其归因于翻译水平不高或者意识形态的禁锢;第二,刊物的译介对象虽然转向知识分子和汉学家,但是实际上依然以普通知识分子读者为主,过低地估计了汉学家作为专业读者的阅读能力和阅读期待,缺

少与他们的沟通,在一定程度上势必不能满足其需要;第三,刊物译者的翻译水平确实有差异。正如韩素音 1986 年与中国文学杂志社一些工作人员座谈时指出的,"有些译得很好,但有些译文的语言和风格太陈旧了、过时了。现在中国国内文风有变化,有突破,外边的英语也在发展,要跟上这种变化,学会用恰当的外语翻译中国作家的作品"(戴延年、陈日浓,1999b:85)。

由此可见,一旦《中国文学》译介的作品内容在一定程度上满足了海外专业读者的阅读需求,且他们对汉语的掌握也达到了能够阅读原文的水平,他们对刊物译文语言的要求就会变得更高,希望刊物能够在译介作品时,做到在内容信息容量、语言风格上满足专业读者和普通读者的不同需求,并能符合译语环境的翻译规范。

四、不分左中右,与所有一般友好书店合作

1979 年,外文局要求国际书店改变过去主要支持和依靠左派进步书店的做法,面对各国书店,不论大、中、小,不分左、中、右,只要一般友好,在平等互利的基础上都可以进行业务往来。对过去长期往来的左派书店业务关系和两党关系应有所区别,必要时可用贸易优惠的方式给予照顾,如分散、延期付款等(周东元、亓文公,1999a:470,485)。要利用资本主义国家的书商和出版社,以美国、西欧和日本为主;对资商不予资助,还要抽版税,收取外汇(戴延年、陈日浓,1999a:359-360)。可见,外文书刊主要依靠的还是左派书店,并适当与资商开展业务。

1978 年与我国建立翻译出版关系的国外出版社和书店包括 15 个国家的 19 家机构,有日本的青年出版社、东方书店、燎原书店;尼泊尔的费底亚书店;孟加拉的恰兰笛卡书店;印度的新书中心、思想出版社;斯里兰卡的黎明书店;叙利亚的大马士革出版社;法国的百年出版社;联邦德国的红旗出版社、上耐出版社;葡萄牙的红色土壤出版社;瑞典的十月出版社;丹麦的十月出版社;挪威的十月出版社;荷兰的进步书店;希腊的教育出版社;美国的立新书店。1984 年和 1985 年,中国国际图书贸易总公司①先后在美国和英国设立常青图书有限公司(戴延年、陈日浓,1999a:324-325;1999b:45)。

---

① 国际书店 1983 年改为中国国际图书贸易总公司,简称"国图公司"。

由于对外书刊的发行必然受国际形势的影响,我国的海外发行网点也会随之发生变化。如1977年,国际书店恢复对印度的发行工作,自1962年中断15年后开始少量贸易往来。1982年国际书店与苏联国际图书公司签订双边贸易合同,这是1964年合同谈判中断后重新恢复书刊贸易的一种形式(戴延年、陈日浓,1999a:309,458)。1989年"政治风波"后,我国在日本、西欧和北美的同业出现动摇和分化。美国的"中国书刊社"已把工作重点从发行我国书刊转向自行出版图书,10月宣布关闭纽约、旧金山和芝加哥的门市部,导致美国一般读者没有渠道购买中国的外文书刊(周东元、亓文公,1999b:74)。

为了外宣事业的发展,国家财政部门每年都要划拨大量资金支持外文书刊的邮费和国外发行网点的建设。比如:1977年,国际邮件邮资调高100%—160%,国际书店该年邮运费支出3000万元人民币,国家差额补助2500万元。1981年,外文局提出需要国家增加财政拨款1978万元(含外汇220万美元)来协助外文局的出版和发行工作,并认为许多外宣工作根本没有经济收益,发行愈广,费用愈大(戴延年、陈日浓,1999a:305,438-439)。1986年,文化部为了发挥国外发行网点的作用,需要解决美国、英国、埃及、坦桑尼亚等地网点的用房、办公配备、陈列点问题,共需财政部资助约1270万元人民币(周东元、亓文公,1999b:21-22)。1989年"政治风波"后,美国同业关闭销售点,我国急于购买纽约和旧金山两处门市,需200万美元。加拿大多伦多的同业敦煌书店因房主改建房子,只能另购买一处门市用来经营,需经费60万美元。英国常青图书有限公司在伦敦需购置仓库,共需27万美元。香港和平图书有限公司门市小、地点不理想,需要400万美元更换他处。在坦桑尼亚所租用的房子要归还,需20万美元另买门市。除去外文局自筹部分及分期付款,再加上基建投资1305万元,共需财政部下拨2678万元人民币(周东元、亓文公,1999b:74-75)。多年来,我国一直认为外文书刊不是一般商品,外宣也不是营利性事业,因此,所有出版发行的经费都向财政部申请。外文局每年所造预算,财政部从来没有削减过(罗俊,1999:8-9)。可见,国家在对外书刊发行方面的资助力度并不小。

然而,外宣书刊所能带来的经济收益远远低于国家的财政投入。一方面,为了稳定已有的发行渠道,国家不惜成本。1979年,国际书店的定价仍采取分区定价的低价政策,但要求其差价应逐步缩小。国际书店向外文局汇报说,78家左派、友协代销的60%的书刊,偿还账款能力较差。为了坚持贸易发行,外文局准备依照"旧账从宽,新欠从严"原则处理。此时中宣部提醒其不要因为突然强调企业关系,而造成与左派或友好组织的关系骤然受到不利影响(戴延年、陈日浓,1999a:361,365)。另一方面,为了逐步改变外宣长期亏损的局面,国际书店80年代开始尝试增加贸易发行量。1980年,国际书店全面调整外文书刊出口定价,同业代收订户佣金逐步调低,部分地区的部分外文期刊的航邮费由免收改为酌收(戴延年、陈日浓,1999a:384)。1983年,外文局提出将书刊的发行重点和赠送重点放在第三世界国家,同时加强在美国、日本、西欧等国家和地区的发行工作。由于国内编印后远道寄递有很大局限性,外文局拟大力开展在国外翻译出版和合作出版。1983年,国际书店改为中国国际图书贸易总公司(简称"国图公司"),是文化部直属司局级事业单位,仍由外文局代管,实行企业管理制度。中宣部1988年要求《中国文学》等5种期刊要在限定时间内完全恢复贸易发行,不再兼做非贸易品种(戴延年、陈日浓,1999b:2,5,13,137)。虽然国际书店试图按照企业经营模式去开拓发行业务,然而因发行重点在第三世界,在各种优惠条件下依然无法收回账款,这也印证了外文局"以对外宣传为主,增加经济收入为辅"的对外合作出版的方针尚在延续(戴延年、陈日浓,1999b:416)。

1983年,外文局认为既要大力提高刊物质量,更要大力多出书,出好书,改变过去相当长时期内重刊轻书的倾向(戴延年、陈日浓,1999b:5)。中国文学出版社随后组织出版了"熊猫丛书",并很快得到国外较好的反映。由此,对外出版发行的重心从《中国文学》转到了"熊猫丛书"。中国文学出版社为了提高业务水平,更好地完成书刊的出版和发行工作,派专人出国学习出版业务,参加国际书展,积极洽谈对外图书出版业务。如:1982年,与澳大利亚威廉·柯林斯出版社签署了合作出版中国文学作品的协议,第二年便出版了《现代中国文学作品选》。1983年,派王明杰赴英国学习出版业务半年。1986年,派两名进修人员去德国蒂特里克出版社进行短期业务学习。同年,与美国"中国书刊社"合作出版的《爱,是不能忘记的》(张洁)在美发行。1987年5月,与新加坡亚太图书(新)有限公司签订重印《聊斋志异选》的合约。1988年与荷兰的Novib Ainbo出版社就出版荷兰文版《芙蓉镇》一书达成协议,并签约拟在1990年合作出版《中国文学编目》。同年,出版部主任沈蓁在参加第 39 届法兰克福书展期间,与马来西亚 Polandul Pullveans 出版社签署由该社重印《龙的传说》一书的合同。1989 年,与苏联第聂伯河出版社商谈,议定每年提供两部中文书稿供该社推出乌克兰文版,并免费授权该社出版《中国少数民族作品选》一书(戴延年、陈日浓,1999b:95;中国文学出版社,[1990]:45-69)。

  美国同业剑桥出版社(Cheng & Tsui Co.)专营有关中国的书刊,它在美国专业学术期刊《中国文学》1979 年创刊号封三上刊登广告(见图 40),其中就有《中国文学》杂志及外文出版社出版的图书。① 但之后再未见到其他相关广告。

  虽然我国在 20 世纪 80 年代中期已经同 40 多个国家的近 100 家书商建立了业务关系,并为营销投入大量资金,也增加了书刊品种,但是国外只订购我国少数赚钱的品种,发行渠道问题并未根本解决(周东元、亓文公,1999b:29)。我国的经营体制和领导体制成了这当中最大的问题。1979 年邓颖超副委员长对外文局的工作提出意见,她听说美国的一个专门推介中国书刊的书店里,香港、台湾地区邮寄的报刊都很及时,北京的书刊却很少,并且迟至一两个月才能收到,她认为这样肯定影响销售,无法跟其他书刊竞争。其实,我国对外期刊在国外不能被及时收阅主要是航邮费用太高而大多采用平邮造成的。国际书店做工作总结时认为新时期对外发行方针、任务不明确;发行渠道不畅;结构体制和内容管理跟不上;存在官商作风;贸易和运输没有明确规定;领导事务主义,大小事都没抓好(戴延年、陈日浓,1999a:368,414,373)。1985 年,时任文化部部长朱穆之指出,对外发行应该树立为读者服务的思想,改变坐门等客的官商作风(戴延年、陈日浓,1999b:60)。80 年代,冯亦代去美国时,曾到过经销我国书刊的一些书店,他发现这些书店大都偏处大厦的高楼一隅,工作人员虽有满腔热情,但无法开拓销路。他认为我们需要有一批有一定运营资金的书店,以及一批已经立住脚跟的书店,不管是什么阶级的人做老板,能满足积极推销这一基本要求即可(冯亦代,1999:35)。刘尊棋回忆说,虽然 80 年代中期中国书刊比较活跃,但在国外市场上仍然看不到中国图书。1986 年 10 月他到美国时,在

---

① 参见:学术期刊《中国文学》(Chinese Literature: Essays, Articles, Reviews)1979 年第 1 卷封三。

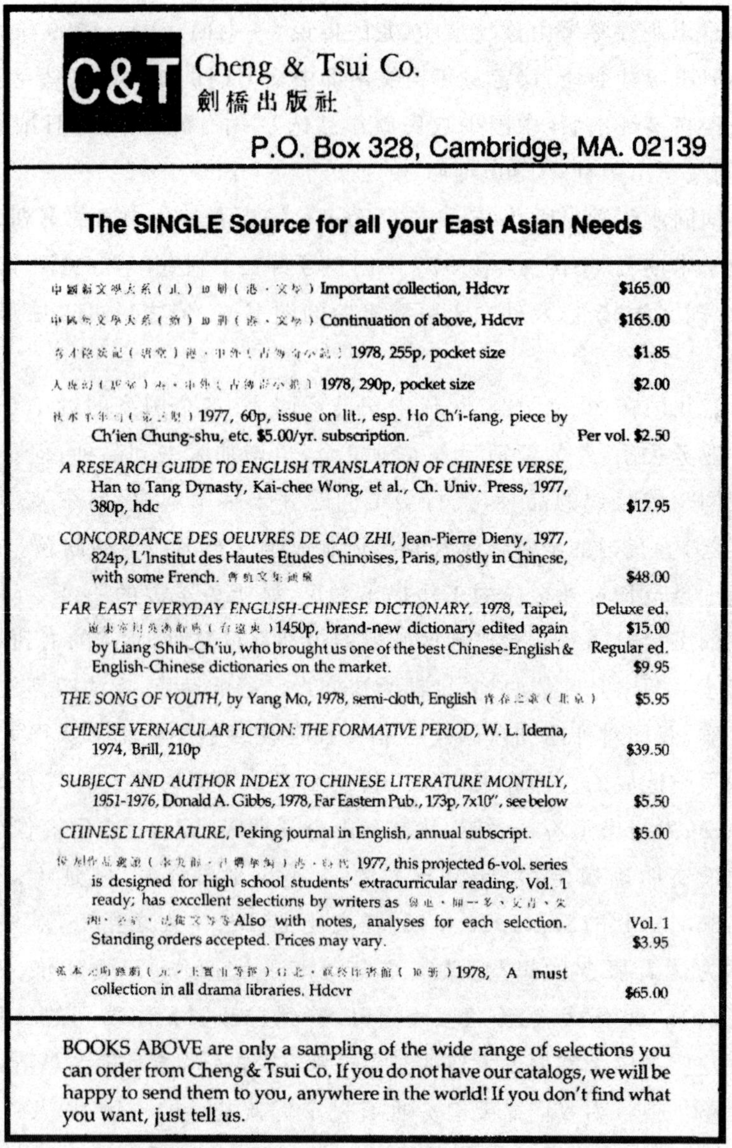

图40 1979年《中国文学》学术期刊创刊号封三

书店里没看到一本外文出版社的书。他认为，就发行来说，国图公司依靠的还是那些小书商，美国只有极少数书商批一点中国图书。国图公司不应该是唯一的发行渠道，外文出版社可以直接与国外书商联系。这些现象虽然反映了发行的不得力,但导致这些的根本原因是上级主管部门的指导问题:内外不加区别,不讲针对性。对英美读者与对苏联、对日本的读者采取的营销策略应有所区别,不能一刀切。简单地说,就是采取外国人认为可以接受的方法,对方若接受不了就达不到宣传目的(廖旭和、张荣富,1999:22)。1989年,外文局决定《中国文学》从1990年起不再由邮局承担国内订户的发行任务,改由国图公司自行办理(戴延年、陈日浓,1999b:155)。《中国文学》对内发行和对外发行的合并,客观上使国图公司的发行工作更加复杂。另外,当时的国际形势对我国的书刊外宣也造成了严重的打击。1980年3月,法国一伙极端分子袭击了中国国际书店在巴黎的友好同业凤凰书店,整间书店被燃烧弹烧毁,4名工作人员被烧伤(戴延年、陈日浓,1999a:383)。

第四节 1990—2000:发行量下降,国外读者群流失

20世纪90年代市场经济浪潮兴起,国家不再为《中国文学》提供大量资金支持,要求其转变为企业经营机制。一贯依靠国家财政拨款的中国文学出版社并未做好充分的准备,对外发行受到很大的冲击。为了增加经济效益,出版社决定增出《中国文学》中文版,并于2000年把《中国文学》英文版改为中英文对照形式。可见,从90年代中期起,《中国文学》的发行重点就开始从国外移至国内,这对于一本对外译介中国文学艺术的英文期刊来说,意味着其已经逐步丢失了国外的读者群,离最初的译介目的愈来愈远。

一、以双语读者和中文读者为主

进入90年代,《中国文学》的译介对象依然是国外一切友好的知识分子和汉学家。为了占领国内国外两个读者市场,达到增收的目的,《中国文学》于1993—1996年间增出中文版,从全国各地文学报刊上选载中短篇小说、诗歌、散文及评论文章以供国内读者和国外汉学家阅读。为了吸引更多汉学家和学习中文的学生,《中国文学》从1997年开始又新开辟了《中英对照》栏目,每期刊登一篇中英对照形式的文学作品。至2000年,刊物全部改为中英文对照形式,译介篇目不得不缩减,译介对象变为国内外双语读者。从《中国文学》的一系列变化可以看出,刊物的读者已经从英文读者转变为双语读者或者中文读者,国外读者群明显在缩小(见图41)。

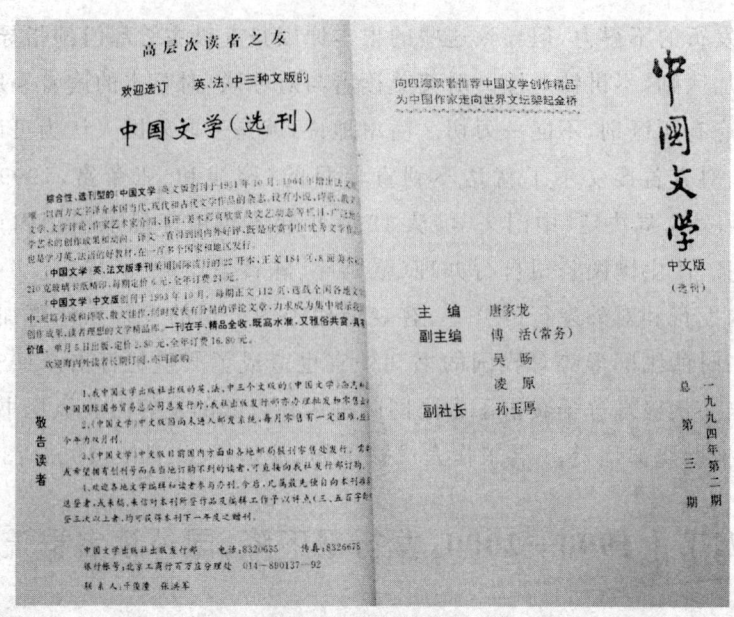

图 41 1994(2)期中文版封二和扉页

二、读者对内容和翻译都不满意

受 1989 年"政治风波"的影响,外文局书刊的对外出版和发行总量急剧下降,由原来的每年 3000 多万册下降为每年 1000 多万册,进入 90 年代后进一步下降为几百万册。1994 年上半年外文期刊发行 70 万册,比上一年同期下降 31.4%。中文版发行量上升,外文版下降;国内发行量上升,国外发行量下降。通过采取一系列改进措施,1995 年外文期刊总发行量为 535.4 万余册,比上年同期增长 1.9%。《中国文学》从 1995 年开始,每期围绕一个中心主题发表作品,得到读者好评,发行量也有所上升。1996 年,通过国图公司主渠道,中国文学出版社的发行量比 1995 年增加了 144%;通过自办发行,《中国文学》的发行量增加了 30%(周东元、亓文公,1999b:288,422)。但由于国图公司对各国都以硬通货(美元)交易,失去了俄罗斯以及亚洲国家、非洲国家的许多读者。1998 年,由于亚洲金融危机的影响及外文局自身的工作问题,全局发行总量下降,其中外文期刊发行量下降了 24.7%(周东元、亓文公,1999b:183,356,470,472,565)。

1994 年下半年,中国文学出版社英文部共收到读者来信 110 余封,读者对刊物的美术插页的兴趣明显增加,但对刊物译介的文学作品却并不十分满意,感觉内容不够丰富。美国的史蒂夫和琼·博格斯认为译介的作品最好不要有政治倾向,应侧重文化,音乐也是文化的一部分。斯洛文尼亚的菲罗多想读一些篇幅更长一点的小说、散文,他希望刊物最好译介一些含有历史或哲学内容的作品。美国的莎拉爱好中国文艺,珍藏着三年来订阅的每一期《中国文学》,情绪低落时喜欢看里面精美的美术插页和其最喜爱的诗歌。芬兰的皮尔科也是一位中国文艺爱好者,他认为刊物的版面设计比较好,彩图印刷非常精美,希望能够更多地了解一些中国古代印章的知识。另外,有的读者想要购买刊物上某些小说、诗歌等的转载版权,有的读者和作家直接给刊物投稿。英、美、德等国一些出版机构和大学申请购买了部分"熊猫丛书"的版权,等等(阿卞,1995:50)。

葛浩文1990年出版的文集《不同的世界:近期中国作品及其读者》(*Worlds Apart: Recent Chinese Writing and Its Audiences*)中,收入了杜迈可的文章《中国现当代小说英译的问题本质》("The Problematic Nature of Modern and Contemporary Chinese Fiction in English Translation")。杜迈可在文中介绍了中国大陆(内地)、台湾和香港的小说创作,指出在海外教授中国现当代文学作品所需的材料并不充足。基于此,他重点分析了现当代文学作品的翻译问题。他以《中国文学》杂志为例,指出外文出版社译介的一些作品本身文学性不高,翻译质量欠佳,删节严重。香港的《译丛》(*Renditions*)的编辑在挑选作品和翻译把关上表现比较出色,但它并不是一本专门译介中国现当代小说的杂志。此外,他还论及了中国文学英译本的海外出版难题(Michael,1990:198-230)。

2000年,齐邦媛(Pang-Yuan Chi)和王德威(David Der-Wei Wang)合编的论文集《二十世纪下半期中国文学评述》(*Chinese Literature in the Second Half of a Modern Century: A Critical Survey*)出版,该书的附录(APPENDIX)是美国汉学家金介甫(Jeffrey C. Kinkley)的文章《中国文学(一九四九——一九九九)的英译本出版情况述评》("A Bibliographic Survey of Publications on Chinese Literature in Translation from 1949 to 1999")。金介甫介绍了中国的社会历史背景,分析了海峡两岸及香港不同时期的文学创作以及海内外对中国文学的英译情况。他认为,截止到1979年,真正引起西方对中国新时期文学关注的书刊之一是《中国文学》翻译月刊。80年代之后,外文局仍然按计划持续出版中国文学英译本,中国文学出版社开始出版《中国文学》上译介过的作品的单行本(即"熊猫丛书")。由于不用征得作者同意,也不用付版税,因此,书价便宜。他指出译文选自《中国文学》的精选集《时机并未成熟:中国当代优秀作家及其小说》(*The Time Is Not Yet Ripe*: *Contemporary China's Best Writers and Their Stories*,1991),有的作品做了删节,让人看不懂。但入选作品的作者,都配有国内批评家写的详细介绍。他认为"熊猫丛书"使一些作家获得了国际性的声誉,其中最成功的作家是古华。金介甫毕业于哈佛大学历史与东亚语言研究所,当时是圣约翰大学历史系教授,主要研究和翻译沈从文作品(Jeffrey,2000:243-249;金介甫,2006:70-73)。①

2001年《中国文学》停刊后,其译介的作品信息依然是专业读者在整理有关中国文学研究的工具书或参考文献时的重要选择之一。2009年,不列颠哥伦比亚大学戏剧与电影系副教授刘思远(Siyuan Liu)和美国洛约拉马利蒙特大学传媒艺术学院副教授凯文·J.韦特莫尔(Kevin J. Wetmore Jr.)在《亚洲戏剧杂志》(*Asian Theatre Journal*)上发表了两人合作的论文《英语世界的中国现代戏剧:精选书目》("Modern Chinese Drama in English: A Selective Bibliography"),文中收录了《中国文学》译介的部分戏剧作品的目录信息和有关戏剧的文论目录信息(Liu & Wetmore Jr.,2009:320-351)。刘思远在美国匹兹堡大学获得戏剧学博士学位,著有《劳特利奇亚洲戏剧指南》(2016)等,担任亚洲表演学会主席(2011—2015)、《亚洲戏剧学刊》主编(2017—),研究方向为20世纪加拿大亚裔戏剧和亚洲戏剧。② 韦特莫尔主要研究中西戏剧和电影艺术,与刘思远等合作出版《亚洲现代戏剧与表演(1900—2000)》(2014)、《梅休因亚洲现代戏剧选集》(2014)。③

美国华裔学者赢莉华(Li-hua Ying)编纂的《当代中国文学历史词典》(*Historical Dictionary of Modern Chinese Literature*,2010)中收录了部分《中国文学》和"熊猫丛书"中对中国作家作品的译介信息目录。作者在美国得克萨斯大学比较文学系获得博士学位,先后执教于中国云南师范大学、美国西南大学、得克萨斯大学奥斯汀分校,现任教于纽约巴德学院,主要研究

---

① 参见:https://prabook.com/web/jeffrey_c.kinkley/434875.
② 参见:https://theatrefilm.ubc.ca/profile/siyuan-liu/.
③ 参见:https://expertfile.com/experts/kevin.wetmore/kevin-wetmore.

中国文学和文化(Ying,2010:465)。

美国翻译家葛浩文于1993年拜访杨宪益、戴乃迭夫妇的时候说,那时在美国一些大学里,他们翻译的作品如鲁迅的《药》《狂人日记》《孔乙己》等都被当作教材,在青年学生中广为传播(赵学龄,1999:507)。

可见,《中国文学》在90年代以后并未在普通读者中引起太大反响,但刊物在亚非拉和欧美各大图书馆及高校图书馆的收藏几乎都是完整的。由于刊物译介的内容和体裁减少,阅读文学作品的普通读者数量大幅下降,有的转向欣赏美术插页。刊物为吸引更多读者新开辟的"中英对照"形式并未引起双语读者太多兴趣,相比之下同一时期发行的"熊猫丛书"似乎更有吸引力。不仅普通读者对刊物反应平淡,汉学家对刊物内容和翻译水准也不甚满意,几乎不再持续关注其译介的作品。停刊后,刊物只能成为编纂工具书的文献资料,仅仅剩下一些"有价值的"目录信息,其译介的文学艺术作品和文论迅速失去了原有的读者,热度不再。综上,90年代后《中国文学》译介的作品已经失去了社会历史文本意义、文学文本意义以及翻译文本意义。

三、内容语言并重,专业读者对"非文学性翻译"不满

从读者反应来看,《中国文学》译介的文学作品和文论都不能满足读者的期待规范,作品的删减处理和解释性翻译策略也不符合译语国家的翻译规范,因而无法得到读者的喜爱,尤其失去了其作为翻译文学的价值。

金介甫在《中国文学(一九四九——一九九九)的英译本出版情况述评》(2000)一文中认为,《中国文学》和"熊猫丛书"的官方译本是由翻译委员会选定的,他们既希望译作能满足外国读者的阅读期待,又希望译作能符合国内主流的意识形态,因此,许多原作的锋芒都被译文压抑、磨削至几乎看不出。90年代初的译文质量低劣,有的翻译甚至非常糟糕。或许是出版方心急,或许是有意删减,好几部作品的译文都是普通的解释性翻译,而不是文学性翻译。美国旧金山的"中国书刊社"与"熊猫丛书"合作,请美国本土译者翻译或者请他们润色之前的"熊猫丛书"的译文,才使质量上乘的译作得以出版(Jeffrey,2000:248-249;金介甫,2006:73-74)。

这一时期,《中国文学》的翻译不再只遵循"信、达、雅",而是允许并肯定"解释性翻译"和"创造性翻译"的存在,但是就专业读者的反应来看,这样的翻译策略使文学翻译丧失了文学性,并不符合其阅读期待。专业读者对《中

国文学》译介的文学作品和翻译质量都不甚满意,对同时期国外翻译出版的中国文学译著却赞赏有加。

四、国内国外两个市场

1995年,外文局提出大发行方针,即开展全方位的发行,包括贸易和非贸易两种方式,中文与外文两种书刊,国内与国外两个书刊市场,采取一切有利于发行的方式,比如结合书展扩大知名度;以自己的发行机构为主,利用国内外多种渠道建立发行网。但是重点在贸易发行、外文书刊及国外市场。中央对外宣传办公室领导提出书刊外宣要面对市场,符合宣传规律(周东元、亓文公,1999b:212,229)。《中国文学》在90年代增出中文版、增加《中英对照》栏目并最终变为中英对照的双语刊物,正是为了响应外文局大发行的外宣方针。1998年,中央对外宣传办公室主任曾建徽提出,外文期刊的发行至少要达到几千份上万份的规模,有的要送,否则形不成效益。书刊的发行要重点打入西欧和北美地区(戴延年、陈日浓,1999b:380)。可见,在市场经济的冲击下,国家希望出版机构能够大力开拓市场,尽量减少财政支出,把发行重点转向购买力较强的资本主义国家。

1996年,各海外发行机构做了大量工作,使我国外文书刊得以进入美国、英国、德国、埃及等国家和地区的发行主渠道。国图公司在美国、英国、德国、日本、埃及、坦桑尼亚等国家和地区均设有派出机构(周东元、亓文公,1999b:332,346)。国图公司、美国常青图书有限公司与美籍华人姜家健三方投资,在洛杉矶注册了"长城文化有限公司"(长城书店)(戴延年、陈日浓,1999b:329)。为了增强时效性,1997年通过国图公司网络建立了"中国新闻平台",《中国文学》英文版成为首批上网的刊物之一(周东元、亓文公,1999b:493)。

中国文学出版社除了依靠国图公司的发行主渠道,也积极挖掘自己的发行力量。1995年,中国文学出版社副总编辑傅活参加香港书展,并于第二年赴新加坡参加第28届国际书展,并顺访马来西亚的出版界。1996年,以中国文学出版社副总编辑凌原为副团长的13人书展团赴美国参加ABA书展,并同美国出版商和发行商洽谈合作交流项目。凌原在访问期间同耶鲁大学出版社商谈了合作出版事宜(戴延年、陈日浓,1999b:315,329,333,344)。

虽然开发了众多发行网点,但是期刊发行渠道并不畅通。在国外书店,我国的书刊无论是装帧还是色彩,设计水平明显落后,在法国书店往往上不了架。我国驻外公司主要是搞批发、转运,以销售图书为主,期刊的销售较少。德国公司只销售图书,美国公司书刊主要还是靠由美国人经营的中国书刊社发行。期刊的销售所得无法保本,由于社会制度不同、意识形态迥异,《中国文学》难以在资本主义国家有较快的双效益同步增长。在此阶段扩大发行量必然导致补贴增加。不过这也符合"宣传任务第一、经济收益第二"的原则,以及"对外宣传品不能作为营利的商品"的精神(周东元、亓文公,1999b:228,268-269)。

国家在对外发行投入大于收益的情况下,希望能够打开外文书刊在国内的发行渠道,同时仍然愿意投入资金推动外宣书刊的发行工作。中央对外宣传办公室认为对国内的发行也很重要,国内市场主要面对的是港澳台同胞和喜欢中国的外国人。与此同时,还要重视国外图书馆系统,中国的外文书刊进入国外图书馆可以发挥很大的影响。在国外应该建立大的发行网,几种外文期刊要改进质量,虽然多发一本就会增加投入成本,但是能扩大发行的还要扩大发行,多发一份就多一分影响(周东元、亓文公,1999b:230)。

1992年,在全国从计划经济向市场经济转轨的形势下,财政部从宏观计划考虑,开始削减外文局的经费。但是外文局一直是实行计划经济的外宣单位,观念转变较慢,自我管理意识、市场意识、竞争意识、开拓意识还比较弱,面临着经费紧张和发行量大幅度下降两大难题(周东元、亓文公,1999b:110-113,149-150)。1995年,外文局汇报外文书刊向南亚推销了27万份,赔了80多万元人民币。1996年,中央对外宣传办公室认为外文刊物要扩大发行量就必须增加广告,出版社搞企业化不是太容易,因对象不同,不能赚钱,贸易发行价格可以低一些。由于1995年纸张大幅涨价,1996年12月国际邮费上调50%—70%,外文局仅国图公司承担的外文期刊邮运费一项支出一年内就达1200万元,国家下拨资金有限,发行经费严重不足(周东元、亓文公,1999b:225,279,472,528)。

外文书刊国外发行难,其原因有很多。比如:国内外形势的变化、书刊市场的竞争日益激烈、非贸易发行改为了贸易发行;外文局自身发行机制不健全、书刊质量和品种规模有待提升、杂志社管理者重出版不重发行等。我国的外文书刊成本高,定价在国际上相对偏高,不利于国际市场竞争。读者难以如期付款,收款压力大,经费不足制约着出版发行的发展。(周东元、亓文公,1999b:183,187,472-473)

1991年,时任中宣部部长、文化部代部长、《中国文学》名誉总编贺敬之称赞说,外文刊物办了40年很有成绩,是把中国文学介绍到世界的主渠道,只能加强,不能削弱(戴延年、陈日浓,1999b:196)。然而1994年外文局副局长赵常谦认为每个期刊都面对全世界,针对性不强,应该根据我国的外交政策,突出要重点发行的国家和地区。外文局包括《中国文学》在内的8种对外刊物要根据形势需要及经费的承受能力,适当调整期刊布局、突出重点。在调研的基础上,将这些期刊该加强的加强,该保留的保留,该合并的合并,该停刊的停刊。1996年,外文局提出创收是关系到外文局事业兴衰的长久之计。因此,外文局认为必须集中有限的经费重点办好几个刊物的某些文版(周东元、亓文公,1999b:175,309,474)。

可见,尽管90年代初,国家认为要扩大《中国文学》这一中国文艺译介期刊的外宣渠道,但随着创收成为外文局的重要目标,经过努力的《中国文学》仍然是外文局处于盈利排名倒数的几种刊物之一。在国家削减财政资金造成外文局发行经费有限的情况下,2001年外文局不得不将严重亏损的《中国文学》停刊。

第五节 小结

《中国文学》在创刊初期以中间读者为译介对象,即懂英语的知识分子、文艺界人士、汉学家和文艺爱好者,向他们介绍我国的革命和斗争,以取得他们的了解和同情。外国专家翻译的中国古典作品和鲁迅的作品颇符合海外读者的期待规范。亚非拉国家由于处于民族解放斗争之中,同我国意识形态相近,因而他们的读者比较容易接受我国的文学作品。欧美汉学家由于缺少了解新中国的渠道,把刊物译介的作品当作社会历史文本,通过研究中国文学了解中国的社会现实,但是他们往往从意识形态角度出发,对中国文学持批判态度。《中国文学》的对外发行主要依靠左派进步书店,受国家之间外交关系的影响,对外发行有时会被迫中断。为了打开新中国的外宣局面,即使刊物往往收不到书款,在大量铺货方面也在所不惜。

"文化大革命"期间,刊物以左派读者为主,否定了中间读者的提法。由于受到资本主义国家以及与我国意识形态分化的社会主义国家的抵制,刊物发行量大幅度下降。普通读者中的左派读者对刊物译介的革命思想表示支持和赞赏,这说明刊物译介的作品符合他们的期待规范。知识分子读者和欧美汉学家更关注鲁迅的作品,对"文革文学"并不感兴趣。《中国文学》的"死译""硬译"的翻译风格并不符合专业读者的期待规范。刊物的发行只能依靠少数左派书店,驻外机构被撤销,对外译介的渠道几乎中断。

进入新时期后,刊物不再以中间读者和左派读者为主,而是转向一切国外读者,尤其是国外知识分子和汉学家。由于国家外交政策的变化和定价的调整,刊物发行量并不稳定,时升时降。《中国文学》改刊后,重新吸引了一度对刊物失望的欧美知识分子读者和汉学家读者,他们着重把刊物译介的作品当作文学文本来阅读,对新时期文学及其解释性翻译有褒有贬,译介内容和译语语言都部分地符合读者的期待规范。虽然译介渠道面向一切友好书店,但主要还是依靠左派书店,同时不排斥与资商合作。80年代,中国文学出版社的发行重心转向"熊猫丛书",《中国文学》的译介渠道并不畅通,全靠国家财政拨款支持。

进入90年代,《中国文学》增出中文版,英文版增加了《中英对照》栏目,2000年英文版全面改版为双语刊物,译介对象从国外英语读者转向国内读者和双语读者。由于国内政治经济形势的变化,国外读者大幅减少,发行量也锐减。改刊后,刊物译介的内容篇幅缩小,不符合译语国家读者的期待规范和翻译规范,读者对作品及其非文学性翻译表示不满。在市场经济的带动下,国家虽然开发了欧美的多个发行网点,但是发行渠道依然不畅。由于国家削减财政经费,造成外文局书刊的发行经费严重不足。《中国文学》无力改变读者减少、资金亏损的状况,只能在2001年停刊。

相比之下,《中国文学》在其50年的发展历程中,第一阶段(1951—1965年)和第三阶段"新时期"(1977—1989年)的发行量较大,读者反应相对较好,部分作品被频繁引用并被收入多本工具书,杨宪益、戴乃迭夫妇等专家的译作还被一些高校当作教材使用。作为专门译介中国文学的唯一一本官方英文期刊,《中国文学》被世界上许多国家公共图书馆和高校、研究所图书馆收藏,部分图书馆收有全套刊物。换言之,《中国文学》在创刊初期和新时期这两个历史阶段曾经实现过其译介目标。

从整体来看，《中国文学》在国外的接受效果，与刊物的译介内容、译语语言、译语环境意识形态的关系比较大，读者的接受情况并不完全符合刊物的译介目的，实际读者也并不完全符合其设定的目标读者，因此，接受者和接受环境对刊物的传播和接受表现出一定程度的"创造性叛逆"。尽管刊物在某些时期得到了广泛的阅读、评论和使用，具有一定的影响，但是作为翻译文学，刊物译介的作品未能打破译语国家原有的文学规范，始终处于译语文学系统的边缘位置，并且刊物停刊后也没有继续引起读者的注意和反响，可见其译介效果并不显著，缺乏持续性的影响力。

第三章内容概要见表 4。

表 4 译介效果:读者的反应及刊物的发行(第三章内容一览表)

译介效果	时间段				总特征
	1951—1965 年	1966—1976 年	1977—1989 年	1990—2000 年	
译介对象	中间读者:懂英语的知识分子、文艺界人士、汉学家和文艺爱好者,政治上居中间状态	否定中间读者;以左派读者为主	尽可能多的外国人、以国外知识分子和汉学家为主	以双语读者和中文读者为主	多—少—多—多
读者反应	发行量大; 一般读者:中国革命和斗争; 知识分子读者:社会和文学; 专业读者:社会历史、文学、翻译; 图书馆收藏; 图书转载; 高校使用	发行量下降; 一般读者:社会历史; 知识分子读者:文学; 专业读者:鲁迅; 图书馆收藏; 出版《中国文学》目录索引	发行量总体减少,时升时降; 一般读者:文学、社会; 知识分子读者:文学、翻译; 专业读者:社会历史、文学、翻译; 图书馆收藏; 图书参考文献; 收入工具书、期刊转载	发行量总体减少,偶有上升; 普通读者:美术插页、文学; 专业读者:文学、翻译; 图书馆收藏; 论文参考文献; 收入参考工具书、高校使用	升—降—升—降
译语言	肯定专家的翻译(杨氏夫妇和沙博理)	忽略(对内容不满,形式就不重要了)	不满解释性翻译、不符合学者对学者型翻译的期待	不满解释性翻译、不符合读者对文学性翻译的期待	内容—译语合—译语; 忽视—不满
译介渠道	亚非拉国家左派进步书店;靠国家财政拨款	少数左派书店、撤销驻外机构;靠国家财政拨款	亚非拉和欧美的左派书店发行;靠国家财政拨款、适量贸易发行	国内外大发行、重点为欧美、自建海外发行机构;国家财政减财政拨款,其余自负盈亏	左派—自建; 投入大大于收益
阶段特征	反应较好	反应平淡	反应较好	反应平淡	译介效果一般

结语　国家译介行为：经验教训与启示

新中国成立以后,以美国为首的西方国家对我国实行封锁。为了防止帝国主义的颠覆,我国也采取了严密的防范措施,可是这也阻碍了国外读者了解新中国。幸而文学这扇门一直敞开着。外文出版社通过对外译介文学作品介绍新中国的真实情况,以抵消西方一些不实新闻报道在国际上对我国造成的消极影响。事实证明,这是一项有效的决策。在20世纪五六十年代国际上曾发生过几次反华浪潮,当其他宣传渠道受到严重阻碍的时候,文学译介在我国对外宣传中始终扮演着一个重要的角色。60年代,陈毅曾两次就《中国文学》的读者对象和编辑方针做出重要指示,可见中央对文学译介工作的重视(赵学龄,1999:502-503)。

《中国文学》对外发行历经半个世纪,其国家赞助、中外译者合作的译介模式具有很强的代表性。仅从不同时期读者的不同反应,就足以看出新中国成立后中国文学"走出去"的复杂性和困难程度。在本书考察的1951—1965年、1966—1976年、1977—1989年、1990—2000年四个不同的历史时期中,《中国文学》的译介主体、译介内容、译语语言、译介对象和译介功能五个方面都呈现出不同的特点,前三个方面贯穿刊物的生产过程并影响着刊物在国外的传播和接受,后两个方面则直接体现了刊物在国外的传播和接受。《中国文学》的赞助人是国家外宣机构,这种赞助关系在某种程度上对《中国文学》的译介活动既有促进作用,也有阻碍作用。

第一节　《中国文学》英译部分实现了国家译介目的

《中国文学》的译介主体由国家赞助人和专业人士中英文编辑共同构成。国家机构之所以能够成为赞助人,是因为它们能够为刊物提供经济资助、配备专业工作人员、保证其顺利出版,也能够为专业工作人员提供经济和地位保障。国家机构之所以要赞助《中国文学》是因为它把刊物纳入外宣事业当中,把文学译介当作对外宣传中国的一种手段和桥梁。既然要对外宣传中国,赞助人就把新中国摆在第一位,因此,对外译介当代文学和艺术便成为刊物的主要任务。由于要达到外宣的目的,刊物的翻译政策必然符合源语国家的规范,从源语国家的意识形态和诗学出发来规定译介内容和形式。译介主体制定的翻译政策通常是指令性的,颇为重视译介内容,对译介内容的要求比对译语语言的要求更加详细,不仅条例多、要求多、硬性规定多,也更具效力。因此,在译介主体看来,译介内容应该比译语语言重要得多。

《中国文学》的译介内容以当代短篇小说、诗歌和文论为主,中文编辑在源语社会主流意识形态和诗学允许的范围内挑选作家及其作品题材,却很少关注译语翻译规范的需要。已经得到肯定的作家作品是刊物的首选,而被否定的作品在当下不会成为刊物的译介对象,但随着主流意识形态和诗学的变化,之前被否定的作家作品会变为刊物译介的对象,之前被肯定的作家作品也有可能不再被刊物译介,比如刊物对"五四"作家作品和"文化大革命"文学的译介,前后变化最为明显。由于专业人士的干预及编辑方针的调整,《中国文学》对作家作品的选择并不都在"最安全"的范围之内,因此,可以说刊物译介的文学作品几乎反映了国内普通读者眼中中国文学的全貌。刊物的装帧设计和美术插页跟译介的文学作品关系不大,但是作为刊物内容必不可少的一部分也会影响刊物的传播和接受。刊物的发行周期受主流意识形态的制约很大,周期越短、译介的内容越少,就越不能吸引读者,因此发行周期对刊物内容的译介有重要影响。

《中国文学》的译介对象先从中间读者转变为左派读者,后又转变为知识分子读者和汉学家。实际上,按照刊物真实读者的情况,这些读者可以分为专业读者和普通读者,专业读者和普通读者中的知识分子读者前后数量变化明显。刊物的读者对刊物译介的文学作品、文论、美术插页均有所评论,读者反应受中外两国外交关系和译语国家意识形态的影响较大。刊物译介的部分作品得到了国外报刊、出版社、教育机构和研究机构的研究、收藏和使用,某些作品甚至被再版、转载、收编。由于刊物译者所采取的翻译策略和方法遵从源语国家的翻译政策和规范,除了杨宪益、戴乃迭夫妇和沙博理的翻译比较符合读者的阅读期待之外,其余翻译很难受专业读者的欢迎,他们认为"解释性翻译"不符合他们对"学者型的翻译"和"文学性的翻译"的期待规范。刊物通过国外左派书店和自办发行网点进行贸易发行和非贸易发行,虽然与很多国外书商建立了业务往来,但是对外发行渠道一直不畅通,发行量总体下降,货款无法收回,严重亏本。从刊物停刊后的反应来看,其译介的文学作品整体效果一般,并未对译语文学造成较大影响。

《中国文学》在国家对外译介中国文学的过程中扮演着对外宣传中国的角色,在国外的传播和接受在一定程度上也符合国家的外宣目的,它的译介内容部分地实现了国家的译介目的。刊物译介的作品能够帮助国外读者更好地认识和了解中国以及中国文学,为中国在国际上获得了一些认同和理解。刊物收集的读者反馈对刊物的翻译政策有少许影响,能够促进编译人员工作的改进。可见,《中国文学》作为赞助人掌握的象征资本,为中国文化在世界文化场域中赢得了更多的权力。国家为获得更多的资本在场域中斗争,获得的象征资本越多,在场域中的权力就越大。一旦国家不能通过刊物获得更多的权力和利益,便会停止对其的赞助,另寻其他渠道。《中国文学》进入20世纪90年代后销售量下降,外文局便把赞助重点放在了其他外宣刊物上,《中国文学》逐渐被边缘化,直到2001年停刊为止。

第二节 国家译介行为:反思与前瞻

《中国文学》50年来的译介历程复杂多样,经历了不同的历史阶段,涉及文本内外颇多因素,从中总结一些规律性的经验教训将有助于我们重新审视"中国文学走出去",也有助于为其提供理论指导和政策建议。

一、《中国文学》对外译介的经验教训

首先,中国文学对外译介的第一个步骤一般是确定译介主体,即由谁来译介,这是首次尝试对外译介时必须首要考虑的问题。然而,经过了50年的历史沉淀,译本的再次传播首要考虑的应该是刊物的译介效果。从译介效果出发,分析读者反馈,而后确定译介主体、译介内容、译语语言、译介渠道、译介对象(见图42)。因为从读者反馈中足以分析后面的所有因素,依据译语国家的期待规范,再结合源语国家的译介需要,比只考虑后者能够获得更好的译介效果。

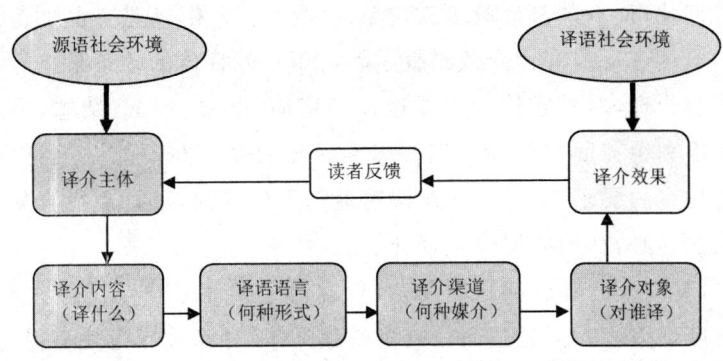

图 42　译本的有效再次传播模式

国家机构赞助下的译介行为必然受国家主流意识形态和诗学的制约，这是由赞助机制本身决定的。译本和编译人员不可能摆脱它们的控制，只能在其允许的范围内做出有限的选择。这种机制对中国文学的对外译介既有正面影响，也有负面影响。一方面，国家有能力为刊物和专业人员提供资金保障，并保证刊物通过审核，得以顺利出版发行；另一方面，由于国家赞助人过多的行政干预和指令性要求，出版社和译者缺乏自主性和能动性，刊物的内容和翻译容易带有保守色彩，从而对读者失去吸引力。

当然，不能把国家的文学译介行为单纯地解释为受到政治意识形态和诗学的影响，这样就忽视了译介主体和读者的能动性。在不同的阶段，也就是不同的意识形态下，译介主体和读者的能动性也在发生变化，因此，译本会产生不同的生产和接受效果。国家译介行为本身是一个由意识形态、诗学和翻译规范等有自身运作机制的多个"规范"因素构成的翻译系统，在赞助人、中英文编辑和读者能动的操作下，这个系统便呈现出自律性和他律性。它一方面在意识形态、诗学和翻译规范等因素的制约下自我约束，另一方面在赞助人、中英文编辑和读者的干预下偏离自我约束的轨道。在自律和他律的力量消长中进行的国家译介行为，在国际文化场域中发挥着不同的作用和功能。

其次，国家容易在政治极不稳定或者综合国力大大增强之后，为了在国际上寻求认同和帮助或是增强国际影响力，急于把文学译介当作对外宣传的工具，通过其主动大量地对外输出国家主流意识形态。由国家制定的翻译政策会随着主流意识形态和诗学的变化而变化。国家的意识形态越集中、统一、僵化，译本的翻译政策就越单一、死板、极端，所选作品的范围就越小、越单一，读者反应和译介效果就越差。用对外宣传的政策来指导文学译介并不十分合理，对外宣传的主要途径是广播、电视、报纸、杂志，专业期刊的传播速度和覆盖面均不如它们。文学译介的效果并不能立竿见影，这便不太符合外宣的要求，似乎也很难快速地达到外宣的目的，最终容易让国家赞助人失去信心，从而撤资停止译介。

再次，赞助人的构成部分越复杂，行政命令和业务命令就越复杂，执行起来也就麻烦得多。但是其命令越多就越具体，对译介行为关心得越多，资金支持及人力支持就越多，译介行为就会更加顺利。反过来，赞助人构成部分越单一，指令性要求便越少，执行起来就更加简单模糊，对译介行为不够关心，各种支持减少，译介实践的进行反倒更加困难。译者的稳定度并不高，单个译者的专业能力和水平不能代表整个合作团队的水平，不同的译者业务水平不同，所以单纯在源语环境下探讨某个译者或者某些译者的某些译文质量，并不能说明其翻译水平，也不能说明这个团队整体的翻译水平，因此，必须从接受方的反馈才能看出在译语环境下哪些译者的哪些翻译能够被接受，哪些译者的哪些翻译不能够被接受。

最后，由于单行本译介的故事完整连贯、选材集中，单行本这种译介形式比文学期刊更容易获奖，也更容易被高校当作教材使用。但是源语国家译者翻译的作品往往被国外专业读者摈弃，他们更愿意使用译语国家专业人士编纂或者翻译的文本，其中有语言的原因，也有意识形态的原因。源语国家无法控制译语国家读者对翻译文本的反应，也无法控制翻译文本在译语国家的流通和使用，唯一能做的就是尽可能地提供多样化的译本，让国外读者在图书市场上有更多的选择。因此，国家垄断翻译文学的译介并不可取，应该允许更多译者生产更多不同风格、不同形式的译本，通过各种渠道对外译介，由市场规律去淘汰不合格的译者和译本。

《中国文学》对外译介的经验教训对当下"中国文学走出去"有如下几点启示：

第一，需要转变作为译介主体之一的国家赞助人的赞助身份和管理职能。在国家这种官方译介形式下，官方政治宣传的色彩浓，国外读者不易接受或者带有先入为主的偏见。国家垄断对外译介实践、统一管理，或者由译到销包干到底，容易导致对出版社的业务工作照顾不周、国家经济负担过重等问题。如果改为半官方译介或非官方译介,国家职能转变为宏观统筹和策划,则可能会有效地去除官方意识形态,有利于国外读者接受,减少国家负担。有的学者已经提出一些具体建议,比如:国家可以通过设立基金,以公开招标或者建立翻译基地的方式吸引中外译者合作翻译(谢天振,2008)。

第二,挑选被译介的作品时,需要从只考虑源语国家意识形态和诗学转变为同时考虑译语国家的读者期待。国家赞助人根据源语国家意识形态和诗学的需要开具的书单,往往不符合国外读者市场的需求。当然,国家译介并不需要一味地迎合海外读者的阅读口味。所以,倘若由国外出版商开具待译书单,再由我国根据自身的需要从中挑选或者根据国外不同的读者市场制定不同的译介方案,或许是切实可行的方法。

第三,需要从以政府为导向的译介转变为以市场为导向的译介。在国家干预下,文学译介只重译介的内容选材,不考虑译介效果和读者的接受能力,造成合格的译文并不受读者欢迎的局面。内容整齐划一、口味一致,并且主要依靠国家的发行力量,这些都不能满足海外读者多元化的需求,也不适应市场经济下商业竞争的要求。对外译介文学不仅需要一批懂文学和翻译的中外专业人士,还需要懂包装、宣传、发行、代理等方面的专业人士。比如:通过编译、节译、摘译、缩译等各种手段,以漫画、口袋书、精装本、简装本、DVD、CD、电影、电视等各种形式将中国文学的译介推陈出新。也可以先让一部分中标的译者将其试译的作品放在网上供全球的读者试读并评论,或者推荐给国外高校研究中国文学的教师在课堂上试用,在正式出版或发表整个译本或译文之前收集读者的反馈意见,择优挑选得到读者喜爱和肯定的译者译作。待正式翻译出版后,再请国外专业读者撰写导读或评论,以促进译本的对外销售和传播。除了依靠国家自身的发行力量,还要跟国外主流发行渠道合作,才能进入国外主要销售市场。

第四,国家根据海外读者的意识形态划分目标读者,而译介目的又受国家意识形态和外交关系的影响,这两者同时又制约着翻译文学的发行地区及在该地区的发行量。所以,《中国文学》20世纪五六十年代在印度和印尼的发行量最大,"文化大革命"时期受到与我国意识形态分化的国家的抵制,20世纪80年代与西方国际关系正常化后欧美读者明显增多,但是却无法解释20世纪90年代读者流失的现象。其实是因为在意识形态淡化和外交正常的情况下,市场经济开始发挥作用,而《中国文学》却没能成功地转变发行思路。这说明在新形势下,应该按照不同国家的书刊市场对读者的不同划分来制定相应的译介策略,因为同样是英语国家,以英语为母语的国家和以英语为第二语言的国家情况并不相同,同样是西方国家,英、美、法、德的中国文学读者市场也不相同,甚至同一个国家的不同读者族群对中国文学的需求都不尽相同,而这些只有当地的书刊市场才最了解情况。

第五,读者对翻译文学的评论包括译介内容和译语语言两个方面,但是与刊物译介主体一样,显然对译介内容更加关注。由于《中国文学》译介的内容容易受国家主流意识形态和诗学的影响,所以有不少国外读者批评刊物在某段时期的宣传气味浓,在安全的范围内挑选作品,只译介官方认可的主流作家,认为我国很多文学创作单调僵化、缺乏文学性。不可否认,我国的文学创作在一定时期内确实是为政治服务的,因此,对外译介的可选范围并不大。如果选材不符合读者期待,那么译者水平再高也无法吸引读者。可见,只有文学蓬勃健康发展,对外译介时才能有多种选择。译介的作品种类越丰富,吸引的读者群也会越多样化。

第六,如果学界仅仅以笼统的"好"和"差"给译文贴标签,则是不大可取的。因为读者对文学翻译质量的评价只不过体现了特定时期内个人或群体的好恶标准,这种强烈的主观价值判断既不能给予翻译实践者有效的帮助和建议,也无法使之上升到学术层面进行有益探讨。学界应该注意的是,尽管国外读者对《中国文学》的翻译评价有限,但却给出了非常具体的意见,值得译者借鉴思考。无论普通读者还是专业读者,都比较喜欢杨宪益、戴乃迭夫妇和沙博理的译文,但也比较关注翻译是否有遗漏。普通读者比较适应解释性翻译;专业读者却注意到了译文有删减、修改及翻译不准确的地方,或者忽略对典故的翻译,他们不满解释性翻译,期待学者型翻译和文学性翻译,偏向接受近乎直译的风格。有些读者还提出译文的语言和风格太陈旧过时,应该跟上国外英语的发展变化,认为请美国本土译者翻译或者润色的译文质量上乘。

第七,不能忽视译介环节中赞助人、意识形态等外部因素的制约作用,脱离译介环境来谈翻译质量显然是不客观的。《中国文学》特别遭到专业读者诟病的是,刊物带有强烈的官方意识形态,译者在翻译时不得不压抑或磨削原作的嘲讽锋芒。这种读者反应恐怕与刊物在"文化大革命"时期"政治挂帅"的前提下"死译"成风造成的消极影响有关系,就算刊物后来为了照顾读者而做出某些改译,也很难改变读者的既有不良印象。因此,国家应该避免按照政治外宣工作的要求来规定文学外译工作,而是应该允许译者从专业翻译的角度按照原作的文学风格和读者的审美趣味来挑选合适的翻译方法。

因此,建立中国文学外译长效研究机制便成为一种必要,通过及时调研海外读者市场,收集并分析读者反应,制定文学作品选译方案,预估非目标读者的阅读反应可能带来的消极效果,形成文学译介机制、反馈机制、监督机制之间的良性循环。文学译介需要符合其自身的规律,包括翻译规律和传播规律。换句话说,文学翻译需要考虑读者市场的接受规律,包括不同时期、不同译语国家的接受环境、读者期待及市场容量等方面,不能急于求成,否则造成的负面影响需要付出更大的代价去弥补。

二、研究不足和前景展望

首先,本书使用的理论具有一定的局限性,毕竟这些理论的立足点都是从西方译语环境出发,对于解释中国源语环境对外译介的行为难免有所不足。但是其毕竟为本书提供了一定的视角和思路,本个案也能够反过来补充其解释力不够之处。其次,本书的材料收集有一定的难度,因此造成某些讨论只能参考当时工作人员的回忆,可能与真实情况有一定偏差。再次,本书的研究对象《中国文学》是源语国家赞助下的对外译介实践,从中得出的经验教训可能不适合其他类型的译介方式。最后,笔者的语言能力有限,只能主要参考英文文献、法文文献和中文文献,可能会漏掉其他语种的相关重要资料。

《中国文学》50年间的译介情况是复杂的,译介过程中既有"规范",也有"失范"。本书只是为《中国文学》这一研究对象提供了一个较为粗浅的研究框架,其中的内容需要以更多的视角、更多的资料、更多的精力来发掘和支撑。比如:刊物译介的作品中哪些种类或哪些内容被中英文编辑修改得最多?译者在翻译过程中对哪些内容的表达最容易用解释性翻译,哪些最容易用直译?刊物在国外各大图书馆的借阅量如何?在国外高校的具体使用情况如何?在国外的传播和流通的方向呈现什么特点?《中国文学》停刊后,国家在对外译介中国文学方面做出了哪些努力?等等。正如图里所言:"描述研究积累起来的发现应该可能形成一系列连贯的规律;这些规律可以确定与翻译有关的种种变体之间的内在联系。"(Hermans,1999:91)

参考文献

André Lefevere. Translation Practice(s) and the Circulation of Cultural Capital: Some Aeneids in English [M].Susan Bassnett and André Lefevere. (eds.). Constructing Cultures: Essays on Literary Translation. Shanghai: Shanghai Foreign Language Education Press, 2001: 41-56.

André Lefevere. Translation, Rewriting and the Manipulation of Literary Fame [M]. Shanghai: Shanghai Foreign Language Education Press, 2004.

Andrew Chesterman. Memes of Translation: The Spread of Ideas in Translation Theory [M]. Amsterdam and Philadelphia: John Benjamins Publishing Company, 1997.

Andrew F. Jones. Chinese Literature in the "World" Literary Economy [J]. Modern Chinese Literature, 1994, 8(1-2): 171-190.

Anthony Pym. Method in Translation History [M]. Beijing: Foreign Language Teaching and Research Press, 2007.

B. McKillop. Contemporary Chinese Short Stories; Conte de Printemps by Yu Luojin; Huang San; Miguel Mandares [J]. The China Quarterly, 1986 (106): 369-370.

Bonnie McDougall. Problems and Possibilities in Translating Contemporary Chinese Literature [J]. The Australian Journal of Chinese Affairs, 1991 (25): 37-67.

C. T. Hsia. Residual Femininity: Women in Chinese Communist Fiction [J]. The China Quarterly, 1963 (13): 158-179.

C. W. Shih. Co-operatives and Communes in Chinese Communist Fiction [J]. The China Quarterly, 1963 (13): 195-211.

Cyril Birch. Chinese Communist Literature: The Persistence of Traditional

Forms [J]. The China Quarterly, 1963(13): 74-91.

Daniel Simeoni. The Pivotal Status of the Translator's Habitus [J]. Target, 1998, 10 (1): 1-39.

Donald A. Gibbs. Subject and Author Index to Chinese Literature Monthly (1951-1976) [M]. New Haven: Far Eastern Publications, Yale University, 1978.

Donald C. Clarke. Political Power and Authority in Recent Chinese Literature [J]. The China Quarterly, 1985(102): 234-252.

Editors. Letters—From Our Readers [J]. Chinese Literature, 1972(7): 129-131.

Editors. Letters—From Our Readers [J]. Chinese Literature, 1972(9): 135-136.

Editors. Letters—From Our Readers [J]. Chinese Literature, 1972(12): 102-103.

Editors. Back Matter [J]. The China Quarterly, 1981(86): 405-406.

Editors. Back Matter [J]. The China Quarterly, 1986(106): 403-404.

Edward M. Gunn, Jr. An Index to "Chinese Literature" 1951-1976 by Hans J. Hinrup; Subject and Author Index to Chinese Literature Monthly (1951-1976) by Donald A. Gibbs [J]. The China Quarterly, 1979 (79): 638-639.

Edward M. Gunn, Jr. Unwelcome Muse: Chinese Literature in Shanghai and Peking, 1937-1945 [M]. New York: Columbia University Press, 1980.

Eugene Chen Eoyang and Lin Yao-fu. (eds.). Translating Chinese literature [M]. Bloomington and Indianapolis: Indiana University Press, 1995.

Eugene Chen Eoyang. The Transparent Eye: Reflections on Translation, Chinese Literature, and Comparative Poetics [M]. Honolulu: University of Hawaii Press, 1993.

Eva Hung. Blunder or Service? —The Translation of Contemporary Chinese Fiction into English [J]. Translation Review, 1991(36/37): 39-45.

Eva Hung. All in the Family? —Translating Names and Honorifics in Chinese Fiction [J]. Perspectives: Studies in Translatology, 1993, 1 (1): 69-78.

Eva Hung. Periodicals as Anthologies: a Study of Three English Language Journals of Chinese Literature [M]. Herald Kittel. (ed.). International Anthologies of Literature in Translation. Berlin: Erich Schmidt Verlag, 1995: 239-250.

Geremie Barme. Thunder in the Silence: Chinese Literature Following the "Cultural Revolution". by Takashima Toshio; Literature in a Quest for Independence: Readings in Contemporary Chinese Literature. by Takashima Toshio [J]. The Australian Journal of Chinese Affairs, 1984(11): 200-203.

Gideon Toury. Descriptive Translation Studies and Beyond [M]. Amsterdam and Philadelphia: John Benjamins, 1995.

H. C. Chuang. *Chinese Literature: Popular Fiction and Drama* by H. C. Chang [J]. The Journal of Asian Studies, 1975, 34(2): 515-517.

Hans J. Hinrup. An Index to "Chinese Literature" 1951-1976[M]. London: Curzon Press, 1978.

Harold Dwight Lasswell. The structure and function of communication in society[C].Lyman Bryson. (ed.). The Communication of Ideas. New York: Institute for Religions and Social Studies, 1948: 37-51.

Hellmut Wilhelm. The Image of Youth and Age in Chinese Communist Literature [J]. The China Quarterly, 1963 (13): 180-194.

Itamar Even-Zohar. Polysystem Studies [J]. Poetics Today, 1990, 11(1):9-26, 45-51.

Jeffrey C. Kinkley. APPENDIX: A Bibliographic Survey of Publications on Chinese Literature in Translation from 1949 to 1999[C].Pang-Yuan Chi, David Der-Wei Wang. (eds.). Chinese Literature in the Second Half of a Modern Century: A Critical Survey. Bloomington: Indiana University Press, 2000: 239-286.

Joe C. Huang. Villains, Victims and Morals in Contemporary Chinese Literature [J]. The China Quarterly, 1971(46): 331-349.

John Balcom. Translating Modern Chinese Literature [M].Susan Bassnett and Peter Bush. (eds.). The Translator as Writer. London and New York:

Continuum.2006: 119-134.

John Chinnery. Lu Xun and Contemporary Chinese Literature [J]. The China Quarterly, 1982(91): 411-423.

John J. Deeney. Chinese Literature from Comparative Perspectives [J]. Chinese Literature: Essays, Articles, Reviews (CLEAR), 1981, 3(1): 130-136.

Julia Lovell. Great Leap Forward [N]. The Guardian, 2005-06-11(34).

Kam Louie. New Forms of Realism in Chinese Literature: The St John's University Conference [J]. The Australian Journal of Chinese Affairs, 1983 (9): 99-113.

Leo Ou-fan Lee. Contemporary Chinese Literature in Translation—A Review Article [J]. The Journal of Asian Studies, 1985, 44(3): 561-567.

Li-hua Ying. Historical Dictionary of Modern Chinese Literature [M]. Lanham: Scarecrow Press, 2010.

Michael S. Duke. Selected Poems of Ai Qing. by Eugene Chen Eoyang; Peng Wenlan; Marilyn Chin [J]. Pacific Affairs, 1984, 57(2): 333-334.

Michael S. Duke. Blooming and Contending: Chinese Literature in the Post-Mao Period [M]. Bloomington: Indiana University Press, 1985.

Michael S. Duke. The Problematic Nature of Modern and Contemporary Chinese Fiction in English Translation [C]. Howard Goldblatt. (ed.). Worlds Apart: Recent Chinese Writing and Its Audiences. New York: M. E. Sharpe, 1990: 198-230.

Milena Doleželová-Velingerová. A Selective Guide to Chinese Literature, 1900-1949. (Volume I: The Novel) [M]. New York: E. J. Brill, 1988.

Nicky Harman. Foreign Culture, Foreign Style [J]. Perspectives: Studies in Translatology, 2006, 14(1):13-31.

Perry Link. Li Hsi-fan on Modern Chinese Literature [J]. The China Quarterly, 1974(58): 349-356.

Pierre Bourdieu. Distinction: A Social Critique of the Judgment of Taste [M]. Richard Nice. Trans. Cambridge, Mass.: Harvard University Press, 1984.

Pierre Bourdieu. The Intellectual Field: a World Apart [M]. Matthew Adamson. Trans. In Other Words: Essays Towards A Reflexive Sociology. Stanford: Stanford University Press, 1990a: 140-149.

Pierre Bourdieu. The Logic of Practice [M]. Richard Nice. Trans. Stanford: Stanford University Press, 1990b.

Pierre Bourdieu and Loïc J. D. Wacquant. An Invitation to Reflexive Sociology [M]. Chicago: University of Chicago Press, 1992.

Pierre Bourdieu. The Field of Cultural Production, or: The Economic World Reversed [M]. Randal Johnson. (ed.). The Field of Cultural Production: Essays on Art and Literature. New York: Columbia University Press, 1993: 29-73.

Pierre Bourdieu. The Forms of Capital [M]. A. H. Halsey et al. (eds.). Education: Culture, Economy and Society. Oxford & New York: Oxford University Press, 1997: 46-58.

Randal Johnson. Editor's Introduction: Pierre Bourdieu on Art, Literature and Culture [M]. Randal Johnson. (ed.). The Field of Cultural Production: Essays on Art and Literature. New York: Columbia University Press, 1993: 1-28.

Richard Braddock. An extension of the "Lasswell Formula" [J]. Journal of Communication, vol. 8, Issue 2, 1958: 88-93.

Richard King. "Wounds" and "Exposure": Chinese Literature after the Gang of Four [J]. Pacific Affairs, 1981, 54(1): 82-99.

Robert E. Hegel. The Novel in Seventeenth-century China [M]. New York: Columbia University Press, 1981.

Robert E. Hegel. Modern Chinese Fiction: A Guide to Its Study and Appreciation, Essays and Bibliographies by Winston L. Y. Yang; Nathan K. Mao [J]. Chinese Literature: Essays, Articles, Reviews (CLEAR), 1982, 4(2): 283-287.

Robert E. Hegel. The Panda Books Translation Series [J]. Chinese Literature: Essays, Articles, Reviews (CLEAR), 1984, 6(1/2): 179-182.

Severin W. J., Tankard J., Jr. W. Communication Theories: Origins, Methods, Uses (second edition) [M]. New York: Longman, 1988.

Siyuan Liu, Kevin J. Wetmore Jr. Modern Chinese Drama in English: A Selective Bibliography [J]. Asian Theatre Journal, 2009, 26(2): 320-351.

Stephen Owen. What is World Poetry? [N]. New Republic, 1990-11-09 (28-32).

Stuart Campbell. Translation into the Second Language [M]. London and New York: Addison Wesley Longman Limited, 1998.

T. A. Hsia. Heroes and Hero-Worship in Chinese Communist Fiction [J]. The China Quarterly, 1963 (13): 113-138.

Theo Hermans. Introduction: Translation Studies and a New Paradigm [M]. Theo Hermans. (ed.). The Manipulation of Literature: Studies in Literary Translation. London and Sydney: Croom Helm, 1985: 7-15.

Theo Hermans. Norms and the Determination of Translation: A Theoretical Framework [M]. Román Álvarez and M. Carmen-África Vidal. (eds.). Translation, Power, Subversion. Clevedon: Multilingual Matters Ltd., 1996: 25-51.

Theo Hermans. Translation in Systems: Descriptive and Systemic Approaches Explained [M]. Manchester: St. Jerome Publishing, 1999.

Tien-yi Li. Continuity and Change in Modern Chinese Literature [J]. Annals of the American Academy of Political and Social Science, 1959 (321): 90-99.

Timothy C. Wong. An Index to "Chinese Literature" 1951-1976 by Hans J. Hinrup; Subject and Author Index to Chinese Literature Monthly (1951-1976) by Donald A. Gibbs [J]. Journal of the American Oriental Society, 1982, 102 (1): 150-151.

Tsai Meishi. Contemporary Chinese Novels and Short Stories, 1949-1974: An Annotated Bibliography [M]. Cambridge, MA: Council on East Asian Studies, Harvard University, 1979.

W. J. F. Jenner. 1979: A New Start for Literature in China? [J]. The China Quarterly, 1981(86): 274-303.

W. J. F. Jenner. Insuperable Barriers? Some Thoughts on the Reception of

Chinese Writing in English Translation [C]. Howard Goldblatt. (ed.). Worlds Apart: Recent Chinese Writing and Its Audiences. New York: M. E. Sharpe, 1990: 177-197.

Walter J. Meserve, Ruth I. Meserve. Modern Literature from China [M]. New York: New York University Press, 1974.

Wendy Larson, Richard Kraus. China's Writers, the Nobel Prize, and the International Politics of Literature [J]. The Australian Journal of Chinese Affairs, 1989(21): 143-160.

William H. Nienhauser Jr. Diction, Dictionaries, and the Translation of Classical Chinese Poetry [J]. T'oung Pao, Second Series, 1978, 64(1/3): 47-109.

William H. Nienhauser, Jr., W. L. Wong. Recent Publications on Chinese Literature: II. The People's Republic of China [J]. Chinese Literature: Essays, Articles, Reviews (CLEAR), 1979(1): 87-95, 97-98.

William H. Nienhauser, Jr. Liu Tsung-yüan: Recent Translations [J]. Chinese Literature: Essays, Articles, Reviews (CLEAR), 1981, 3(2): 251-261.

Yang Guang. Getting A Foot In [N]. China Daily, 2010-08-30 (22).

Yong-Sang Ng. The Poetry of Mao Tse-tung [J]. The China Quarterly, 1963 (13): 60-73.

A. A. 罗季奥诺夫. 中国文学走出去的步伐——苏联解体后中国新时期小说散文在俄罗斯的传播状况[J]. 小说评论, 2009(5):129-137.

阿卞. 读者对《中国文学》的反应[J]. 对外大传播, 1995(5):50.

艾那·唐根. 西方对中国有许多疑虑和误解[J]. 郭辉, 译. 对外传播, 2008(11):37-39.

爱泼斯坦, 林戊荪, 沈苏儒. 呼吁重视对外宣传中的外语工作[J]. 对外大传播, 2000(7):4-7.

卞之琳, 等. 艺术性翻译问题和诗歌翻译问题[C]. 罗新璋, 陈应年. 翻译论集(修订本). 北京:商务印书馆, 2009:731-744.

冰默. 她也是一颗星——董必武之女董良翚[C]. 闻笛, 古璇. 共和国开国元勋的儿女们. 广州:花城出版社, 1992:62-66.

蔡莉莉. 经典也要讲"包装"——从昆曲译本《悲欢集》谈起[J]. 对外传播, 2010(5):33-34.

曹健飞. 对外发行的回顾与思考[C]. 陈日浓,王永耀. 中国外文局五十年书刊对外宣传的理论与实践. 北京:新星出版社,1999:652-672.

曹健飞. 得道多助　广交朋友——对外发行工作中结交的国际友人[J]. 出版史料,2007(2):71-75.

曹晓娟. 提升传播艺术,让中国故事引起国际共鸣——全国政协委员谈新形势下的对外传播[J]. 对外传播,2008(4):16-22.

陈丹晨. 从读者到编者[EB/OL]. (2009-09-17)[2012-3-20] http://www.chinawriter.com.cn/bk/2009-09-17/38074.html.

陈方竞. 关于中国现代文学走向世界的思考——鲁迅与世界文学[J]. 鲁迅研究月刊,1994(11):59-63.

陈方竞. 鲁迅对中国现代文学走向世界的思考与追寻[J]. 汕头大学学报(人文社会科学版),2006(1):1-6.

陈洁. 余中先:翻译作品出版的瓶颈在于翻译和后续环节[N]. 中华读书报,2010-01-13(009).

陈岚. 中国现当代文学作品英译研究概述[J]. 湖南社会科学,2008(3):158-161.

陈谊. 施译《骆驼祥子》和中国文学走向世界问题[J]. 小说评论,2010(4):71-75.

陈众议,等. 汉学家文学翻译会讨论第二组:(上午)[EB/OL]. (2010a-08-12)[2011-12-13] http://www.chinawriter.com.cn/2010/2010-08-12/88690.html.

陈众议,等. 汉学家文学翻译会讨论第二组:(下午)[EB/OL]. (2010b-08-12)[2011-12-13] http://www.chinawriter.com.cn/2010/2010-08-12/88691.html.

丛滋杭. 谁来向国外译介中国作品[C]. 张柏然,刘华文,张思洁. 中国译学:传承与创新——2008中国翻译理论研究高层论坛文集. 上海:上海外语教育出版社,2008:353-364.

戴延年,陈日浓. 中国外文局五十年大事记(一)[C]. 北京:新星出版社,1999a.

戴延年,陈日浓. 中国外文局五十年大事记(二)[C]. 北京:新星出版社,1999b.

《当代中国》丛书编辑部. 当代中国的职工工资福利和社会保险[M]. 北京:中国社会科学出版社,1987.

岛石,谢迪南,任志茜,等. 如何增强中华文化国际影响力[N]. 中国图书商报,2007-11-27(A02).

邓小平. 邓小平同志代表中共中央和国务院在中国文学艺术工作者第四次代表大会上的祝词[C]. 中国文学艺术界联合会. 中国文学艺术工作者第四次代表大会文集. 成都:四川人民出版社,1980:1-8.

狄伯杰. 当代印度的中国文学译介——问题与挑战[J]. 郝岚,王宏健,译. 东方丛刊,2018(2):59-70.

丁宁. 萧萧秋风人远行——忆何路[J]. 人民文学,1999(11):104-107.

段崇轩. 被"误读"的文学和被遗忘的小说——1970年代前期的文学和短篇小说《牧笛》[J]. 文艺理论与批评,2010(5):67-72.

段连城. 呼吁:请译界同仁都来关心对外宣传[J]. 中国翻译,1990(5):2-10.

方长安,陈澜. 1951—1965年英文版《中国文学》诗歌选材论[J]. 文艺争鸣,2015(2):14-19.

方厚枢. 中国出版史话[M]. 北京:东方出版社,1996.

陈致远. 翻译工作与文化交流[J]. 群言,1991(8):4-9.

叶稚珊. 对外文化交流与翻译工作[J]. 群言,1990(7):4-10.

冯亦代. 悔余日录[M]. 李辉,整理. 郑州:河南人民出版社,2000.

冯亦代. 一段历史时期的回忆[C]. 中国外文局. 中国外文局五十年回忆录. 北京:新星出版社,1999:30-36.

干琛艳. 记录美国生活 张爱玲84封信札首次披露[N]. 新闻午报,2006-09-22.

高方,许钧. 现状,问题与建议——关于中国文学走出去的思考[J]. 中国翻译,2010(6):5-9.

高方. 中国现代文学在法国的翻译和接受[D]. 南京:南京大学,2008.

高立希. 我的三十年——怎样从事中国当代小说的德译[J]. 外语教学理论与实践,2015(1):8-11,94.

葛浩文. 从翻译视角看中国文学在美国的传播[N]. 中国文化报,2010a-01-

25(003).

葛浩文.关于中国现当代文学在美国的几点看法[J].潘佳宁,译.当代作家评论,2014(3):188-192.

葛浩文.中国文学在美国的传播[N].王文华,译.中国社会科学报,2010b-02-23(007).

耿强.文学对外译介重在有效接受[N].中国社会科学报,2011-9-13(011).

耿强.文学译介与中国文学"走出去"[J].解放军外国语学院学报,2010(3):82-87.

耿强.文学译介与中国文学"走向世界"——"熊猫丛书"英译中国文学研究[D].上海:上海外国语大学,2010.

龚介福.美国图书市场和中国书刊在美的发行[C].陈日浓,王永耀.中国外文局五十年书刊对外宣传的理论与实践.北京:新星出版社,1999:673-683.

谷鸣.杨宪益夫妇的译事[J].书屋,2010(4):44-49.

顾彬.城堡,教堂,公共会馆:如何向外国传播中国文学[J].林源,译.当代作家评论,2011(5):88-93.

顾彬.从语言角度看中国当代文学[J].南京大学学报(哲学·人文科学·社会科学),2009(2):69-76.

顾彬.全球视野下的中国文学与翻译[J].潘瑞芳,整理.国际汉语学报,2015(2):221-231.

顾玉清.他想让更多人了解中国——访外文局美籍专家卓科达[J].国际人才交流,1998(9):22-23.

郭林祥.外宣工作中的新考验[J].对外大传播,1997(7):28-29.

郭林祥.为中国文学走向世界架起桥梁[J].对外大传播,1996(3):12-13.

郭林祥.总序[M].汉英对照"红杏文学丛书".北京:外语教学与研究出版社、中国文学出版社,1999.

郭沫若.谈文学翻译工作[C].罗新璋,陈应年.翻译论集(修订本).北京:商务印书馆,2009:560-562.

郭选.附录:中国外文局历史概况[C].中国外文局.中国外文局五十年回忆录.北京:新星出版社,1999:639-645.

韩江洪,郝俊芬.基于语料库的唐笙笔译风格研究——以《中国文学》

(1951—1966)唐笙英译小说为例[J].天津外国语大学学报,2016(2):34-39.

韩江洪,邢文静.基于语料库的《中国文学》(1951—1966)明喻的省译策略研究[J].合肥工业大学学报(社会科学版),2018(1):53-58.

韩少功,罗莎.一个棋盘,多种棋子——关于中国文学与文化的对话[J].花城,2009(3):199-208.

杭零.中国当代文学在法国的翻译与接受[D].南京:南京大学,2008.

郝稷.英语世界中杜甫及其诗歌的接受与传播——兼论杜诗学的世界性[J].中国文学研究,2011(1):119-123.

何碧玉,毕飞宇.中国文学走向世界的路还很长[N].经济观察报,2011-05-23(051).

何琳,赵新宇.新中国文学西播前驱:《中国文学》五十年[N].中华读书报,2003-09-24(瞭望版).

何琳,赵新宇."卅载辛勤真译匠":杨宪益与《中国文学》[J].文史杂志,2010a(4):55-57.

何琳,赵新宇.沙博理与《中国文学》[J].文史杂志,2010b(6):37-38.

何琳,赵新宇.意识形态与翻译选材——以文革为分期的《中国文学》选材对比研究[J].天津外国语学院学报,2010c(6):29-33.

何琳.从文化翻译研究角度看翻译选材——《中国文学》20世纪60年代和80年代对比研究[J].泰山学院学报,2011a(1):104-108.

何琳.翻译家葛浩文与《中国文学》[J].时代文学,2011b(2):164-166.

何琳,赵新宇.《中国文学》的历史与文化价值[J].文史杂志,2011(2):50-53.

何雁.一个美国人的中国情缘——记中国文学翻译家沙博理[J].国际人才交流,2006(5):21-23.

何寅,许光华.国外汉学史[M].上海:上海外语教育出版社,2000.

洪子诚.1956:百花时代[M].北京:北京大学出版社,2010a.

洪子诚.中国当代文学史[M].北京:北京大学出版社,2010b.

胡安江.寒山诗:文本旅行与经典建构[M].北京:清华大学出版社,2011.

胡安江.中国文学"走出去"之译者模式及翻译策略研究——以美国汉学家葛浩文为例[J].中国翻译,2010(6):10-16.

胡德香.对译入译出的文化思考[J].海南大学学报(人文社会科学版),2006(3):355-359.

胡德香.文化研究语境下的中译英[J].孝感学院学报,2005(1):78-81.

胡愈之.第一届全国翻译工作会议开幕辞[J].翻译通报,1951,3(5):4.

胡志挥.谁来向国外译介中国作品?——为我国英语编译水准一辩[N].中华读书报,2003-01-29(10).

黄国柱.《橄榄》:世界意识和世界眼光——兼谈中国文学走向世界[J].小说评论,1987(1):46-51.

黄友义,等.汉学家文学翻译会讨论第一组:(上午)[EB/OL].(2010-08-12)[2011-12-13] http://www.chinawriter.com.cn/2010/2010-08-12/88688.html.

黄友义.把好编辑和翻译两道关 不断提高外宣品的质量(二)[J].对外大传播,2000(3):10-13.

黄友义.翻译是桥梁也可能是屏障[N].人民日报,2009-11-17(011).

黄友义.汉学家和中国文学的翻译——中外文化沟通的桥梁[J].中国翻译,2010(6):16-17.

黄宗江.我的坦白书:黄宗江自述[M].北京:中国电影出版社,2005.

季进.当代文学:评论与翻译——王德威访谈录[J].当代作家评论,2008(5):68-78.

季进.我译故我在——葛浩文访谈录[J].当代作家评论,2009(6):45-56.

简彪,屈菡.翻译:前景很好,问题不少[N].中国文化报,2010-09-01(004).

江帆.开启灵活多样的译介方式——走入历史的杨宪益和霍克思[N].中国文化报,2009-12-23(003).

江帆.他乡的石头记:《红楼梦》百年英译史研究[D].上海:复旦大学,2007.

金介甫.中国文学(一九四九——九九九)的英译本出版情况述评[J].查明建,译.当代作家评论,2006(3):67-76.

金理.从兰社到《现代》——以施蛰存、戴望舒、杜衡及刘呐鸥为核心的社团研究[M].上海:东方出版中心,2006.

柯飞.译史研究,以人为本——谈皮姆《翻译史研究方法》[J].中国翻译,2002(3):31-32.

雷音.杨宪益传[M].香港:明报出版社,2007.

李舫. 外国学者眼中的中国文化[N]. 人民日报,2011-10-14(017).
李晶. 南京访杨苡——忆杨宪益先生[J]. 外国文学,2010(2):147-155.
李景端. 翻译出版风雨三十年[N]. 中华读书报,2008-05-14(004).
李萍. 从"四大名著"看中华文化的海外传播[J]. 对外传播,2009(7):32-33.
李唯一. 中国工资制度[M]. 北京:中国劳动出版社,1991.
李学昌. 中华人民共和国事典 1949—1999 [C]. 上海:上海人民出版社,1999.
李雪昆. 本土战略,中国文学"走出去"方向已明[N]. 中国新闻出版报,2010-08-30(014).
李玉莲. 元明清小说戏剧的翻译传播[J]. 学术研究,2000(3):112-117.
廖旭和,张荣富. 刘尊棋访谈录[C]. 中国外文局. 中国外文局五十年回忆录. 北京:新星出版社,1999:21-23.
廖旭和. 把中国文学精品推向世界[C]. 中国外文局. 中国外文局五十年回忆录. 北京:新星出版社,1999:430-438.
林煌天. 中国翻译词典[M]. 武汉:湖北教育出版社,1997.
林文艺. 二十世纪五六十年代《中国文学》(英文版)作品选译策略[J]. 福建论坛,2011a(4):49-51.
林文艺. 英文版《中国文学》作品翻译选材要求及影响因素[J]. 龙岩学院学报,2011b(4):58-62.
林文艺. 主流意识形态语境中的中国对外文化交流——以英文版《中国文学》研究为中心[D]. 福州:福建师范大学,2014.
林戊荪. 改进中译外工作,更好地向世界介绍中国——在全国中译英学术研讨会上的报告[J]. 中国翻译,1991(1):4-7.
刘大泯. 关于"中国文学走向世界"的思考[J]. 贵州大学学报,1988(2):90-93.
刘东. 与伊大十八年的交流和合作[C]. 中国外文局. 中国外文局五十年回忆录. 北京:新星出版社,1999:73-77.
刘杲,石峰. 新中国出版五十年纪事[M]. 北京:新华出版社,1999.
刘江凯. 本土性、民族性的世界写作——莫言的海外传播与接受[J]. 当代作家评论,2011(4):20-33.
刘康. 美国人如何看中国——《美国人眼中的中国实证调研》之一[J]. 对外

传播,2011(8):43-44.

刘元旭,周润健. 中国图书"走出去"还要迈过几道槛[N]. 中国改革报,2008-09-06(003).

路艳霞. 图书走出去开始跨过翻译槛[N]. 北京日报,2007-08-31.

吕国康. "文革"中称柳宗元为大"法家"的回顾与反思[J]. 零陵师范高等专科学校学报,2001(4):25-27.

吕敏宏. 中国现当代小说在英语世界传播的背景、现状及译介模式[J]. 小说评论,2011(5):4-12.

罗俊. 回顾四十年中的十五年[C]. 中国外文局. 中国外文局五十年回忆录. 北京:新星出版社,1999:63-71.

罗俊. 亲切关怀,终生难忘[C]. 中国外文局. 中国外文局五十年回忆录. 北京:新星出版社,1999:1-9.

罗以澄,夏倩芳. 他国形象误读:在多维视野中观察[J]. 新闻与传播研究,2002(4):14-23.

罗永洲. 金庸小说英译研究——兼论中国文学走出去[J]. 中国翻译,2011(3):51-55.

罗屿. 葛浩文:美国人喜欢唱反调的作品[J]. 新世纪周刊,2008(10):120-121.

马琳. 交流的无奈——中国文学走向世界的传播困境与突围[J]. 社会科学辑刊,2007(5):224-228.

马士奎. 论中国"文革"时期的文学翻译[D]. 北京:北京大学,2005.

马悦然. 中国现当代文学与诺贝尔文学奖——马悦然4月25日在澳门科学馆的演讲词[J]. 华文文学,2015(3):5-10.

马悦然,欧阳江河. 我的心在先秦[J]. 读书,2006(7):3-13.

马祖毅,等. 中国翻译通史(现当代部分第四卷)[M]. 武汉:湖北教育出版社,2006.

马祖毅,任荣珍. 汉籍外译史[M]. 武汉:湖北教育出版社,1997.

毛大风. 关于对外宣传的艺术性问题[C]. 陈日浓,王永耀. 中国外文局五十年书刊对外宣传的理论与实践. 北京:新星出版社,1999:39-54.

毛泽东. 建国以来毛泽东文稿(第10册)[M]. 北京:中央文献出版社,1996a.

毛泽东. 建国以来毛泽东文稿（第 11 册）[M]. 北京：中央文献出版社，1996b.

毛泽东. 建国以来毛泽东文稿（第 7 册）[M]. 北京：中央文献出版社，1992.

毛泽东. 毛泽东选集（第 2 卷）[C]. 北京：人民出版社，1991a.

毛泽东. 毛泽东选集（第 3 卷）[C]. 北京：人民出版社，1991b.

茅盾. 解放思想，发扬文艺民主[C]. 中国文学艺术界联合会. 中国文学艺术工作者第四次代表大会文集. 成都：四川人民出版社，1980：70-81.

茅盾. 为发展文学翻译事业和提高翻译质量而奋斗[C]. 罗新璋，陈应年. 翻译论集（修订本）. 北京：商务印书馆，2009：564-582.

么树本. 三十五年职工工资发展概述[M]. 北京：劳动人事出版社，1986.

莫言. 当众人都哭时，应该允许有的人不哭[J]. 散文选刊，2010(10)：55-56.

默迪. 缩小中外版权贸易剪刀差，华文出版蕴涵无限商机[N]. 中华读书报，2003-09-17.

倪秀华. 翻译新中国：《中国文学》英译中国文学考察（1951—1966）[J]. 天津外国语大学学报，2013(5)：35-40.

欧阳昱. 澳大利亚出版的中国文学英译作品[J]. 四川大学学报（哲学社会科学版），2008(4)：112-120.

欧阳昱. 中国文学在澳大利亚的起源、生发、传播和影响[J]. 华文文学，2011(2)：94-104.

潘文国. 译入与译出——谈中国译者从事汉籍英译的意义[J]. 中国翻译，2004(2)：40-43.

潘文国. 中籍外译，此其时也——关于中译外问题的宏观思考[J]. 杭州师范学院学报（社会科学版），2007(6)：30-36.

裘克安. 更好地组织中国文化代表作的英译和出版[J]. 中国翻译，1991(2)：4-5.

人民出版社. 林彪同志委托江青同志召开的部队文艺工作座谈会纪要[M]. 北京：人民出版社，1967.

人民网. 民进中央副主席朱永新谈推进文化"走出去"战略[EB/OL].（2011-01-26）[2011-12-17] http://www.people.com.cn/GB/32306/143124/147550/13823916.html.

任姗姗. 中国书为何难行海外路[N]. 人民日报，2009-12-03(11).

阮秋贤. 20世纪中国文学在越南的译介[J]. 中国现代文学研究丛刊,2016(10):52-66.

瑞霖. 访农民女画家张新英[C]. 沈兴大,刘义森. 对外传播文选. 北京:人民中国出版社,1990:331-340.

沙博理. 一个美国人在中国[M]. 程应瑞等,译. 北京:生活·读书·新知三联书店,1984.

沙博理. 我的中国[M]. 北京:北京十月文艺出版社,1998.

沙博理. 我的中国[M]. 宋蜀碧,译. 北京:中国画报出版社,2006.

邵公文. 回忆往事[C]. 中国外文局. 中国外文局五十年回忆录. 北京:新星出版社,1999:558-565.

申宏磊,于淼,崔斌箴,等. 对外宣传工作应改革开放而生——专访新时期外宣事业的开拓者朱穆之[J]. 对外传播,2008(11):5-7.

沈苏儒. 关于中译英对外译品的质量问题[J]. 中国翻译,1991(1):8-14.

石扉客. 林培瑞:我对中国的年轻人感到失望,除了韩寒[J]. 南都周刊,2010(19):80-82.

舒晋瑜. 十问葛浩文[N]. 中华读书报,2005-08-31(013).

宋丽娟,孙逊."中学西传"与中国古典小说的早期翻译(1735—1911)——以英语世界为中心[J]. 中国社会科学,2009(6):185-200.

宋绍香. 在异质文化中探寻"自我"——国外汉学家中国解放区文学译介、研究管窥[J]. 文艺理论与批评,2006(2):29-39.

孙海悦. 外国读者需要怎样的"中国制造"?[N]. 中国新闻出版报,2007-09-13(004).

孙建成.《水浒传》英译的语言与文化[M]. 上海:复旦大学出版社,2008.

唐家龙. 面向世界的中国文学出版社[J]. 对外大传播,1998(7):49.

田文文.《中国文学》(英文版)(1951—1966)研究[D]. 泉州:华侨大学,2009.

田小满. 国际合作推动中国文学"走出去"[N]. 中国社会科学报,2011-03-08(005).

童悦,韩江. 1951—1966《中国文学》(英文版)短篇小说中进步青年形象重塑研究[J]. 武夷学院学报,2019(2):62-67.

王柏华. 论中国文学之"走出去"——也谈今天我们该如何纪念杨宪益先生

[J].东方翻译,2010(5):4-9.

王长国.中译外:中国文学走向世界的瓶颈——兼与王宁教授商榷[J].探索与争鸣,2010(12):14-16.

王尔敏.中国文献西译书目[M].台北:台湾商务印书馆,1975.

王福时.我参加工作的前后[C].中国外文局.中国外文局五十年回忆录.北京:新星出版社,1999:579-582.

王金波.弗朗茨·库恩及其《红楼梦》德文译本——文学文本变译的个案研究[D].上海:上海外国语大学,2006.

王宁."世界文学"与翻译[J].文艺研究,2009(3):23-31.

王庆生.中国当代文学(上卷)[M].武汉:华中师范大学出版社,1999.

王庆生.中国当代文学辞典[M].武汉:武汉出版社,1996.

王欣.《中国文学》英译版(1951—1966)译介的女性形象分析[J].青年文学家,2016(5):128-129.

王玉,吴婷.抵达世界不同文明体系的心灵深处——中国文学海外传播工程在京启动[N].中国社会科学报,2010-01-21(001).

王玉梅.文学作品"走出去"量增质优[N].中国新闻出版报,2011-04-15(003).

王岳川.发现东方与中国文化输出[J].解放军艺术学院学报,2002(3):5-12.

王岳川.后东方主义与中国文化身份[J].理论与创作,2010(3):4-9.

王岳川.新世纪中国身份与文化输出[J].广东社会科学,2004(3):5-13.

魏格林.沟通和对话——德国作家马丁·瓦尔泽与莫言在慕尼黑的一次面谈[J].上海文学,2010(3):78-81.

魏耀川,陈岚.翻译的功能与文化传播[J].南方论刊,2009(8):96-97,111.

吴奇志,王眉.为中国图书出国铺路——访国务院新闻办公室三局副局长吴伟[J].对外传播,2009(7):37-39.

吴秀明,董雪.诺贝尔文学奖与文学语言翻译——兼谈中国文学"走向世界"的文化应对策略[J].文艺理论研究,2009(5):43-51.

吴旸.《中国文学》的诞生[J].对外大传播,1999(6):24-25.

吴旸.《中国文学》的诞生[C].中国外文局.中国外文局五十年回忆录.北京:新星出版社,1999:488-492.

吴自选.《中国文学》杂志和中国文学的英译——原《中国文学》副总编王明杰先生访谈录[J]. 东方翻译,2010(4):52-55.

武斌. 中华文化海外传播的历史规律[N]. 光明日报,2008-08-21(010).

西川,等."中国文学海外传播"学术座谈会纪要[J]. 红岩,2010(5):174-188.

谢天振,龚丹韵. 杨宪益身后的思考:中国文化如何全球传播[N]. 解放日报,2009-12-04(007).

谢天振. 当代国外翻译理论导读[M]. 天津:南开大学出版社,2008.

谢天振. 今天,我们该如何纪念杨宪益先生?[J]. 东方翻译,2010b(1):4-9.

谢天振. 迈过"第一道坎"以后——纪念杨宪益先生去世引发的思考[N]. 文汇读书周报,2010a-01-29(3).

谢天振. 谁来向世界译介中国文学和中国文化?——《海上译谭》之二[J]. 文景,2005(5):20-23.

谢天振. 译介学[M]. 上海:上海外语教育出版社,1999.

谢天振. 中国文化如何走出去[N]. 文汇读书周报,2008-08-05.

谢天振. 中国文学走出去:问题与实质[J]. 中国比较文学,2014(1):1-10.

谢莺兴. 李田意先生著作目录[J]. 东海大学图书馆馆讯,2005(43).

新华社. 出版总署召开第一届全国翻译工作会议[N]. 人民日报,1951-11-29(3).

新华社. 革命文艺的优秀样板[N]. 人民日报,1967-5-31(1).

新华社. 贯彻毛主席文艺路线的光辉样板[N]. 人民日报,1966-12-26(1).

新华社. 中国作家协会召开全国文学翻译工作会议[N]. 人民日报,1954-08-29(3).

熊争艳,任沁沁. 让世界认识真正的中国[N]. 新华每日电讯,2011-03-06(010).

徐巧灵. 从改写理论看杨宪益与《中国文学》杂志[D]. 武汉:华中师范大学,2010.

徐慎贵,耿强. 中国文学对外译介的国家实践——原中国文学出版社中文部编审徐慎贵先生访谈录[J]. 东方翻译,2010(2):49-53,76.

徐慎贵.《中国文学》对外传播的历史贡献[J]. 对外大传播,2007(8):46-49.

许钧. 译入与译出:困惑、问题与思考[J]. 中国图书评论,2015(4):111-117.

许钧,穆雷. 中国翻译研究:1949—2009[M]. 上海:上海外语教育出版社,2009.

燕京研究院. 燕京大学人物志(第2辑)[M]. 北京:北京大学出版社,2002.

杨鼎川. 1967:狂乱的文学年代[M]. 济南:山东教育出版社,2002.

杨宪益. 此情可待成追忆——记戴乃迭生前二三事[J]. 对外大传播,2003(1):27-29.

杨宪益. 漏船载酒忆当年[M]. 薛鸿时,译. 北京:北京十月文艺出版社,2001.

姚福申. 中国编辑史[M]. 上海:复旦大学出版社,2004.

野莽. 记青年女作家池莉[C]. 沈兴大,刘义森. 对外传播文选. 北京:人民中国出版社,1990:348-355.

野莽. 一本空前绝后的杂志[N]. 中国书报刊博览,2004-08-14(008).

叶君健. 关于文学作品翻译的一点体会[J]. 翻译通讯,1983(2):8-16.

叶君健. 有关翻译的一段往事[J]. 翻译通讯,1985(1):13-18.

叶圣陶. 第一届全国翻译工作会议闭幕辞[J]. 翻译通报,1951,3(5):5-7.

殷书训. 文学翻译点滴[J]. 翻译通讯,1985(2):39-41.

余华,等. 汉学家文学翻译会讨论第一组:(下午)[EB/OL]. (2010-08-12)[2011-12-13] http://www.chinawriter.com.cn/2010/2010-08-12/88689.html.

余薇芳. 做增进了解的桥梁[EB/OL]. (2009-09-01)[2012-03-29] http://www.china.com.cn/culture/zhuanti/wwj60n/2009-09-01/content_18445272.htm.

袁亮. 中华人民共和国出版史料(1956)[C]. 北京:中国书籍出版社,2001.

苑爱玲. 中译外首在重视文化差异性[N]. 中国社会科学报,2011-11-08(011).

苑茵. 难忘的人民诗人——忆臧克家[C]. 运河,运隆. 他还活着——臧克家纪念集. 北京:作家出版社,2005:483-485.

苑茵. 往事重温——叶君健和苑茵的人生曲[M]. 上海:华东师范大学出版社,2008.

查明建. 译介学:渊源、性质、内容与方法——兼评比较文学论著、教材中有关"译介学"的论述[J]. 中国比较文学,2005(1):40-62.

张曼,李永宁.老舍作品在美国的译介与研究[J].上海师范大学学报(哲学社会科学版),2010(2):98-106.

张启东,袁伦渠.新中国工资史稿[M].北京:中国财政经济出版社,1986.

张清华.人文主义与本土经验——中国当代文学海外传播的两个基点[N].中国文化报,2010-01-25(003).

张泉.世界舞台上的中国新时期文学——试析国际文学交流"逆差"说[J].当代文坛,1995(4):27-30.

张宪.图书版权输出任重道远[N].工人日报,2008-09-12(007).

赵晋华.中国当代文学在国外[N].中华读书报(了望版),1998-11-11.

赵学龄.翻译界尽人皆知的一对夫妇——记杨宪益、戴乃迭[C].中国外文局.中国外文局五十年回忆录.北京:新星出版社,1999:502-508.

赵芸,等.著名翻译家倾谈"文化走出去"[J].上海采风,2010(3):17-29.

甄云霞.中国文学"走出去"的现状和前景[J].出版参考,2011(7):16-17.

郑莹莹.中国当代文学:在世界眼里是模糊的[N].文艺报,2005-01-04(004).

郑贞.中国现当代小说的英译和传播中存在的问题[C].张柏然,刘华文,张思洁.中国译学:传承与创新——2008中国翻译理论研究高层论坛文集.上海:上海外语教育出版社,2008:376-405.

中国文学出版社.中国文学出版社大事记.内部资料未出版[1990].

中国文学艺术界联合会.中国文学艺术工作者第二次代表大会资料[C].中国文学艺术界联合会,1953.

中国文学艺术界联合会.中国文学艺术工作者第三次代表大会资料[C].中国文学艺术界联合会,1960.

中国文学杂志社.丰富多彩的《中国文学》杂志——国外读者对《中国文学》的评论[J].动向与线索,1986(11):3-4.

中华全国文学艺术工作者代表大会宣传处.中华全国文学艺术工作者代表大会纪念文集[C].新华书店,1950.

钟振奋.跋涉——介绍张承志及他的小说《北方的河》[C].沈兴大,刘义森.对外传播文选.北京:人民中国出版社,1990:341-347.

周东元,亓文公.中国外文局五十年史料选编(一)[C].北京:新星出版社,1999a.

周东元,亓文公.中国外文局五十年史料选编(二)[C].北京:新星出版社,1999b.

周扬.继往开来,繁荣社会主义新时期的文艺——在中国文学艺术工作者第四次代表大会上的报告[C].中国文学艺术界联合会.中国文学艺术工作者第四次代表大会文集.成都:四川人民出版社,1980:16-56.

朱希.国际书店草创记[C].中国外文局.中国外文局五十年回忆录.北京:新星出版社,1999:551-557.

卓科达.《中国文学》美籍专家卓科达在招待会上的讲话[J].对外大传播,1998(Z1):11.

邹霆.永远的求索:杨宪益传[M].上海:华东师范大学出版社,2001.